澳大利亚犯罪收益追缴法

冯 姣 译

浙江工商大学出版社
ZHEJIANG GONGSHANG UNIVERSITY PRESS
·杭州·

图书在版编目（CIP）数据

澳大利亚犯罪收益追缴法 / 冯姣译 . — 杭州 ：浙
江工商大学出版社 ，2022.12
ISBN 978-7-5178-5323-7

I. ①澳… II. ①冯… III. ①罚金－执行（法律）－研
究－澳大利亚 IV. ① D961.14

中国版本图书馆 CIP 数据核字 (2022) 第 247622 号

澳大利亚犯罪收益追缴法
AODALIYA FANZUI SHOUYI ZHUIJIAO FA
冯 姣译

责任编辑	徐 凌	
责任校对	李远东	
封面设计	朱嘉怡	
责任印制	包建辉	
出版发行	浙江工商大学出版社	
	（杭州市教工路 198 号 邮政编码 310012）	
	（E-mail：zjgsupress@163.com）	
	（网址：http://www.zjgsupress.com）	
	电话：0571-88904980，88831806（传真）	
排 版	杭州舒卷文化创意有限公司	
印 刷	杭州高腾印务有限公司	
开 本	710 mm×1000 mm 1/16	
印 张	21.75	
字 数	333 千	
版 印 次	2022 年 12 月第 1 版 2022 年 12 月第 1 次印刷	
书 号	ISBN 978-7-5178-5323-7	
定 价	69.00 元	

《澳大利亚犯罪收益追缴法》内容简介

近年来，财产权保护问题日益受到顶层的关注。在刑事诉讼领域，对涉案财物处置、违法所得没收程序等的研究也日渐增多。然而，囿于诸多因素，我国尚未出台专门的法律，规制刑事领域的犯罪收益追缴等问题。本书是对2002年版的《澳大利亚犯罪收益追缴法》的翻译，该法旨在规定犯罪收益的罚没。在财产权保护日益受到刑事法学界关注的背景下，本译稿有利于为我国相应制度的构建及完善提供新的视角。

一、《澳大利亚犯罪收益追缴法》的制定和修正

通过没收或其他刑罚种类，追缴犯罪收益或工具，在普通法的历史上由来已久。从世界各国来看，现代犯罪收益追缴法一般分为两类：作为定罪依据的刑事法律和民事没收法。

在澳大利亚联邦，定罪依据的法律最先以《1987年澳大利亚犯罪收益追缴法》的形式实施。该法的直接推动力来自澳大利亚皇家委员会在20世纪70年代和20世纪80年代提交的一系列建议实施上述犯罪收益追缴的报告。这些报告促成了犯罪收益追缴议案在1985年的产生。此后，澳大利亚联邦、州和地区几乎在同时通过了犯罪收益追缴立法。然而，在很长时间内，定罪依据的法律被视为是无效率的，澳大利亚司法管辖权更多地引进民事没收法律。在澳大利亚联邦，一个重大的刺激因素是澳大利亚法律改革委员会对关于没收的报告《1987年澳大利亚犯罪收益追缴法》的审查。该报告建议联邦

实施民事没收法律。① 《1987年澳大利亚犯罪收益追缴法》是《2002年澳大利亚犯罪收益追缴法》的前身，两者的主要区别在于《1987年澳大利亚犯罪收益追缴法》缺乏民事没收条文。②

《2002年澳大利亚犯罪收益追缴法》于2002年10月11日通过，并于2003年1月1日起实施，本书翻译的版本是经修订并于2021年2月17日生效的法律文本。在近20年的时间里，基于经济社会的不断发展和变迁，《2002年澳大利亚犯罪委员会成立法》《2006年反洗钱和反恐怖主义金融法》《2007年证据法修正案》《2009年澳大利亚联邦法院修正案》《2010年国家安全立法修正案》《2018年来源不明财产法修正案》等的发布和实施都对本法造成了一定的影响，使得本法超过90%的条文因此被修改。

二、《澳大利亚犯罪收益追缴法》的主要内容

《澳大利亚犯罪收益追缴法》共包括6章和2个附录，分别是"引言""罚没方案""收集信息""管理""杂项规定"和"本法的解释"，以及附录1"由参与州和自治领地收集的信息"，附录2"与来源不明财产国家合作计划相关的过渡、适用和保留条款"。其中第2章，即"罚没方案"，是本书的重点部分，占比超过全书的三分之一。

第1章是"引言"，包含4节内容：第1节是初步事项，涉及简称、生效、术语及《刑法典》的适用；第2节是对本法目的的阐述；第3节是对本法框架的罗列，对本法6章内容进行阐述；第4节是对法律适用的说明，包括一般规定、国家来源不明财产规定。

第2章是"罚没方案"，包含7节内容：第1A节是在法院决定涉及账户限制令的申请前，限制从金融机构撤回账户的冻结令；第1节是禁止处理或

---

①Australian Law Reform Commission: Confiscation that Counts: A Review of the Proceeds of Crime Act 1987(ALRC Report 87)，最后访问日期：2022年2月20日，http://www.austlii.edu.au/au/other/lawreform/ALRC/1999/87.html.

②Australian Institute of Criminology: Confiscation of the Proceeds of Crime: Federal Overview，最后访问日期：2022年2月20日，https://www.aic.gov.au/sites/default/files/2020-05/tcb001.pdf .

处置财产的限制令；第2节是财产被联邦没收的没收令；第3节是被定重罪时财产被联邦没收；第4节是要求根据实施犯罪所得的利益支付特定金额的罚金令；第5节是要求根据犯罪的名声收益支付特定金额的名声收益命令；第6节是要求支付来源不明财产数额的来源不明财产命令。

第3章是"信息收集"，包含6节内容：前5节规定了5种获取信息的方式，分别是就讯问令涉及的个人事项向任何人讯问；根据出示令，要求个人出示财产追踪文件或使其得以审查；要求金融机构提供有关账户和交易的信息和文件；根据监控令，要求金融机构提供特定时期内交易的信息；根据搜查令或有关的转让证书，搜查和扣押赃物或证据材料。第6节是信息的披露，规定出于特定的目的向特定的机构，披露根据该章或其他特定条文获取的信息。

第4章是"管理"，包含5节内容：第1节规定了官方受托人的权力和义务；第2节是法律援助的条文，规定向法律援助委员会的支付及披露信息；第3节是没收资产账户，包括账户的支付、国家合作、犯罪预防费用、向州和领地拨款事项等；第4节是对被控制财产上抵押以确保向联邦支付特定数额，包括抵押失效、抵押优先性等问题；第5节是在特定领地实施州际命令，涉及州际限制令、州际没收令等。

第5章是"杂项规定"，包含22个条文，涉及管辖权、程序性质、举证责任、证据可采性、上诉、费用、审查等诸多与程序运行密切相关但并未在前述章节中规定的事项。

第6章是"本法的解释"，其列出了所有在本法中定义的术语，也规定了一些重要概念的含义。涉及的重要概念包括犯罪收益和犯罪工具、定罪、有效控制等；术语部分则是对在全文中出现的关键词的统一界定。

三、《澳大利亚犯罪收益追缴法》的特征与革新

从总体上来看，无论是立法技术还是立法内容，《2002年澳大利亚犯罪收益追缴法》均呈现出一系列亮点与特色，有利于为我国后续规则的制定和完善提供比较法上的借鉴。

1.对犯罪收益等重点概念的明确界定

对犯罪收益的清晰界定是本法有效实施的前提和基础。根据第329条的规定，财产是犯罪的收益，不管直接或间接，其完全或部分源于犯罪的实施，且无论该财产位于澳大利亚国内或国外。从第330条的规定来看，财产成为犯罪的收益，如果其符合全部或部分源于或来自对该犯罪收益的处分或其他处置、全部或部分从使用犯罪的收益中获得、基于犯罪工具的使用使财产升值等情形。基于上述两个条文的规定，本法的适用对象被清晰界定了。

2.对罚没方案的罗列

本法规定的罚没方案包括冻结令、限制令、没收令、严重犯罪定罪的没收、罚金令、名声收益命令和来源不明财产命令。对上述命令的申请，由负责机构向根据令状对刑事事项有管辖权的州或地区的法院提出。法院可以签发上述命令，如果它确信，根据可能性原理，作为申请目标的财产是犯罪的收益。定罪后，财产自动没收，但宣告无罪并不影响法院签发没收令的权力。

3.对刑事强制性措施的规定

为助力刑事事项收益的侦查，本法确立了一系列强制性措施，包括讯问令、出示令、对金融机构的通知、监控令和搜查令等。当限制令实施时，法院可以根据申请，命令对与作为限制令目标的财产有利益关系个人的相关事项进行讯问。个人不依据反对自证其罪特权免除回答义务，但是该回答不能在之后的民事和刑事程序中针对该人使用；法院可以签发监控令，要求金融机构提供特定的账户在特定时间内的交易信息，这对在特定事件中监控交易是很有用的机制。

4.对没收资产账户的规定

没收资产账户是为《2003年公共管理、绩效与责任法》的目的设立的特殊账户，在本法的实施中占据重要地位。没收资产账户对最终实现的犯罪收益资金的储存及使得对其他政府部门特定费用的支付和根据本法第298条第（2）款规定的有刑事司法目的的项目费用的支付成为可能。没收资产账户的确立，可以有效地减少权力寻租的可能性。

5.对法律援助事项的规定

根据本法的规定，法律援助委员会为特定事项（在民事和刑事程序中为个人代理）产生法律费用且符合特定情形时，官方受托人必须从没收资产账户中根据账单向法律援助委员会支付法律费用。此外，出于法律援助委员会裁定个人是否应获得法律援助的目的，负责机构或官方受托人可以向委员会披露作出裁定相关的信息。

6.对国家合作计划方案的规定

对犯罪收益的追缴常常涉及国家层面的合作，为此，本法规定了国家来源不明财产合作计划。国家来源不明财产合作计划可以在参与州、非参与州、自治领地适用，也可以在澳大利亚之外适用。其在澳大利亚之外的适用，是联邦议会根据宪法享有的立法性权力。从具体内容来看，其包括联邦与外国分配罚没资产中的收益，以及联邦与州或自治领地分配罚没资产中的收益。来源不明财产国家合作计划协议是生效的政府间的合作计划。

译事不易，本译稿的翻译过程历时多年。在翻译过程中，译者有幸得到了诸多师友的提点和帮助，在此一并致谢。限于译者的能力和水平，本译稿仍存在不足之处，请各位读者批评指正。

冯　姣

2022年11月

澳大利亚犯罪收益追缴法

2002 年第 85 号

第 50 号汇编

汇编日期：2021 年 2 月 17 日

所含修正案截至：2021 年第 3 号法律

登记日期：2021 年 3 月 9 日

关于本汇编

本汇编

这是关于澳大利 2002 年出台的《犯罪收益追缴法》的汇编，显示了经修订并于 2021 年 2 月 17 日（汇编日期）生效的法律文本。

本汇编末尾的注释（尾注）包含有关修订法律和本法律规定的修订史的有关信息。

未生效修订

未生效修订的效力未在本法律汇编中显示。任何影响法律的未生效修订都可以在澳大利亚立法注册处网站（www.legislation.gov.au）上查询。尾注中强调了在汇编日期前并未生效的修订细节。有关未生效修订的更多信息，请参见立法登记册中汇编法律的系列页面。

条款和修正案的适用、保留和过渡性规定

如果本汇编中未包含的适用、保留和过渡性规定影响了该汇编中某项法规或修订法律的实施，则未包含规定的详细信息将在尾注中体现。

编辑更改

有关此汇编的更多编辑更改信息，请参见尾注。

修改

如果另一部法律对汇编法律进行修改，则汇编法律将作为已修改法律运行，但该修改不会改变法律文本。因此，本汇编不会显示经修订的汇编法律的文本。有关修改的更多信息，请参见立法登记册中汇编法律的系列页面。

自废条款

如果根据法律规定废除相关汇编条款，则在尾注中包含详细信息。

目 录
Contents

第 1 章

引　言

第1节　初步事项

第1条　简　称

本法可被称作《2002年犯罪收益追缴法》。

第2条　生　效

（1）如表1-1所示，第1列列出的本法条款，在表格第2列特定的日期或时间开始生效，或视为已经生效。

表1-1　生效信息

第1列	第2列	第3列
条款	开始生效	日期/详情
1.第1条、第2条以及其他未在本表提及的条文	本法得到批准之日	2002年10月11日
2.第3条到第338条	根据第（3）款，公告确定之日	2003年1月1日（政府公报2002年第GN44号）

【注释】本表仅与本法最初由议会通过和批准的条文有关，其并不扩展至处理本法批准后新增的条文。

（2）表格第3列是补充信息，其并非本法的组成部分。该信息可包括任何本法公布的版本。

（3）根据第（1）款，如果表格第2行提及的条文自收到批准之日起6个月内仍未生效，则其在该期间结束后的首日生效。

第3条　识别界定的术语

（1）本法的大多术语在第6章的词典中进行了界定。

（2）大多在第6章词典界定的术语，可通过术语前出现的星号加以识别，如"*收益"。带星号的脚注包含了对词典路径的指示。

（3）星号通常识别在条（如果条未被分为款）、款或定义中首次出现的术语。术语在同一条款中的再次出现，通常不会有星号。

（4）在标题、注释、案例、解释性表格、指导性说明、纲要条文或图表中的术语，不标记星号。

（5）如果术语未被标注星号，在决定是否将该术语应用于定义或其他解释条款时，可忽略上述事实。

（6）下列贯穿本法的基本术语未被标记星号，如表1-2所示。

表1-2　未被标记的术语

项	术语	界定于
1	被指控	第338条
2	被定罪	第331条
3	处理	第338条
4	取得	第336条
5	财产	第338条

第4条　《刑法典》的适用

《刑法典》第2章适用于违反本法的所有犯罪。

【注释】《刑法典》第2章规定了刑事责任的一般原则。

第2节　目　的

第5条　主要目的

本法的主要目的是：

（a）剥夺个人因违反联邦或*非自治领地的法律所得的犯罪*收益、犯

罪*工具和犯罪*利益；和

（b）剥夺个人对实施犯罪获得的名声进行商业利用而获得的*名声收益；和

（ba）剥夺个人无法说服法院并非直接或间接地来源于特定犯罪的*来源不明财产；和

（c）惩罚和威慑违反联邦或非自治领地法律的个人；和

（d）阻止犯罪收益、工具、利益、名声收益以及来源不明财产的数额在进一步刑事活动中的再投资；和

（da）削弱犯罪公司的利润；和

（e）使执法机构能有效追踪犯罪收益、工具、利益、名声收益以及来源不明财产的数额；和

（f）使澳大利亚在《欧洲理事会关于洗钱、搜查、扣押和没收犯罪收益的公约》以及其他有关犯罪收益的国际公约中的义务得以履行；和

（g）使对违反州或*自治领地法律的犯罪签发的罚没令和限制令得以在其他领地实施。

第3节 本法框架

第6条 概 览

本法确立了罚没犯罪收益的方案。它通过以下方式进行：

（a）第2章规定了实施罚没的各种命令；和

（b）第3章规定了联邦执法机构获得与上述命令相关信息的途径；和

（c）第4章规定了相关的管理事项。

本法的最后是杂项规定、定义以及其他解释性的材料。

【注释】另见《1914年刑法》第IAE节（视频链接证据）。

第7条 罚没方案（第2章）

第2章规定了一系列相关的罚没程序：

（aa）在法院决定涉及账户限制令的申请前，限制从金融机构撤回账户的冻结令（见第1A节）；和

（a）禁止处理或处置财产的限制令（见第1节）；和

（b）财产被联邦没收的没收令（见第2节）；和

（c）被定重罪时财产被联邦没收（见第3节）；和

（d）要求根据实施犯罪所得的利益支付特定金额的罚金令（见第4节）；和

（e）要求根据犯罪的名声收益支付特定金额的名声收益命令（见第5节）；和

（f）要求支付来源不明财产数额的来源不明财产命令（见第6节）。

第8条 信息收集（第3章）

（1）第3章规定了5种获取信息的方式：

（a）就讯问令涉及的个人事项向任何人讯问（见第1节）；和

（b）根据出示令，要求个人出示财产追踪文件或使其得以审查（见第2节）；和

（c）要求金融机构提供有关账户和交易的信息和文件（见第3节）；和

（d）根据监控令，要求金融机构提供特定时期内交易的信息（见第4节）；和

（e）根据搜查令或有关的转让证书，搜查和扣押赃物或证据材料（见第5节）。

（2）第3章也授权为特定的目的向特定的机构披露根据该章或其他特定条文获取的信息（见第6节）。

第9条 管理（第4章）

第4章规定了以下的管理事项：

（a）官方受托人的权力和义务，其在很大程度上与受制于限制令的财产有关（见第1节）；

（b）法律援助的条文（见第2节）；

（c）没收资产账户（见第3节）；

（d）为特定金钱的支付在被控制财产上的抵押（见第4节）；

（e）特定领地州际命令的实施（见第5节）。

第10条 杂项规定（第5章）

第5章处理其他事项。

第11条 本法的解释（第6章）

第6章包含词典，其列出了所有在本法中定义的术语。它同时也规定了一些重要概念的含义。

第4节 适 用

第1目 一般规定

第12条 本法约束政府

（1）本法根据联邦、各州以及各*自治领地的授权，约束政府。

（2）本法并不使政府因犯罪可被起诉。

第13条　本法适用于澳大利亚国内外

除非相反的意图出现，否则本法扩展适用于：

（a）*澳大利亚外的行为、事项和事件，不论其位于另一国家以内或之外；和

（b）不论其国籍或公民身份的所有人。

第14条　适　用

本法适用于：

（a）任何时间实施的犯罪行为（不论是否有人被定罪）；和

（b）个人在任何时间被定罪；

不管该犯罪或定罪发生于本法生效之前或之后。

第14A条　州和领地法律的同时运作

（1）本法并不排除或限制州或领地法律的运作，根据上述法律能够与本法同时运作的范围。

（2）第（1）款并不适用于*国家来源不明财产条款。

【注释】关于*国家来源不明财产条款和州或领地法律的互动，见第14L条。

第2目　国家来源不明财产规定

第A分目　一般规定

第14B条　国家来源不明财产条款的《宪法》根据

本条的主要内容

（1）本条规定了*国家来源不明财产条款的《宪法》根据。

国家来源不明财产条款

（2）国家来源不明财产条款是：

（a）*主要的来源不明财产条款；和

（b）*参与司法管辖区信息收集条款；和

（c）*来源不明财产的组织和过渡性条款。

主要的来源不明财产条款

（3）主要的来源不明财产来源是：

（a）第20A条和第2章第6节；和

（b）本法中的其他条款，只要其与第20A条和第2章第6节相关；和

（c）为实现（a）项或（b）项条款的目的，根据本法签发的文件。

参与司法管辖区信息收集条款

（4）参与司法管辖区信息收集条款是：

（a）第14M条和附录1；和

（b）本法中的其他条款，只要其与第14M条和附录1相关；和

（c）为实现（a）项或（b）项条款的目的，根据本法签发的文件。

来源不明财产的组织和过渡性条款

（5）来源不明财产的组织和过渡性条款是指：

（a）如下条款（来源不明财产的组织和过渡性条款）：

i 第14A条到第14L条，以及第14N条；

ii 在第338条中采纳法、修正案参照、合作州、明示修正、信息收集、主要组织和过渡性条款、非参与州、参与司法管辖区信息收集条款、参与州、本法后续修正版本1、本法后续修正版本2、本法先前修正版本、参照法、相关法律1、相关法律2、《特别罚没法》、文本参照1、文本参照2、来源不明财产和来源不明财产的组织和过渡性条款的定义；

iii 附录2；和

（b）本法中的其他条款，只要其与主要的组织和过渡性条款相关；和

（c）为实现（a）项或（b）项条款的目的，根据本法签发的文件。

参与州的适用

（6）*国家来源不明财产条款在*参与州的适用是基于：

（a）联邦议会因为参与州议会根据《宪法》第51条37项参照或采纳拥有的立法性权力；和

（b）联邦议会根据《宪法》拥有的其他立法性权力。

非参与州的适用

（7）*国家来源不明财产条款（来源不明财产的组织和过渡性条款除外）在*非参与州的适用是基于：

（a）联邦议会根据《宪法》第51条和第122条（第51条37项除外）拥有的立法性权力；和

（b）联邦议会根据《宪法》拥有的其他立法性权力。

（8）*来源不明财产的组织和过渡性条款在*非参与州的适用：

（a）是*参与州因其已经向联邦议会提交：

i *文本参照1；和

ii *文本参照2；和

iii *修正案参照；和

（b）不再作为参与州因其终止以下事项：

i 文本参照1；

ii 修正案参照；和

（c）未终止对文本参照2的参照；

基于以下权力：

（d）联邦议会因为根据《宪法》第51条37项文本参照2拥有的立法性权力；和

（e）联邦议会根据《宪法》拥有的其他立法性权力。

（9）*来源不明财产的组织和过渡性条款在*非参与州的适用：

（a）是*参与州因其已经：

i 采纳*本法后续修正版本1；和

ii 采纳*本法后续修正版本2；和

iii 向联邦议会提交*修正案参照；和

（b）不再作为*参与州因其终止以下事项：

i 采纳本法后续修正版本1；

ii 提交参照修正案；和

（c）未终止对本法后续修正版本2的采纳；

基于以下权力：

（d）联邦议会因为根据《宪法》第51条37项采纳本法后续修正版本2拥有的立法性权力；和

（e）联邦议会根据《宪法》拥有的其他立法性权力。

（10）未被第（8）项和第（9）项涉及的*来源不明财产的组织和过渡性条款在*非参与州的适用，是基于：

（a）联邦议会根据《宪法》第51条和第122条（第51条37项除外）拥有的立法性权力；和

（b）联邦议会根据《宪法》拥有的其他立法性权力。

自治领地的适用

（11）*国家来源不明财产条款在*自治领地的适用是基于：

（a）联邦议会根据《宪法》第122条拥有的为*自治领地政府制定法律立法性权力；和

（b）联邦议会根据《宪法》拥有的其他立法性权力。

尽管《1901年法律解释法》第2H条已有规定，但*国家来源不明财产条款作为联邦法律在*自治领地适用。

在澳大利亚之外的适用

（12）*国家来源不明财产条款在*澳大利亚之外的适用是基于：

（a）联邦议会根据《宪法》第51条37项拥有的立法性权力；和

（b）联邦议会根据《宪法》第51条和第122条（第51条37项除外）拥有的立法性权力；和

（c）联邦议会根据《宪法》拥有的其他立法性权力。

第14C条　什么是参与州？

参与州

（1）一个州作为参与州，如果出于《宪法》第51条第37项的目的，州议会：

（a）已经通过*参照法案，向联邦议会提交：

i *文本参照1〔见第（2）款〕；和

ii *文本参照2〔见第（3）款〕；和

iii *修正案参照〔见第（4）款〕；和

在《2018年来源不明财产法修正案》颁布前；或

（b）已经通过*采纳法：

i 采纳*本法后续修正版本1〔见第（5）款〕；和

ii 采纳*本法后续修正版本2〔见第（6）款〕；和

iii 向联邦议会提交参照修正案；

在《2018年来源不明财产法修正案》颁布后。

文本参照1

（2）州的文本参照1是指，如果通过*明示修正案对*相关法律1的条款进行修改或对条款进行实质性修改，本法*先前修正版本会涉及的事项，但排除以其他方式涉及本法先前修正版本的事项。

文本参照2

（3）州的文本参照2是指，如果通过*明示修正案对*相关法律2的条款进行修改或对条款进行实质性修改，本法*先前修正版本会涉及的事项，但排除以其他方式涉及本法先前修正版本的事项。

修正案参照

（4）州的修正案参照是指以下有关事项：

（a）*来源不明财产（见第14D条）；和

（b）*信息收集（见第14E条）；

通过对本法制定*明示修正案达到就上述事项制定法律的程度。

本法后续修正版本1

（5）本法后续修正版本1与州的*采纳法相关，是指本法被以下事项修正：

（a）*相关法律1；和

（b）本法任何其他的*明示修正案：

i 在相关法律1颁布后但在采纳法颁布前颁布；和

ii 不是*主要的组织和过渡性条款的修正案［见第14B条第（5）款］；

根据本法被如此修正，是基于*文本参照1或为《宪法》第51条第37项的目的，由另一州的议会向联邦议会提交的*修正案参照的法律。

本法后续修正版本2

（6）本法后续修正版本2与州的*采纳法相关，是指本法被以下事项修正：

（a）*相关法律2；和

（b）本法任何其他的*明示修正案：

i 在相关法律2颁布后但在采纳法颁布前颁布；和

ii 是*主要的组织和过渡性条款的修正案［见第14B条第（5）款］；

根据本法被如此修正，是基于*文本参照2或为《宪法》第51条第37项的目的，由另一州的议会向联邦议会提交的*修正案参照的法律。

特定事项不影响参与州的地位

（7）一个州作为参与者，即便州的*参照法案或*采纳法规定：

（a）对联邦议会*文本参照1、*文本参照2或*修正案参照的参照将在特定情况下终止；或

（b）对*本法后续修正版本1或*本法后续修正版本2的采纳将在特定情况下终止；或

（c）对联邦议会修正案参照的参照并不包括在第20A条或第2章第6节条文中规定的事项：

i 要求个人通过以法院命令外的其他方式支付数额；或

ii 要求或允许财产［在第14D条第（2）款的含义内］通过以法院命令外的其他方式被限制、没收或扣押；或

（d）对联邦议会文本参照1、文本参照2或修正案参照的参照仅在以下情况下有效：

i 仅且限于该事项并不包含在联邦议会立法性权力内（而非通过参照《宪法》第51条第27项）；或

ii 仅且限于该事项包括在联邦议会立法性权力内。

州何时停止作为参与州

（8）州停止作为*参与州，如果：

（a）在州议会已经向联邦议会提交*文本参照1和*文本参照2的情况下——上述参照之一或全部终止；或

（b）在州议会已经采纳*本法后续修正版本1和*本法后续修正版本2的情况下——上述采纳之一或全部终止。

（9）州停止作为*参与州，如果：

（a）州对*修正案参照的参照终止；和

（b）第（10）款不适用于该终止。

（10）州并不停止作为*参与州，因其对*修正案参照的参照终止，如果：

（a）终止生效，由该州的州长通过公告确定日期，作为参照终止的日期；和

（b）确定的日期不早于公告发布之日起6个月期间结束的首日；和

（c）该州的修正案参照以及任何其他州的修正案参照，在同一天终止。

其他定义

（11）在本法中：

州的*采纳法，是指州的法律：

（a）采纳*本法后续修正版本1；和

（b）采纳*本法后续修正版本2；和

（c）参照联邦议会的*修正案参照。

本法的*明示修正是指通过另一联邦法律或联邦法律的条文，对本法本文的直接修正（不管通过插入、删除、废止、替换、变化文字或事项），但不包括对本法文本会产生实质性影响的联邦法律条文的颁布。

与州的*参照法案相关的本法先前修正版本，是指本法刚制定时和随后被所在州的参照法案制定前颁发的任何修正案的修正版本。

州的参照法案是指州向联邦议会提交*文本参照1、*文本参照2和*修正案参照。

相关法律1是指《2018年来源不明财产法修正案》的附录2和附录4。

相关法律2是指《2018年来源不明财产法修正案》的附录1。

第14D条 来源不明财产的含义

（1）根据州*修正案参照的目的［见第14C条第（4）款］，来源不明财产指不是合法取得的财产或财富。

（2）第（1）款中合法取得、财产和财富的含义，包括但不限于在州的首个*参照法案实施前生效的本法中的上述措辞的含义。

第14E条 信息收集的含义

根据州*修正案参照的目的［见第14C条第（4）款］，信息收集是指根据州法为启动诉讼或程序的目的（或与之相关）出示或提供信息。

第14F条 当非参与州作为合作州

参照文本参照1和文本参照2的州

（1）*非参与州是合作州，如果：

（a）对第14G条或第14J条（关于恢复）或第4章第3节第2目（关于收益分配）的*明示修正已经颁布；和

（b）在修正案颁布前，州是*参与州；和

（c）在修正案颁布前，州停止作为*参与州，因其终止以下事项之一或全部：

i 对*文本参照1参照；

ii 对*修正案参照的参照；和

（d）根据州*参照法案为本条的目的签发的公告，终止生效；和

（e）该州并未终止对*文本参照2的参照。

【注释】根据第4章第3节第2目（关于根据国家合作计划没收资产收益分配的内容），作为合作州的非参与州可被视为参与州同等对待。

采纳本法后续修正版本的州

（2）*非参与州是合作州，如果：

（a）对第14G条或第14J条（关于恢复）或第4章第3节第2目（关于收益分配）的*明示修正已经颁布；和

（b）在修正案颁布前，州是*参与州；和

（c）在修正案颁布前，州停止作为*参与州，因其终止以下事项之一或全部：

i 对*本法1号后续修正版本的采纳；

ii 对*修正案参照的参照；和

（d）根据州*采纳法为本条的目的签发的公告，终止生效；和

（e）该州并未终止对本法2号*后续修正版本的采纳。

（3）尽管第（1）款和第（2）款已有规定，但如果根据第（4）款与该州相关的公告生效，则*非参与州停止作为合作州。

（4）部长可以根据立法文件，宣布州不是*合作州。

（5）根据第（4）款签发的宣告是立法文件，但是《2003年立法法》第42条（驳回）不适用于该宣告。

第B分目　特定明示修正案的恢复

第14G条　参与州对来源不明财产程序恢复的效力

本条何时适用

（1）本条适用，如果：

（a）为本法目的，根据*参与州的*参照法案或*采纳法，宣告已经签发；和

（b）宣告主张本法的*明示修正（本分目除外）不适用于第（3）（4）（5）款涉及的程序；和

（c）宣告在修正案颁布之日起的6个月内生效。

本法在诉讼程序中的适用

（2）本法适用于诉讼程序，如同修正案尚未生效。

限制令的诉讼程序

（3）诉讼程序由本款涉及，如果：

（a）程序在公告生效时启动；和

（b）程序是为了根据第20A条签发与*犯罪嫌疑人相关的*限制令；和

（c）支持命令申请的宣誓令陈述*被授权官员怀疑以下一项或两项：

i 犯罪嫌疑人实施了*参与州的*相关犯罪；

ii 犯罪嫌疑人的全部或部分*财富是从*参与州的犯罪行为中获取的。

来源不明财产命令的诉讼程序

（4）诉讼程序由本款涉及，如果：

（a）程序在公告生效时启动；和

（b）程序是为了签发与*犯罪嫌疑人相关的*来源不明财产命令（包括*预备的来源不明财产命令）；和

（c）命令申请陈述*被授权官员怀疑犯罪嫌疑人的全部或部分*财富是从*参与州的*相关犯罪行为中获取。

其他命令的诉讼程序

（5）诉讼程序由本款涉及，如果：

（a）程序在公告生效时启动；和

（b）签发命令的诉讼程序与以下事项相关：

i 由第（3）款规定的*限制令签发程序；或

ii 由第（4）款规定的*来源不明财产命令签发程序（包括*预备的来源不明财产命令）。

第14H条　自治领地对来源不明财产程序恢复的效力

本条何时适用

（1）本条适用，如果：

（a）为本条目的，*自治领地的法律（非适用性法律）已经制定；和

（b）法律主张本法的*明示修正（本分目除外）不适用于第（3）（4）（5）款涉及的程序；和

（c）非适用性法律在修正案颁布之日起的6个月内生效。

本法在诉讼程序中的适用

（2）本法适用于诉讼程序，如同修正案尚未生效。

限制令的诉讼程序

（3）诉讼程序由本款涉及，如果：

（a）程序在非适用性法律生效时启动；和

（b）程序是为了根据第20A条签发与*犯罪嫌疑人相关的*限制令；和

（c）支持命令申请的宣誓令陈述*被授权官员怀疑以下一项或两项：

i 犯罪嫌疑人实施了*领地犯罪；

ii 犯罪嫌疑人的全部或部分*财富是从领地的犯罪行为中获取的。

来源不明财产命令的诉讼程序

（4）诉讼程序由本款涉及，如果：

（a）程序在非适用性法律生效时启动；和

（b）程序是为了签发与*犯罪嫌疑人相关的*来源不明财产命令（包括*预备的来源不明财产命令）；和

（c）命令申请陈述*被授权官员怀疑犯罪嫌疑人的全部或部分*财富是从领地的犯罪行为中获取的。

其他命令的诉讼程序

（5）诉讼程序由本款涉及，如果：

（a）程序在非适用性法律生效时启动；和

（b）签发命令的诉讼程序与以下事项相关：

i 由第（3）款规定的*限制令签发程序；或

ii 由第（4）款规定的*来源不明财产命令签发程序（包括*预备的来源不明财产命令）。

第14J条 参与州根据州参照信息收集条款采取诉讼行为的恢复效力

本条何时使用

（1）本条适用，如果：

（a）为本法目的，根据*参与州的*参照法案或*采纳法，宣告已经签发；和

（b）宣告主张本法的*明示修正（本分目除外）不适用于：

i 第（3）款涉及的命令；或

ii 根据第（3）款申请的结果签发的命令；或

iii 第（4）款涉及的通知；和

（c）宣告在修正案颁布之日起的6个月内生效。

本法对申请、命令或通知的适用

（2）本法适用于申请、命令或通知，如同修正案尚未生效。

出示令的申请

（3）本款涉及申请，如果：

（a）申请在宣告生效时签发；和

（b）申请是为了根据附录1第1条签发*出示令；和

（c）申请由州*被授权的州/领地官员提出。

对金融机构的通知

（4）本款涉及通知，如果：

（a）通知在宣告生效时签发；和

（b）通知是为了根据附录1第12条给*金融机构；和

（c）通知由附录1第12条第（3）款规定的州官员发出。

第14K条 自治领地根据州参照信息收集条款采取诉讼行为的恢复效力

本条何时使用

（1）本条适用，如果：

（a）为本法目的，*自治领地的法律（非适用性法律）已经制定；和

（b）非适用性法律主张本法的*明示修正（本分目除外）不适用于：

i 第（3）款涉及的命令；或

ii 根据第（3）款申请的结果签发的命令；或

iii 第（4）款涉及的通知；和

（c）非适用性法律在修正案颁布之日起的6个月内生效。

本法对申请、命令或通知的适用

（2）本法适用于申请、命令或通知，如同修正案尚未生效。

出示令的申请

（3）本款涉及申请，如果：

（a）申请在非适用性法律生效时签发；和

（b）申请是为了根据附录1第1条签发*出示令；和

（c）申请由州*被授权的州/领地官员提出。

对金融机构的通知

（4）本款涉及通知，如果：

（a）通知在非适用性法律生效时签发；和

（b）通知是为了根据附录1第12条给*金融机构；和

（c）通知由附录1第12条第（3）款规定的州官员给予。

第C分目　国家来源不明财产条款和命令与州和领地法律和领域的互动

第14L条　州和地区法律与国家来源不明财产条款的同时运作

法律的同时运作

（1）*国家来源不明财产条款并不排除或限制州或领地法律的运作（包括*《特别罚没法》），根据法律能够与上述条文同时运作的范围。

（2）当州是*参与州或领地是*自治领地时，州或领地的*相应法律是《特别罚没法》。

（3）不限于第（1）款，*国家来源不明财产条款并不排除或限制*《特别罚没法》的同时运作，仅因为：

（a）根据该法或根据该法签订的命令：

i 阻止或限制个人处置或处分财产（如通过该法签发的限制令）；或

ii 罚没或没收个人的财产（如通过该法签发的没收令）；或

iii 要求个人支付特定数额（如通过该法签发的来源不明财产命令）；或

iv 处置根据条文规定的事项；和

（b）*国家来源不明财产条款或根据上述条款签发的命令，也

i 阻止或限制个人处置或处分财产（如通过第20A条签发的限制令）；或

ii 要求个人支付特定数额（如通过该法签发的*来源不明财产的命令）；或

iii 处置根据条文规定的事项。

（4）如果根据*《特别罚没法》或根据该法签发的命令从事以下事项，第（3）款适用：

（a）在无法根据第20A条获取限制令阻止或限制处置或处分的情况下，阻止或限制个人处置或处分财产；

（b）在特定情形下，阻止或限制对或多或少地根据第20A条的*限制令无法涉及的财产的处置或处分；

（c）阻止或限制处置或处分根据第20A条的限制令被排除的财产；

（d）在特定情形下，罚没或没收对在上述情况下签发的*来源不明财产命令中比个人*来源不明财产数额更多或更少的财产；

（e）要求支付根据来源不明财产命令更多或更少数额的金钱；

（f）处置根据条文规定的事项。

本条不影响第14A条

（5）本条并不间接地影响第14A条（其处理本法的同时运作，除*国家来源不明财产条款和州和领地的法律）。

本条的适用

（6）本条适用于*国家来源不明财产条款和*参与州或*自治领地的法律在第（7）款提及的期间中的适用，包括以下事项：

澳大利亚犯罪收益追缴法

（a）根据*《特别罚没法》在上述期间签发的与程序有关的命令，程序根据《特别罚没法》在上述期间之前或之内启动；和

（b）命令根据《特别罚没法》在上述期间签发，且在上述期间一直生效；和

（c）根据国家来源不明财产条款在上述期间签发的与程序有关的命令，程序根据国家来源不明财产条款在上述期间之前或之内启动。

（7）出于第（6）款的目的，期间作如下规定：

（a）对有*参照法案的*参与州——期间在本条生效时开始，在该州停止作为参与州时结束；

（b）对有*采纳法的参与州——期间在该州采纳法生效时开始，在该州停止作为*参与州时结束；

（c）对*自治领地——期间在本条生效时开始，且不停止。

第D分目　其他事项

第14M条　参与州和自治领地收集的信息

附录1生效。

第14N条　针对来源不明财产的与国家合作计划相关的过渡、适用和保留条款

附录2生效。

第 2 章

罚没方案

第1A节　冻结令

第15A条　本节概览

> 冻结令可以针对金融机构的账户签发，如果：
> （a）有根据怀疑账户余额反映了特定犯罪的收益或工具；和
> （b）治安法官确信，除非签发命令，账户的余额会减少以至于该人不会被剥夺全部或部分的收益或工具。

第1目　签发冻结令

第15B条　签发冻结令

（1）治安法官必须命令*金融机构不得允许*账户从该机构撤回，除非以命令中规定的方式和情形，如果：

（a）在（a）（aa）（b）或（c）项中规定的，根据第338条定义的*被授权官员，根据第2目的规定申请命令；和

（b）有合理的根据怀疑账户的余额：

i 是可公诉罪，*外国可公诉罪或*与联邦相关的可公诉罪*收益（不论实施犯罪个人的身份是否已被知晓）；或

ii 全部或部分是*严重犯罪的*工具；和

（c）治安法官确信，除非根据本条签发命令，账户的余额会减少以至于该人不会被剥夺全部或部分的收益或工具。

【注释1】在第338条规定了（a）（aa）（b）和（c）项中规定的被授权官员，根据本法，其涉及为澳大利亚联邦警察局、澳大利亚法律实施廉洁委员会、澳大利亚犯罪委员会、澳大利亚移民和边境保护机构履行职责的特定人员。

【注释2】账户的余额是犯罪的收益，尽管该余额可能仅部分来源于犯罪，见第329条。

（2）根据第（1）款签发的命令间或涉及账户的余额。

命令不需要基于特定犯罪的实施

（3）在第（1）款（b）项提及的合理根据，以及在第（1）款（c）项提及的确信，不需要基于特定犯罪事实的调查结果。

第2目　冻结令如何获得

第15C条　亲自提出支持申请的宣誓令

如果*被授权官员亲自向治安法官申请与*金融机构*账户有关的*冻结令，申请书必须伴有在（a）（aa）（b）或（c）项中规定的，根据第338条定义的被授权官员的宣誓令：

（a）列明充分的信息识别该账户（如账号）；和

（b）确定金融机构；和

（c）列明依据怀疑该账户余额：

i 是可公诉罪，*外国可公诉罪或*与联邦相关的可公诉罪*收益；或

ii 全部或部分是*严重犯罪的*工具；和

（d）列明理由，个人确信，除非签发命令，账户的余额会减少以至于该人不会被剥夺全部或部分的收益或工具。

【注释】在第338条规定了（a）（aa）（b）和（c）项中规定的被授权官员，根据本法，其涉及在澳大利亚联邦警察局、澳大利亚法律实施廉洁委员会、澳大利亚犯罪委员会、澳大利亚移民和边境保护机构履行职责的特定人员。

第15D条　通过电话或其他电子方式申请冻结令

（1）在（a）（aa）（b）或（c）项中规定的，根据第338条定义的*被授权官员可以通过电话、传真或其他电子方式向治安法官申请*冻结令：

（a）在紧急情况下；或

（b）若因亲自提出申请导致延误，将会使搜查令的有效执行受阻。

【注释】在第338条规定了（a）（aa）（b）和（c）项中规定的被授权官员，根据本法，其涉及在澳大利亚联邦警察局、澳大利亚法律实施廉洁委员会、澳大利亚犯罪委员会、澳大利亚移民和边境保护机构履行职责的特定人员。

（2）根据第（1）款的申请：

（a）必须包括对*冻结令的普通申请和伴随的宣誓令所需的所有信息；和

（b）如果必要，可以在宣誓令宣誓前提出。

（3）治安法官可以要求：

（a）根据环境允许的程度，通过声音交流；和

（b）任何进一步的信息。

第15E条　通过电话等签发搜查令

（1）治安法官可以完成且签署与根据第15B条签发的*冻结令形式一致的冻结令，如果其确信：

（a）冻结令必须被紧急签署；或

（b）若因亲自提出申请导致延误，将会使搜查令的有效执行受阻。

（2）如果治安法官签发*冻结令，其必须通过电话、传真或其他电子方式，通知申请者搜查令的条款以及其被签署的日期和时间。

（3）申请者其后必须：

（a）完成*冻结令表格，其条款与治安法官签发的命令实质一致；和

（b）在表格中陈述：

i 治安法官的姓名；和

ii 冻结令被签发的日期；和

iii 冻结令被签发的时间。

（4）申请者必须给治安法官由其完成的*冻结令表格，在以下日期前：

（a）治安法官签发命令的第二个*工作日；或

（b）治安法官签发命令的第一个工作日，如果其在治安法官签发命令的第一个工作日前被送达给有关的*金融机构。

（5）如果在治安法官签发*冻结令前，申请者未给予治安法官支持申请的宣誓令，且不符合第15C条中的规定，申请者在必须给予治安法官由其完成的冻结令表格时，必须将上述材料交给治安法官。

（6）如果申请者不遵守第（5）款的规定，*冻结令被视为从未生效。

（7）治安法官必须将由其完成的*冻结令表格，附于第（4）款和第（5）款（如果相关）规定的文件。

第15F条　在法庭程序中未签署的电话搜查令

如果：

（a）在任何程序中，法院确信根据第15D条申请的*冻结令是正当签发这一条件极为重要；和

（b）治安法官签署的冻结令表格不会作为证据出示；

法院必须假定命令未被合法签发，除非对立面被证明。

第15FA条　禁止证据公布——冻结令的诉讼程序

（1）如果*被授权官员根据本目规定向治安法官申请*冻结令，治安法官可以根据第（2）款签发命令。

（2）如果在治安法官看来，有必要防止对司法的偏见，治安法官可以签发命令，禁止或限制全部或部分公布以下事项：

（a）如果申请根据第15C条提出（亲自）——在该条提及的包含在支持申请的宣誓书中的事项；

（b）如果申请根据第15D条作出（通过电话或其他电子方式）——在第15D条第（2）款（a）项提及的，包含或将要包括在支持申请的宣誓书中的事项。

（3）治安法官可以在申请提出后和被裁定前的任何时候，根据第

（2）款签发命令。

（4）根据第（2）款授予的权力，是附加于治安法官的任何其他权力，而非对其的背离。

第15G条 在申请中作虚假陈述的犯罪

个人有罪，如果：

（a）该人作陈述（无论以口头，书面或其他任何方式）；和

（b）该陈述：

i 错误或令人误解；或

ii 遗漏了任何若没有，会使该陈述令人产生误解的事项或事物；和

（c）该陈述在*冻结令申请时制作，或与冻结令的申请相关。

刑罚：2年有期徒刑或120个罚金单位，或两者兼有。

第15H条 基于第15E条签名命令的有关犯罪

在电话命令中陈述不正确名字的犯罪

（1）个人有罪，如果：

（a）该人在文件中陈述治安法官的名字；和

（b）文件意图成为根据第15E条*冻结令的形式；和

（c）该名字并非签发命令的治安法官的名字。

刑罚：2年有期徒刑或120个罚金单位，或两者兼有。

非授权形式命令的犯罪

（2）个人有罪，如果：

（a）该人在根据第15E条的*冻结令表格中陈述事项；和

（b）该事项与治安法官签发的命令中的实质性细节背离。

刑罚：2年有期徒刑或120个罚金单位，或两者兼有。

送达非授权形式命令的犯罪

（3）个人有罪，如果：

（a）该人向个人送达文件；和

（b）文件意图成为根据第15E条*冻结令的形式；和

（c）该文件：

i 根据该条款并未被治安法官批准；或

ii 与治安法官根据该条款给出的条款中的实质性细节背离。

刑罚：2年有期徒刑或120个罚金单位，或两者兼有。

给出不同于送达形式命令的犯罪

（4）个人有罪，如果：

（a）个人给治安法官根据第15E条与*金融机构相关的*冻结令表格；和

（b）个人在提交给金融机构宣称是冻结令表格的文件后才这样做；和

（c）给治安法官的表格并非提交给金融机构的文件形式。

刑罚：2年有期徒刑或120个罚金单位，或两者兼有。

第3目　冻结令生效

第15J条　送达冻结令等给金融机构和账户所有者

（1）如果治安法官签发与*金融机构的*账户有关的*冻结令，命令的申请者必须使得在第（2）款中提及的事项给予以下人员：

（a）金融机构；和

（b）拥有账户的所有个人。

（2）以下事项：

（a）命令的副本（或根据第15E条命令的表格）；

（b）在第338条中被授权官员定义中提及的*执行机构的名字和联系细节的书面陈述。

【注释】如果命令的副本在命令被签发后的第一个工作日后给予金融机构，该命令并不生效，见第15N条第（1）款。

第15K条 冻结令并不阻止撤回以使金融机构履行其义务

与*金融机构*账户有关的*冻结令并不阻止该机构允许对账户的撤回以使该机构可以履行联邦、州或领地的成文法施加给其的义务。

第15L条 违反冻结令的犯罪

*金融机构实施犯罪，如果：

（a）该机构允许*账户从该机构撤回；和

（b）存在关于该账户的*冻结令；和

（c）允许该撤回违反该命令。

刑罚：5年有期徒刑或300个罚金单位，或两者兼有。

第15M条 保护遵守通知者免于诉讼等

不得受理针对如下机构或个人的起诉、诉讼或程序：

（a）*金融机构；或

（b）在其受雇或代理期间作为该机构*官员、雇佣者或*代理人；

关于机构或个人为遵守*冻结令，或基于错误的信念（即根据冻结令行为是必要的）采取行为。

【注释】本条并不影响针对任何其他个人为签发或运作冻结令采取诉讼行为。

第4目 冻结令的持续

第15N条 冻结令何时生效

（1）与*金融机构的*账户相关的*冻结令，当其副本（或根据第15E条命令的表格）被给予机构时生效。

然而，如果命令的副本在命令被签发后的第一个*工作日后给予金融机构，该命令并不生效。

（2）*冻结令一直生效：

（a）从命令的副本被给予机构起直到命令中规定的期限结束（如果相关，受第15P条的影响）；或

（b）如果在上述期间结束前，法院签发*限制令申请的裁定涉及该*账户——直到法院签发上述裁定的时间。

（3）*冻结令在最初签发时，严禁规定多于3个*工作日的期间。

第15P条 延长冻结令的命令

（1）治安法官可以签发命令，延长与*金融机构的*账户相关的*冻结令中规定的期间，如果

（a）在（a）（aa）（b）或（c）项中规定的，根据第338条定义的*被授权官员申请延期；和

（b）治安法官确信涉及账户（无论限制令是否同时涉及其他财产）的*限制令的申请已经向法院提出（但尚未被法院裁定）。

【注释】第338条规定了（a）（aa）（b）和（c）项中规定的被授权官员包括在澳大利亚联邦警察局、澳大利亚法律实施廉洁委员会、澳大利亚犯罪委员会、澳大利亚移民和边境保护机构履行职责的特定人员。

（2）延长期间可以是：

（a）特定数量的*工作日；或

（b）结束于法院裁定对*限制令的申请。

（3）延期不生效，除非关于延期命令的副本在*冻结令将停止生效前（延期除外）被给予*金融机构。

（4）以下条款适用于延期*冻结令的命令，与其在冻结令中适用的方式一致：

（a）第2目［第15C条（c）项和（d）项除外］；

（b）第15J条（该条的注释除外）。

（5）根据第（4）款的规定，第2目适用，如果：

（a）第15C条也要求支持申请的宣誓书：

i 确定冻结令；和

ii 陈述涉及*账户的*限制令的申请已经提出；和

（b）对第15E条第（1）项到第15B条的参照是对本条第（1）款的参照。

第5目　冻结令范围变化

第15Q条　治安法官可以变更冻结令允许撤回以支付合理的费用

（1）治安法官可以变更与*金融机构的*账户有关的*冻结令，为了机构可以允许账户的撤回以满足账户持有者以下一项或多项需要：

（a）个人合理的生活费用；

（b）个人*受赡养人合理的生活费用；

（c）个人合理的商业支出；

（d）该人的善意引起的特定债务。

（2）治安法官仅可变更*冻结令，如果：

（a）*账户持有者已经申请该命令；和

（b）该人已经将书面申请通知以及申请的依据给在第338条*被授权官员定义中（规定了申请冻结令的被授权官员）提及的*执行机构；和

（c）治安法官确信，该费用或债务不会与该人已经引起或即将引起的下列程序的法律费用有关：

i 本法的程序；或

ii 违反联邦、州或领地法律的犯罪程序；和

（d）治安法官确信该人不能通过下列命令所涉财产之外的财产支付费用或债务：

i 冻结令；或

ii *限制令；或

iii *州际限制令；或

iv 根据*《互助法》登记的*外国限制令。

（3）变更不生效，直到关于其的书面通知被给予*金融机构。

第6目　冻结令撤销

第15R条　申请撤销冻结令

（1）个人可以向治安法官申请撤销*冻结令。

（2）撤销的申请者必须将书面申请通知以及寻求撤销的依据给在第338条*被授权官员定义中（规定了申请*冻结令的被授权官员）提及的*执行机构。

（3）关于申请撤销*冻结令，如下的一个或多个人员可以举出附加材料给治安法官：

（a）申请冻结令的*被授权官员；

（b）宣誓书支持冻结令申请的被授权官员；

（c）其他在第338条被授权官员定义中［规定了在本款（a）项和（b）项中提及的被授权官员］规定的被授权官员。

（4）如果确信这么做符合司法利益，治安法官可以撤销*冻结令。

第15S条　撤销冻结令的通知

（1）如果与*金融机构*账户相关的*冻结令根据第15R条被撤销，在第338条*被授权官员定义中（规定了申请冻结令的被授权官员）规定的被授权官员（通知官员）必须将书面的撤销通知给予：

（a）金融机构；和

（b）账户所有者。

（2）然而，通知官员无须将通知给予撤销的申请者。

（3）第（1）款不需要超过一个的*被授权官员给出撤销通知。

第1节　限制令

第16条　本节概览

> 限制令可以针对与特定犯罪有关的财产签发，依据其与上述犯罪可能的没收或罚没令有关（这并不需个人已被定罪）。

第1目　签发限制令

第17条　限制令——个人被判决或者被指控可公诉罪

限制令必须被签发的情形

（1）有*收益管辖权的法院必须命令：

（a）财产严禁被任何人处置或处理；或

（b）财产严禁被任何人处置或处理，除非是以*限制令中规定的方式和情形；

如果：

（c）*犯罪收益追缴机构申请限制令；和

（d）个人已被判决或已被指控*可公诉罪，或者其被建议指控可公诉罪；和

（e）第（3）款中有关申请的任何宣誓书要求已经满足；和

（f）（除非没有规定的要求）法院确信制作宣誓书的*被授权官员对宣誓书中陈述的怀疑有合理依据。

可能由限制令涉及的财产

（2）限制令必须明确严禁处置或处理在命令的申请中特定的财产，如果法院确信已有合理的依据怀疑该财产是如下的一种或几种：

（a）*犯罪嫌疑人所有或特定的财产；

（aa）犯罪嫌疑人所有或特定的*破产财产；

（b）除特定财产外的犯罪嫌疑人的所有财产；

（ba）除特定破产财产外的犯罪嫌疑人的所有破产财产；

（c）另一处于犯罪嫌疑人*有效控制下个人（不论该人的身份是否已知）的特定财产；

（d）另一个人（不论该人的身份是否已知）属于犯罪*收益或者犯罪*工具的特定财产。

宣誓书要求

（3）对*限制令的申请必须由*被授权官员陈述下列内容的宣誓书所支持：

（a）如果*犯罪嫌疑人还未被判*可公诉罪——被授权官员怀疑犯罪嫌疑人实施了该犯罪；和

（b）如果该申请是限制除犯罪嫌疑人之外的个人财产，但不限制犯罪嫌疑人的*破产财产——被授权官员怀疑：

i 该财产在犯罪嫌疑人的*有效控制之下；或

ii 该财产是*犯罪的收益或者是*犯罪的工具。

宣誓书必须包括*被授权官员持有这些怀疑的依据。

拒绝签发限制令

（4）尽管第（1）款已有规定，但如果法院确信签发限制令并不符合公共利益，法院可以拒绝签发和非*严重犯罪的*可公诉罪有关的*限制令。

【注释】如果联邦拒绝作出允诺，法院可以拒绝签发限制令，见第21条。

财产被处置等的风险

（5）法院必须签发*限制令，尽管该财产没有被处置或者被处理的风险等。

财产的随后取得

（6）法院可以规定，*限制令涉及*犯罪嫌疑人在法院签发命令之后获得的财产。否则，在法院签发限制令后获得的财产不会被限制令涉及。

第18条　限制令——被怀疑实施严重犯罪的个人

限制令必须被签发的情形

（1）有*收益管辖权的法院必须命令：

（a）财产严禁被任何人处置或处理；或

（b）财产严禁被任何人处置或处理，除非是以限制令中规定的方式和情形；

如果：

（c）*犯罪收益追缴机构申请限制令；和

（d）有合理的依据怀疑个人已实施了*严重犯罪；和

（e）第（3）款关于申请的任何宣誓书要求已经被满足；和

（f）法院确信制作宣誓书的*被授权官员在宣誓书中陈述的怀疑有合理依据。

【注释】如果联邦拒绝作出允诺，法院可以拒绝签发限制令，见第21条。

可能由限制令涉及的财产

（2）限制令必须明确严禁处置或处理在限制令申请中特定的财产，如果法院确信已经有合理的依据怀疑认为财产是如下的一种或几种：

（a）*犯罪嫌疑人所有或特定的财产；

（aa）犯罪嫌疑人所有或特定的*破产财产；

（b）除特定财产外的犯罪嫌疑人的所有财产；

（ba）除了特定破产财产之外的犯罪嫌疑人的所有破产财产；

（c）另一个处于犯罪嫌疑人*有效控制之下个人的财产（不论该人的身份是否已知）；

（d）另一个人的特定财产（不论该人的身份是否已知），即

i 任何情况下——犯罪的*收益；或

ii 如果命令涉及的犯罪是*严重犯罪——犯罪的*工具。

宣誓书要求

（3）对限制令的申请必须由*被授权官员陈述下列内容的宣誓书所支持：

（a）被授权官员怀疑*犯罪嫌疑人实施犯罪；和

（b）如果该申请是限制除犯罪嫌疑人之外的个人财产，但不限制犯罪嫌疑人的*破产财产——被授权官员怀疑：

i 该财产处于犯罪嫌疑人的*有效控制之下；或

ii 任何情况下——财产是犯罪的*收益；或

iii 如果限制令涉及的犯罪是严重犯罪——财产是犯罪的*工具。

宣誓书必须包含*被授权官员持有上述怀疑的依据。

限制令不需要基于特定犯罪的实施

（4）第（1）款（d）项提及的合理依据并不需要基于特定*严重犯罪实施的事实裁决。

财产被处置等的风险

（5）法院必须签发*限制令，即使该财产没有被处置或者被处理的风险等。

财产的随后取得

（6）法院可以规定，*限制令涉及*犯罪嫌疑人在法院签发命令之后获取的财产。否则，在法院签发限制令之后获得的财产不会被限制令涉及。

第19条　限制令——财产被怀疑是可公诉罪的收益

限制令必须被签发的情形

（1）有*收益管辖权的法院必须命令：

（a）财产严禁被任何人处理或处置；或

（b）财产严禁被任何人处理或处置，除非是以*限制令中规定的方式和情形；

如果：

（c）*犯罪收益追缴机构申请限制令；和

（d）有合理的依据怀疑该财产是：

i *恐怖主义犯罪或任何其他*可公诉罪，*外国可公诉罪或*与联邦相关的可公诉罪*收益（不论实施犯罪个人的身份是否已被知晓）；或

ii *严重犯罪的*工具；和

（e）对限制令的申请必须由*被授权官员的宣誓书支持，陈述被授权官员怀疑：

i 任何情况下——该财产是犯罪的收益；或

ii 如果命令涉及的犯罪是严重犯罪——该财产是犯罪的*工具；且包含被授权官员持有怀疑的依据；和

（f）法院确信制作宣誓书的*被授权官员持有在宣誓书中陈述的怀疑，是基于合理依据。

可能由限制令涉及的财产

（2）限制令必须明确严禁处理或处置在命令的申请中特定的财产，如果法院确信有合理的依据怀疑财产是：

（a）任何情况下——犯罪的*收益；或

（b）如果命令涉及的犯罪是*严重犯罪——犯罪的*工具。

拒绝签发限制令

（3）尽管第（1）款已有规定，但如果法院确信签发限制令并不符合公共利益，法院可以拒绝签发和非*严重犯罪的*可公诉罪有关的*限制令。

【注释】如果联邦拒绝作出允诺，法院可以拒绝签发限制令，见第21条。

限制令不需要基于特定犯罪的实施

（4）第（1）款（d）项提及的合理依据并不需要基于特定犯罪实施的事实裁决。

财产被处置等的风险

（5）法院必须签发*限制令，即使该财产没有被处置或者被处理的风险。

第20条　限制令——个人被怀疑从可公诉罪获得名声收益

限制令必须被签发的情形

（1）有*收益管辖权的法院必须命令：

（a）财产严禁被任何人处理或处置；或

（b）财产严禁被任何人处理或处置，除非是以命令中规定的方式和情形；

如果：

（c）*犯罪收益追缴机构申请*限制令；和

（d）有合理的依据怀疑个人已实施了*可公诉罪或*外国可公诉罪的犯罪，且该人已从犯罪中获得了*名声收益；和

（e）第（3）款中有关申请的任何宣誓书的要求都已经满足；和

（f）（除非没有这样的要求）法院确信制作宣誓书的*被授权官员在宣誓书中陈述的怀疑有合理依据。

可能被限制令涉及的财产

（2）限制令必须明确严禁处理或处置在命令申请中特定的财产，如果法院确信已经有合理的依据怀疑认为财产是如下的一种或几种：

（a）*犯罪嫌疑人所有或特定的财产；

（aa）犯罪嫌疑人所有或特定的*破产财产；

（b）除特定财产外的犯罪嫌疑人的所有财产；

（ba）除特定破产财产外的犯罪嫌疑人的所有破产财产；

（c）另一个处于犯罪嫌疑人*有效控制下个人的特定财产（不论该人的身份是否已知）。

宣誓书要求

（3）对*限制令的申请必须由*被授权官员陈述以下内容的宣誓书所支持：

（a）如果*犯罪嫌疑人尚未定罪——被授权官员怀疑犯罪嫌疑人实施犯罪；和

（c）被授权官员怀疑犯罪嫌疑人获取与犯罪有关的*名声收益；和

（d）如果该申请是限制除犯罪嫌疑人之外的个人财产，但不限制犯罪嫌疑人的*破产财产——被授权官员怀疑该财产处于犯罪嫌疑人的*有效控制之下。

宣誓书必须包括*被授权官员持有上述怀疑的依据。

（4）尽管第（1）款已有规定，但如果法院确信签发限制令并不符合公共利益，法院可以拒绝签发和非*严重犯罪的*可公诉罪有关的*限制令。

【注释】如果联邦拒绝作出允诺，法院可以拒绝签发限制令，见第21条。

限制令不需要基于特定犯罪的实施

（5）第（1）款（d）项提及的合理依据不需要基于特定*可公诉罪或*外国可公诉罪实施的事实裁决（视情况而定）。

财产被处置等的风险

（6）法院必须签发*限制令，尽管财产没有被处置或者被处理的风险。

财产的随后取得

（7）法院可以规定，*限制令涉及*犯罪嫌疑人在法院签发命令之后获取的财产。否则，在法院签发限制令之后获得的财产不会被限制令涉及。

第20A条　限制令——来源不明财产

限制令必须被签发的情形

（1）有*收益管辖权的法院必须命令：

（a）财产严禁被任何人处理或处置；或

（b）财产严禁被任何人处理或处置，除非是以命令中规定的方式和情形；

如果：

（c）*犯罪收益追缴机构申请*限制令；和

（d）有合理的依据怀疑个人的*财产总额超过了个人*合法获得的*财产价值；和

（e）第（3）款中有关申请的任何宣誓书的要求都已经满足；和

（f）法院确信制作宣誓书的*被授权官员在宣誓书中陈述的怀疑有合理依据；和

（g）有合理的依据怀疑：

i 个人已实施了违反联邦法律的罪行，*外国可公诉罪，*参与州的*相关犯罪，有联邦层面的*州犯罪或*领地犯罪；

ii 全部或部分个人的财产，直接或间接地，来源于违反联邦法律的罪行，外国可公诉罪，参与州的相关犯罪，有联邦层面的州犯罪或领地犯罪。

可能被限制令涉及的财产

（2）限制令必须明确严禁处理或处置在命令申请中特定的财产，如果法院确信已经有合理的依据怀疑认为财产是如下的一种或几种：

（a）*犯罪嫌疑人所有或特定的财产；

（b）犯罪嫌疑人所有或特定的*破产财产；

（c）除了特定财产外的犯罪嫌疑人的所有财产；

（d）除了特定破产财产外的犯罪嫌疑人的所有破产财产；

（e）另一个处于犯罪嫌疑人*有效控制之下个人的特定财产（不论该人的身份是否已知）。

宣誓书要求

（3）对限制令的申请必须由*被授权官员陈述以下内容的宣誓书所支持：

（a）被授权官员怀疑*犯罪嫌疑人的*财产总额超过了犯罪嫌疑人*合法获得的*财产价值；和

（b）如果该申请是限制除犯罪嫌疑人之外的个人财产，但不限制*犯罪嫌疑人的*破产财产——被授权官员怀疑该财产处于犯罪嫌疑人的*有效控制之下；和

（c）被授权官员怀疑如下一项或多项：

i 犯罪嫌疑人已实施了违反联邦法律的罪行，*外国可公诉罪，*参与州的*相关犯罪，有联邦层面的*州犯罪或*领地犯罪；

ii 全部或部分犯罪嫌疑人的财产，直接或间接地，来源于违反联邦法律的罪行，外国可公诉罪，参与州的相关犯罪，有联邦层面的州犯罪或领地犯罪。

宣誓书必须包括被授权官员持有上述怀疑的依据。

拒绝签发限制令

（4）尽管第（1）款有规定，但法院可以拒绝签发*限制令，如果法院确信：

（a）没有合理的根据怀疑犯罪嫌疑人的*全部财产数额超过*合法获得的*财产数额10万澳元或更多；或

（b）签发限制令并不符合公共利益。

【注释】如果联邦拒绝作出允诺，法院可以拒绝签发限制令，见第21条。

（4A）如果法院根据本条拒绝签发*限制令，其可以签发其认为合适的

关于费用的任何命令，包括基于豁免依据的费用。

财产被出售等的风险

（5）法院必须签发*限制令，尽管财产没有被处理或者被处置的风险。

财产的随后取得

（6）法院可以规定*限制令涉及*犯罪嫌疑人在法院签发命令之后获取的财产。否则，在法院签发限制令之后获得的财产不会被限制令涉及。

第21条　因无法作出允诺拒绝签发命令

（1）法院可以拒绝签发*限制令，如果联邦拒绝或者不能向法院作出关于限制令的签发和执行产生的损失或费用的支付（或两者）的适当允诺。

（2）*犯罪收益追缴机构可以代表联邦作出上述允诺。

第22条　限制令仅能与一个犯罪嫌疑人有关

（1）*限制令必须仅与一个*犯罪嫌疑人有关。

【注释】限制令可以不与任何犯罪嫌疑人有关，如果被怀疑犯罪的个人仍未确定且限制令只限制犯罪的收益。限制令也可以涉及一个或其他多个非犯罪嫌疑人的个人财产。

（2）*限制令可以与该*犯罪嫌疑人的多个犯罪行为有关。

第23条　限制令的条件

*限制令可以根据特定的条件签发。

第24条　费用的减额

（1）法院可以将*限制令涉及的如下财产的任何一项或多项或财产的特定部分，从财产中排除：

（a）财产属于被限制人合理的生活费用；

（b）任何该人的*受赡养人的合理生活费用；

（c）该人合理的商业费用；

（d）该人的善意引起的特定债务。

（2）法院仅可根据第（1）款签发命令，如果：

（a）财产被限制人已经申请该命令；和

（b）该人已经书面通知*负责机构该申请以及申请的依据；和

（c）该人在已向法院提交的宣誓陈述中，披露所有其财产的*收益和债务；和

（ca）法院确信，该费用或债务不会与该人已经引起或即将引起的下列程序的法律费用有关：

i 本法的程序；或

ii 违反联邦、州或领地法律的犯罪程序；和

（d）法院确信该人不能通过下列命令所涉财产之外的财产支付费用或债务：

i *限制令；或

ii *州际限制令；或

iii 根据*《互助法》登记的*外国限制令。

（3）出于第（2）款（d）项的目的，如果*官方受托人不能合理可行地监管和控制财产，如下命令涉及的财产视为未被该命令涉及：

（a）*限制令；或

（b）*州际限制令；或

（c）根据*《互助法》登记的*外国限制令。

第24A条　费用不允许减除的情形下，从限制令中排除财产或者撤销限制令

（1）如果：

（a）因为第24条第（3）款的执行，*限制令所涉财产根据第24条第（2）款（d）项的目的被视为不被该限制令涉及；和

（b）因此，且无其他原因，法院拒绝根据第24条第（1）款的申请签发限制令；

法院可以：

（c）把该财产从该限制令中排除；或

（d）如果该财产是该限制令中唯一的财产，则撤销该限制令。

（2）法院严禁将财产排除或撤销限制令，除非法院确信该财产为满足如下一种或几种的情况是必要的：

（a）财产被限制人合理的生活费用；

（b）该人的*任何一名受赡养人的合理生活费用；

（c）该人合理的商业费用；

（d）该人的善意引起的特定债务。

（3）如果法院从限制令中排除该财产，*负责机构必须将书面排除通知送交给：

（a）该财产的所有人（如果所有人已知）；和

（b）任何其他负责机构有理由相信可能与财产有*利益关系的个人。

但是，负责机构不需要向根据第24条第（1）款申请命令的申请者发出通知。

（4）如果法院撤销该*限制令，*负责机构必须将书面的撤销通知送交给：

（a）被限制令所涉财产的所有人（如果所有人已知）；和

（b）负责机构有理由相信任何其他可能与财产有*利益关系的个人。

但是，负责机构不需要向根据第24条第（1）款申请命令的申请者发出通知。

第2目　如何获取限制令

第25条　犯罪收益追缴机构可以申请限制令

*犯罪收益追缴机构可以申请*限制令。

第26条　申请的通知

（1）根据第（4）款，*负责机构必须：

（a）给*限制令涉及财产的所有人发出申请的书面通知（如果所有人已知）；和

（b）通知包括申请书的副本以及支持申请的任何宣誓书。

（2）根据第（4）款，*负责机构必须同时：

（a）向负责机构合理地相信与被限制财产有*利益关系的任何人士发出书面通知，就有关财产的*限制令作出通知；和

（b）通知包括：

i 申请书的副本；和

ii 该人可以要求机构给予其任何支持该申请的宣誓书的副本的进一步通知。

该机构必须尽可能地遵守上述要求。

（3）法院严禁［除非第（4）款适用］审理该申请，除非其确信该申请有关的财产所有人已获得有关申请的合理通知。

（4）在通知发出之前，法院必须考虑签发限制令，如果*负责机构要求法院这样做。

（5）在最终裁定申请之前的任何时候，法院可以指示*负责机构给特定的个人或者群体发出或者公布申请的通知。法院也可以规定通知被发出或者公布的时间和方式。

（6）主张与财产有*利益关系的个人可以在审理该申请时出庭和举证。

第27条　犯罪收益追缴机构可以选择申请限制令依据的条文

为避免疑问，*犯罪收益追缴机构可以根据第1目的一个条文申请针对犯罪财产*限制令的事实，并不阻止犯罪收益追缴机构根据第1目的不同条文申请针对该犯罪财产的*限制令。

第28条 侦查偏见

如果法院确信该答案或者该文件可能使得对犯罪的侦查或者对个人犯罪的起诉有偏见，在*限制令申请过程中，举证的证人不需要回答问题或者出示文件。

第28A条 禁止证据公布——限制令的诉讼程序

（1）如果*犯罪收益追缴机构向法院申请*限制令，法院可以根据第（2）款签发命令。

（2）如果在法院看来，有必要防止对司法的偏见，法院可以签发命令禁止或限制在支持申请的宣誓书中包含的如下事项全部或部分的公布（无论何种可行）：

（a）第17条第（3）款；

（b）第18条第（3）款；

（c）第19条第（1）款（e）项；

（d）第20条第（3）款；

（e）第20A条第（3）款。

（3）治安法官可以在申请提出后和被裁定前的任何时候，根据第（2）款签发命令。

（4）基于第（2）款授予的权力，是附加于治安法官的任何其他权力，而非对其的背离。

第3目 从限制令中排除财产

【注释】除本目外，第44条规定在给出令人满意的抵押后，将财产从限制令中排除。

第29条　法院可以从限制令中排除财产

（1）根据第17条、第18条或者第19条的申请而签发*限制令的法院，在限制令签发时或者之后的时间，可以从限制令中排除特定的*利益，如果：

（a）该申请是根据第30条或者第31条的规定提出的；和

（b）法院确信根据第（2）款或者第（3）款把财产从限制令中排除的相关原因确实存在。

【注释】第31A条可以阻止法院审理申请，直至负责机构已有合理的机会对申请者实施讯问。

（2）将特定的*利益从*限制令中排除的理由是：

（a）根据第17条的限制令，如果与限制令有关的一个犯罪或者任何犯罪是*严重犯罪——该财产既非*非法活动的*收益也非*工具；或

（b）根据第17条的限制令，如果（a）项不适用——与限制令有关的财产不是该犯罪或者任何犯罪的收益或者工具；或

（c）根据第18条的限制令——财产不属于以下情况：

i 任何情况下——非法活动的收益；或

ii 如果与限制令有关的犯罪是*严重犯罪——任何严重犯罪的*工具；或

（d）根据第19条的限制令——财产不属于以下情况：

i 任何情况下——*可公诉罪、*外国可公诉罪或*联邦相关可公诉罪的收益；或

ii 如果与限制令有关的犯罪是严重犯罪——任何严重犯罪的*工具。

【注释】其中一种财产不再作为犯罪或者非法活动收益的情况包括财产被善意第三方以充分的对价获得，见第330条第（4）款（a）项。

（3）如果与*限制令有关的犯罪或每一个犯罪是违反《1988年金融交易报告法》第15条、第24条、第29条、第31条或违反《2006年反洗钱和反恐怖主义金融法》第53条、第59条、第136条、第137条、第139条、第140条、第141条、第142条、第143条的*严重犯罪，将*利益从限制令中排除的进一步的理由是满足以下每个要求：

（a）没有合理的依据怀疑该利益是犯罪或者任何犯罪的*收益；

（b）有与限制令有关的*犯罪嫌疑人，但是关于该犯罪或任何犯罪，其尚未被定罪或被起诉；

（c）有问题的行为不是为了实施、准备或谋划任何其他*可公诉罪、任何*州可公诉罪或任何*外国可公诉罪；

（d）财产无法被限制令涉及，如果犯罪均非严重犯罪。

（4）但是，法院严禁根据第17条或第18条将*利益从*限制令中排除，除非它确信没有*罚金令和*名声收益命令会针对如下个人签发：

（a）拥有利益的个人；或

（b）如果财产不是*犯罪嫌疑人所有，但是处于其*有效控制下——该犯罪嫌疑人。

第29A条　从根据第20A条签发的限制令中排除财产

根据第20A条签发*限制令的法院，必须在命令签发时或之后的时间从命令中排除特定的财产*利益，如果：

（a）申请根据第30条或第31条提出；和

（b）法院确信利益由除*犯罪嫌疑人之外的个人持有，且并不处于犯罪嫌疑人的*有效控制下。

【注释】第32条可以阻止法院审理申请直至负责机构已有合理的机会对限制令实施讯问。

第30条　在命令申请被告知后，申请从限制令中排除财产

（1）个人如果已经申请主张与其涉及财产有*利益关系的*限制令，但未被签发，可以根据第29条或第29A条申请命令。

（2）该人必须给*负责机构书面通知，包括申请以及寻求排除的依据。

（3）*负责机构可以在审理申请中出庭和作证。

（4）*负责机构必须告知该人其计划辩驳申请的依据。

第31条　在限制令被签发后，申请从限制令中排除财产

（1）如果个人主张与其涉及财产有*利益关系的*限制令已经被签发，可以根据第29条或第29A条申请命令。

（1A）根据第（1）款的申请：

（a）必须向签发限制令的法院提出；和

（b）可以在限制令被签发后的任何时间提出。

（2）但是，除非法院许可，该人不能申请，如果其：

（a）被通知*限制令的申请，但在审理该申请时没有出庭；或

（b）在审理命令申请时已经出庭。

（3）法院可以许可个人申请，如果法院确信：

（a）如果第（2）款（a）项适用——该人关于不出庭有很好的理由；或

（b）如果第（2）款（b）项适用——该人现在有其在审理时未掌握的、与申请相关的证据；或

（c）在任何情况——有其他特别的授予许可的理由。

（4）该人必须给*负责机构书面通知，包括申请以及寻求排除的依据。

（5）*负责机构可以在审理申请中出庭和作证。

（6）*负责机构必须告知该人其计划辩驳申请的依据。然而，该机构无须这样做，直到其已有合理的机会对相关的申请实施*讯问。

第32条　除非负责机构已有合适的机会实施讯问，否则该申请不被审理

法院严禁审理从*限制令中排除特定财产的申请，如果：

（a）限制令已经生效；和

（b）*负责机构尚未被给予合适的机会对申请实施*讯问。

第4目 使限制令生效

第33条 限制令的通知

（1）如果法院签发的*限制令涉及了个人所有的财产，*负责机构必须将该命令的书面通知给予该人。

【注释】没有被通知限制令申请的个人，可以在被通知限制令后的28天内，申请撤销该限制令，见第42条。

（2）在通知中，*负责机构必须包括申请书的副本和任何支持该申请的宣誓书（如果上述文件尚未被给予该人）。

（3）但是，法院可以命令：

（a）所有或者部分的申请书或者宣誓书不给予该人；或

（b）*负责机构在特定期间内延迟给予通知（以及包括在通知里的文件）。

如果该机构要求法院这样做，以及法院认为为了保障任何侦查和起诉的公正性，上述做法合适。

（4）如果法院命令*负责机构在特定期间内延迟给予通知（以及包括在通知里的文件），机构必须在该期间结束后尽快给予通知。

第34条 登记限制令

（1）保留特定种类财产登记的*登记机构可以在登记册中记录*限制令涉及的特定种类财产的详细情况。

（2）*登记机构只能根据*限制令的*负责机构的申请这样做。

（3）随后处理该财产的个人：

（a）出于第36条的目的被视为没有表现的善意；和

（b）出于第37条的目的被视为已经被告知该*限制令。

第35条　通知登记机构对限制令排除或变更

（1）如果*负责机构先前已经根据第34条向*登记机构申请在登记册记录*限制令涉及的特定财产的详细情况，负责机构必须通知登记机构，如果：

（a）该财产已不被限制令涉及，由于它已根据第29条从限制令排除，或者根据第39条限制令涉及的财产已发生变更；或

（b）根据第39条，限制令所依据的条件已变更。

（2）通知必须在根据第39条签发限制令后的合理时间内发出。

第36条　法院可以对违反限制令的处置宣告无效

（1）*负责机构可以向法院申请对违反*限制令处置或者处理财产的行为宣告无效，如果该处置或处理：

（a）不是出于*充分的对价；或

（b）非有利于善意的个人。

（2）*负责机构必须将撤销处置或者处理的申请以及依据的书面通知，给予该处置或处理的任何一方当事人。

（3）法院可以：

（a）从发生之日起对该处置或处理宣告无效；或

（b）从限制令签发之日起对该处置或处理宣告无效，并宣告在处置或处理之日或之后，限制令签发之前，任何与财产有*利益关系的个人权利。

第37条　违反限制令

（1）个人有罪，如果：

（a）该人处置或处理财产；和

（b）该人知道或有意忽视财产被*限制令涉及的事实；和

（c）该处置或处理违反限制令。

刑罚：5年有期徒刑或300个罚金单位，或两者兼有。

（2）个人有罪，如果：

（a）该人处置或处理财产；和

（b）该财产被*限制令涉及；和

（c）该处置或处理违反限制令；和

（d）以下情况之一：

i 根据第34条第（1）款，限制令的详细情形被登记机构记录；或

ii 根据第33条，该人已被给予限制令的通知。

刑罚：5年有期徒刑或300个罚金单位，或两者兼有。

（3）严格责任适用于第（2）款的（b）项和（c）项以及第（2）款的（d）项 *i*。

第5目　进一步的命令

第38条　法院可以命令官方受托人监管和控制财产

法院可以命令*官方受托人监管和控制被*限制令涉及的财产或特定部分的财产，如果法院确信这是需要的。

【注释】第4章第1节规定了官方受托人对财产的权力。

第39条　辅助命令

（1）签发*限制令的法院或者任何其他本可以签发限制令的法院可以签发任何法院认为合适的辅助命令，且不限制于这一般性规定，法院可以签发如下任何一种或更多的命令：

（a）变更该*限制令涉及财产的命令；

（b）变更该限制令条件的命令；

（c）与根据第21条规定的允诺有关的命令；

（ca）指示与限制令有关的*犯罪嫌疑人在特定的期间向特定的个人作出宣誓陈述，描述所有其在财产中的*利益及其义务的命令；

（d）指示财产所有人（包括：如果所有人是法人、法人特定的*主管）在特定的期间向特定的个人，描述财产详细情形或交易的宣誓陈述的命令；

（da）如果法院确实有合理的根据怀疑个人（所有者或之前的所有者除外）拥有与界定、定位或量化财产有关的信息，法院可发出要求个人在特定的期间向特定的个人作出宣誓陈述，描述财产的详细情形或对财产的处置的命令；

（e）如果*官方受托人是根据第38条被命令监管和控制财产：

i 规定官方受托人根据限制令行使权力或履行职责的方式的命令；或

ii 裁定有关财产任何问题的命令，包括与财产所有人的义务或官方受托人权力的行使或义务的履行有关的问题；或

iii 指示任何人去做任何必要的或者能使官方受托人监管和控制财产更为便利的事项的命令；

（f）给出关于限制令执行的指示命令以及以下任何一种或多种命令：

i 与限制令所涉财产一致的*没收令；

ii 与限制令所涉罪行一致的*罚金令或*名声收益命令；

（g）要求被限制令涉及财产或限制令涉及财产在其*有效控制下的个人去做任何必要或能使得财产处于司法管辖权下便利之事的命令。

【注释1】如果罚金令与限制令涉及同一个犯罪，法院也可以命令官方受托人从被限制令涉及的财产中支付与罚金令相同数额的金钱，见第282条。

【注释2】如果有与根据第20A条签发的限制令相关的来源不明财产命令，法院也可以命令官方受托人从被限制令涉及的财产中支付与来源不明财产命令相同数额的金钱，见第282A条。

（2）法院只能基于以下个人的申请签发辅助命令：

（a）*负责机构；或

（b）被限制令涉及的财产所有人；或

（c）如果*官方受托人被命令监管和控制财产——官方受托人；或

（d）任何其他法院许可的个人。

（3）申请辅助命令的个人必须递交书面的申请通知给所有其他有权提

出上述申请的个人。

（3A）尽管第（3）款已有规定，但法院必须考虑根据该条未给予通知的附属命令的申请，如果：

（a）*负责机构要求法院做；和

（b）申请相关的*限制令被考量，与第26条第（4）款一致，未有通知被给予。

（4）辅助命令可以在如下时间点被签发：

（a）如果它是由签发*限制令的法院签发——签发限制令时；或

（b）其他任何情况下——限制令被签发后的任何时间。

（4A）法院可以在最终裁定申请之前的任何时间，指示*负责机构给出或公布申请通知给特定个人或群体。法院也可以规定通知被给出或公布的时间和方式。

（4B）如果法院根据第（3A）款的要求之后签发辅助命令，*负责机构必须将书面通知给予其合理地认为可能会被命令影响的任何个人。

（5）附属于*限制令的命令不会仅因为限制令或者其中一部分根据第45条第（4）款或第（5）款不再生效而失效。

【注释】限制令根据上述条文停止生效，如果涉及相同财产或者相同犯罪的罚没令条件得以满足。

第39A条 不自证己罪特权等不适用

（1）个人不得免除根据第39条第（1）款（ca）（d）或（da）项作出宣誓陈述的义务，仅因为行为会导致个人自证其罪或施加刑罚于个人。

（2）但是，在自然人情况下，在针对该人的民事或刑事程序中，宣誓陈述不可采，除非：

（a）在给出虚假或令人误解的信息的刑事程序；或

（b）在根据本法提出申请的程序；或

（c）在附属于根据本法提出申请的程序；或

（d）在为实施*罚没令的程序。

第39B条　申请撤销附属命令

（1）个人可以根据第39条向签发附属命令的法院申请撤销命令，如果：

（a）个人被命令影响；和

（b）根据第39条第（3A）款的要求，关于附属命令的申请已经被审理但未根据第39条第（3）款的规定给出通知。

（2）申请必须在个人被通知附属命令后的14天内提出。

（3）申请者必须将书面的申请通知，及寻求撤销的依据，给予有权对附属命令提出申请的个人［见第39条第（2）款］。

（4）附属命令的效力中止，直到法院裁定申请。

（5）如果其认为合适，法院可以根据第（1）款的申请撤销附属命令。

（6）在裁定申请时，法院可以考虑其认为合适的任何事项。

（7）如果：

（a）附属命令指示个人在特定期间作特定事项；和

（b）根据本条撤销命令的申请被提出。

如果其认为合适，法院可以变更命令以延长特定期间。

第40条　违反有关外国财产的辅助命令

个人有罪，如果：

（a）法院根据第39条第（1）款（g）项签发命令；和

（b）该人违背了该命令。

刑罚：5年有期徒刑或300个罚金单位，或两者兼有。

【注释】根据第39条第（1）款（g）项的命令要求被限制令涉及财产的个人去做任何必要或者能够使得财产处于司法管辖权内便利的事项。

第6目 限制令的持续期间

第41条 限制令何时生效

*限制令自被签发之时起生效。

第42条 申请撤销限制令

（1）未被告知*限制令申请的个人可以向法院申请撤销限制令。

（1A）申请必须在如下期限内提出：

（a）在该人被告知*限制令的28天内；或

（b）如果该人在28天的期限内，向法院申请要求延长申请撤销的期间——在法院许可的情况下，不超过3个月的时间。

（2）申请者必须给*负责机构和*官方受托人书面通知，包括申请以及寻求撤销的依据。

（3）但是，*限制令仍然有效直到法院撤销该限制令。

（4）*负责机构可以向受理申请撤销*限制令的法院提出附加证据。

（5）法院可以撤销*限制令，如果法院确信：

（a）在考虑撤销限制令申请时，已经没有签发限制令的依据；或

（b）如此做符合司法利益。

第43条 撤销限制令的通知

如果*限制令根据第42条被*撤销，*负责机构必须将书面的撤销通知给：

（a）任何被限制令涉及财产的所有人（如果所有人已知）；和

（b）任何负责机构合理地相信可能与财产存在*利益关系的其他人。

但是，该机构不需要给予撤销的申请者通知。

第44条　对撤销限制令的抵押等

（1）法院可以：

（a）撤销涉及*犯罪嫌疑人财产的*限制令；或

（b）从上述限制令中排除特定财产；

如果：

（c）犯罪嫌疑人向法院申请撤销该限制令或者排除该财产；和

（d）犯罪嫌疑人给*负责机构书面的申请通知；和

（e）犯罪嫌疑人给法院令人满意的抵押，由此根据本法可能被施加于该犯罪嫌疑人的债务能得以履行。

（2）法院可以：

（a）撤销涉及不是*犯罪嫌疑人财产的*限制令；或

（b）从上述限制令中排除特定的财产；

如果：

（c）该人向法院申请撤销限制令或者排除财产；和

（d）该人给*负责机构书面的申请通知；和

（e）该人关于自身财产作出的允诺令法院满意。

第45条　限制令的终止

撤诉、宣告无罪等对限制令的影响

（1）涉及一个或多个犯罪的*限制令在如下事件发生28天后不再有效：

（a）与限制令相关的所有指控被撤销；

（b）*犯罪嫌疑人被指控的犯罪，被宣告无罪；

（c）犯罪嫌疑人的定罪，被撤销；

除非：

（d）有与该犯罪相关的*罚没令；或

（e）有向法院提出对上述罚没令的申请；或

（f）为确认与该犯罪有关的没收或罚没令，根据如下条款提出申请：

i 第2章第2节第6目；或

ii 第2章第3节第4目；或

iii 第2章第4节或第5节第5目；或

（g）犯罪嫌疑人被指控*相关犯罪；或

（h）与罪刑有关的新审判已经被组织。

如果未被定罪时的限制令

（2）*限制令在其被签发后的28天内停止生效，如果：

（a）*犯罪嫌疑人未被定罪或被指控至少与限制令相关的一个罪行；和

（b）未有与该犯罪有关的*罚没令或者对罚没令的申请。

限制令和没收令等

（3）*限制令对被其涉及的财产停止生效，如果：

（a）下述情况之一发生——

i 法院驳回可能涉及该财产的*没收令的申请；或

ii 法院将该财产从没收令中排除；或

iii 涉及财产的没收令被撤销或失效；或

iv 法院根据第94条将财产从第2章第3节的没收中排除；和

（b）在*没收令申请驳回的情况下：

i 针对驳回的上诉期间在上诉提起前已经期满；或

ii 针对该驳回的上诉已经失效；或

iii 针对该驳回的上诉已被驳回和最终处置；和

（c）没有与下列罪行相关的其他*罚没令的申请有待裁定：

i 限制令涉及的犯罪；或

ii *相关犯罪；和

（d）没有与上述犯罪有关的其他罚没令仍然生效。

（4）根据第2章第2节第4目或第2章第3节第1目，*限制令涉及的财产完全被联邦没收，限制令失效。

限制令、罚金令和名声收益命令

（5）与一个或多个犯罪有关的*限制令对被其涉及的财产失效，如果：

（a）*罚金令或者*名声收益命令与上述犯罪相关；和

（b）以下一种或多种情形发生：

i 罚金令或名声收益命令被执行；

ii 为了执行罚金令或名声收益命令，财产被出售或处置；

iii 罚金令或名声收益命令被撤销或者失效。

限制令和第三方拥有的工具

（6）尽管第（1）款已有规定，如果下列情况发生：

（a）*限制令涉及了非*犯罪嫌疑人拥有的财产；和

（b）限制令相关的财产是犯罪的*工具；和

（c）该财产不是上述犯罪的*收益；和

（ca）限制令相关的财产不是*严重犯罪的工具；和

（d）限制令相关的财产不属于另一犯罪嫌疑人的*有效控制；

如果犯罪嫌疑人在限制令签发后的28天内仍未被指控该犯罪或者*相关犯罪，则关于上述财产的限制令失效。

限制令和与来源不明财产命令相关的指控

（6A）如果：

（a）第179SA条第（1）款（b）项提及的*限制令，在特定事件根据本条以其他方式停止生效；但

（b）在该时间前，针对限制令涉及的财产上的抵押已经根据第179SA条第（1）款创设；

那么，即便本条第（1）（2）（3）或（6）款的规定，限制令并不停止生效，指导根据第179SA条第（2）款关于财产的抵押停止生效。

本条不适用于来源不明财产命令

（7）为避免异议，本条不适用于根据第20A条签发的*限制令。

第45A条　与来源不明财产有关的限制令的终止

在申请来源不明财产命令前签发的限制令

（1）根据第20A条签发的*限制令停止生效，如果：

（a）在限制令被签发前，没有与限制令的签发涉及的*犯罪嫌疑人的*

来源不明财产命令的申请被提出；和

（b）在与被告人相关的限制令被签发的28天内，没有上述申请被提出。

（2）根据第20A条签发的*限制令停止生效，如果：

（a）针对与限制令相关的*犯罪嫌疑人的*来源不明财产命令的申请已经提出；和

（b）申请在限制令签发的28天内提出；和

（c）法院拒绝作出：

i 与来源不明财产命令申请相关的*预备来源不明财产命令；或

ii 来源不明财产命令本身；和

（d）如下一项适用：

i 针对绝对提起上诉的期间届满但未有上诉提起；

ii 针对拒绝的上诉已失效；

iii 针对拒绝的上诉已经被撤销和被最终处理。

（3）根据第20A条签发的*限制令停止生效，如果：

（a）针对与限制令相关的*犯罪嫌疑人的*来源不明财产命令的申请已经提出；和

（b）申请在限制令签发的28天内提出；和

（c）法院签发来源不明财产命令；和

（d）如下情形之一：

i 来源不明财产命令已经被遵守；或

ii 针对来源不明财产命令的上诉已经被支持和被最终处理。

在来源不明财产命令申请后签发的限制令

（3A）根据第20A条签发的*限制令停止生效，如果：

（a）针对与限制令相关的*犯罪嫌疑人的*来源不明财产命令的申请在限制令签发之时或之后提出；和

（b）法院拒绝作出：

i 与来源不明财产命令申请相关的*预备来源不明财产命令；或

ii 来源不明财产命令本身；和

（c）如下一项适用：

i 针对绝对提起上诉的期间届满但未有上诉提起；

ii 针对拒绝的上诉已失效；

iii 针对拒绝的上诉已经被撤销和被最终处理。

（3B）根据第20A条签发的*限制令停止生效，如果：

（a）针对与限制令相关的*犯罪嫌疑人的*来源不明财产命令的申请在限制令签发之时或之后提出；和

（b）法院签发来源不明财产命令（无论是在限制令签发或申请之前或之后）；和

（c）如下情形之一：

i 来源不明财产命令已经被遵守；或

ii 针对来源不明财产命令的上诉已经被支持和被最终处理。

如果限制令停止，法院可以签发费用命令

（4）如果*限制令根据第（1）款、第（2）款或第（3A）款停止生效，法院可以根据与限制令涉及财产中有*利益关系的个人申请，签发其认为适当的费用（包括在豁免的基础上的费用）的命令。

第2节　没收令

第46条　本节概要

如果特定的犯罪已经实施，没收令可以被签发，没收财产给联邦（个人已被定罪非必要条件）。

没收令根据犯罪收益追缴机构的申请签发（澳大利亚联邦警察局首席警官或检察官）。基于该人受赡养人的生活困难等理由，可以签发其他命令以减轻没收令的影响。

【注释】如果个人被定为严重犯罪，没收可以根据第3节自动进行，不需要没收令。

第1目　签发没收令

第47条　没收令——行为构成严重犯罪

（1）有*收益管辖权的法院必须签发没收令，将命令中特定的财产没收给联邦，如果：

（a）根据第18条申请涉及财产的*限制令的*负责机构根据本条申请没收令；和

（b）限制令至少已经生效6个月；和

（c）法院确信实施构成限制令基础的行为或可疑行为的个人，参与一项或多项*严重犯罪；

【注释】如果没收令是作为许可令签发，其可以在第（1）款（b）项提到的6个月期限期满前签发，见第316条。

（2）法院认为第（1）款（c）项目的事实裁决不需要基于特定犯罪实施的事实裁决，其可以基于某些*严重犯罪或其他犯罪已经实施的事实裁决。

（3）个人参与行为是否构成*严重犯罪的怀疑本身，不足以避免法院根据第（1）款（c）项作出的事实裁决。

拒绝签发没收令

（4）尽管第（1）款已有规定，但法院可以拒绝签发根据该款涉及财产的命令，如果法院确信：

（a）是除*恐怖犯罪外的*严重犯罪的*工具；和

（b）不是*犯罪收益。

如果法院确信签发命令不符合公共利益。

第48条　没收令——可公诉罪的定罪

（1）有*收益管辖权的法院必须签发没收令，将命令中特定的财产没收给联邦，如果：

（a）*犯罪收益追缴机构申请没收令；和

（b）个人已被定一个或多个*可公诉罪；和

（c）法院确信在没收令中特定的财产是一个或多个犯罪的*收益。

（2）有*收益管辖权的法院可以签发没收令，将命令中特定的财产没收给联邦，如果：

（a）*犯罪收益追缴机构申请没收令；和

（b）个人已被定一个或多个*可公诉罪；和

（c）第（1）款不适用；和

（d）法院确信在没收令中特定的财产是一个或多个犯罪的*工具。

（3）在考虑根据第（2）款对特定财产签发的没收令是否合适时，法院需要考虑如下事项：

（a）没收令的执行，可预期地对任何人引起的任何困难；和

（b）没收令中特定财产的一般用途以及被意图发挥的用途；和

（c）该犯罪或有关犯罪的严重性。

【注释】第52条限制了法院签发没收令的权力，如果因该人潜逃，一个或多个该人的罪行被确定。

第49条　没收令——行为构成可公诉罪等

（1）有*收益管辖权的法院必须签发没收令，将命令中特定的财产没收给联邦，如果：

（a）根据第19条申请涉及财产的*限制令的*负责机构根据本条申请限制令；和

（b）该限制令至少已经生效6个月；和

（c）法院确信以下一项或多项适用：

i 该财产是一个或多个*可公诉罪的*收益；

ii 该财产是一个或多个*外国可公诉罪的收益；

iii 该财产是一个或多个*联邦相关可公诉罪的收益；

iv 该财产是一个或多个*严重犯罪的工具；和

（e）法院确信机构已采取合适措施确认和通知与财产有*利益关系的个人。

（2）为了第（1）款（c）项的目的，法院的事实裁决：

（a）不需要基于特定人实施任何犯罪的事实裁决；和

（b）不需要基于特定犯罪实施的事实裁决，其可以基于某一或者其他第（1）款（c）项提及的罪行实施的事实裁决。

（3）第（1）款（c）项不适用，如果法院确信：

（a）根据第1节第3目，尚未有申请提出将财产从*限制令中排除；或

（b）任何上述被提出的申请已经被撤回。

拒绝签发没收令

（4）尽管第（1）款已有规定，但法院可以拒绝签发根据该款涉及财产的命令，如果法院确信：

（a）是除*恐怖犯罪外的*严重犯罪的*工具；和

（b）不是*犯罪收益。

如果法院确信签发命令不符合公共利益。

第50条　其他罚没令的存在

法院根据犯罪签发*没收令的权力，不受与该犯罪有关的另一个*罚没令存在影响。

【注释】如果先前对没收等的申请已被提出，犯罪收益追缴机构申请没收令时有限制，见第60条。

第51条　根据第47条或第49条，宣告无罪不影响没收令

被指控犯罪的个人已经被宣告无罪的事实，不影响法院根据第47条或第49条的规定签发与该犯罪有关的*没收令的权力。

第52条　个人潜逃情况下没收令的签发

如果因为第331条第（1）款（d）项，个人被视为已经被判*可公诉

罪，法院严禁签发与该人定罪有关的*没收令，除非：

（a）法院确信，根据对可能性的权衡，该人已经*潜逃；和

（b）下列情形之一：

i 该人已经审判定罪；或

ii 法院确信，考虑到所有法庭前的证据，理性的陪审团通过正确引导，可以合法地裁决该人有罪。

第2目　法院考虑是否签发没收令时的其他相关事项

第54条　在特定案件中推定财产是犯罪的工具

如果：

（a）*犯罪收益追缴机构申请：

i 根据第47条或第49条与个人*严重犯罪实施有关的特定财产的*没收令；或

ii 根据第48条与个人*可公诉罪定罪有关的特定财产的没收令；和

（b）在审理申请时，证据显示，在该人犯罪时或此后不久，财产在该人的控制下；

那么：

（c）如果没有证据显示财产没有用于犯罪的实施或与犯罪的实施有关系——法院必须推定财产被用于犯罪的实施或与犯罪的实施有关系；或

（d）在任何其他情况下——法院严禁签发针对该财产的没收令，除非其确信该财产被用于或意图用于犯罪的实施或与犯罪的实施有关系。

第55条　没收令可以扩展至财产中的其他利益

（1）在规定*没收令中财产的*利益时，法院也可以规定财产中的其他利益（不论上述财产的归属），如果：

（a）从出售联合利益获得的金额很有可能比从出售各自分开的利益所

获的金额多；或

（b）相比于出售联合利益，分开出售利益不具有可行性或显著更为困难。

（2）如果法院在*没收令中规定其他的*利益，法院可以签发辅助命令，如果其认为为了保护个人拥有的一个或多个上述其他利益是合适的。辅助命令可以包括：

（a）指示联邦向该人支付特定数目的金钱作为该人在财产中利益的价值的命令；或

（b）指示财产中特定的其他利益移交给该人的命令。

（3）在决定是否签发辅助命令时，法院必须考虑到如下事项：

（a）该人在相关财产中*利益的性质、范围和价值；和

（b）如果法院意识到任何其他人主张在财产中的利益——主张利益的性质、范围和价值；和

（c）法院认为其他任何相关的事项。

（4）为了第（2）款（a）项中提及命令的目的，数额可以被确定，通过全部或部分参照如下两者特定份额之间的差距：

（a）从处理*没收令中规定的联合收益获得的数额；和

（b）在第70条第（1）款（b）项提及的与没收令相关的支付种类的数额。

第56条　没收令必须规定没收财产的价值

法院必须在任何由其签发的*没收令中规定，其认为在没收令签发时，在没收令中特定财产（金钱除外）的价值。

第57条　法院可以签发赎回没收财产的命令

（1）如果：

（a）法院签发针对财产的*没收令；和

（b）在没收令签发前主张对财产有*收益的个人已经根据第57A条提出

申请基于本条的命令；和

（c）法院确信该人在没收令签发不久前会有收益；和

（d）法院确信该人不是没收令涉及的*犯罪嫌疑人；和

（e）当没收令签发时财产被*限制令涉及的情形下——法院确信该人不是限制令涉及的个人；和

（f）在没收令根据第47条或第48条签发的情形下——法院确信，当没收令涉及的行为发生时，该人是善意的；和

（g）当财产是*犯罪收益或*犯罪工具的情形下——法院确信，当财产成为犯罪收益或犯罪工具时，该人对行为构成犯罪不知情；和

（h）法院确信，如果根据第89条利益被转移给个人：

i 根据第89条第（1）款（c）项向联邦支付的金额不是由第（6）款涉及的财产；和

ii 如果根据第89条第（1）款（c）项向联邦支付金额的全部或部分是由个人贷款——个人的经济情况使其可以支付贷款，满足该人合理的生活开支和该人任何其他适格的债务，使用未由第（6）款涉及的财产；和

（i）法院确信：

i 将个人在财产中的*利益转移给该人，不会违背公共利益；和

ii 没有其他该人在财产中的利益不应该转移给该人的理由；

法院可以签发命令：

（j）宣布利益的性质、范围和价值（当命令根据本款签发时）；和

（k）宣布根据第89条，在执行没收令时，该利益可以被排除。

【注释】金钱可以是财产。

（2）为本条目的，在第（1）款（h）项 *ii* 提及的贷款是在第（1）款（b）项提及的申请提出之前或之后作出，无关紧要。

（3）为本条目的，贷款包括可以合理地等同于贷款的任何事项，以及借贷具有相应的含义。

（4）为本条目的，合理的生活费是指：

（a）该人合理的生活费用；

（b）个人*受赡养人合理的生活费用；

（c）个人合理的商业支出。

（5）为本条目的，该人适格的债务是指因该人的善意引起的债务。

（6）本款涉及任何如下财产：

（a）全部或部分，直接或间接地由个人从*非法活动中取得或实现的财产；

（b）财产用于非法活动或与非法活动的实施有关；

（c）财产被意图用于非法活动或与非法活动的实施有关。

第57A条　根据第57条申请命令

在没收令签发之前

（1）个人可以根据第57条向法院申请与财产中的*收益有关的命令，如果可以确定个人主张有收益的财产的*没收令的申请已经向法院提出，但没收令尚未被签发。

在没收令签发后

（2）在没收令签发后不久主张对*没收令中确定的财产有*收益的个人，可以根据第57条，在没收令签发后的任何时间向签发没收令的法院申请关于收益的命令。

（3）然而，除非法院许可，个人不得根据第（2）款申请，如果个人：

（a）被告知了对*没收令的申请，但在没收令签发前并未根据第（1）款提交申请；或

（b）在审理没收令申请时出庭。

（4）法院可以给予根据第（2）款申请的个人许可，如果法院确信：

（a）如果个人被告知了*没收令的申请，但在没收令签发前并未根据第（1）款提交申请——个人对在没收令签发前并未根据第（1）款提交申请有充分的理由；或

（b）下列任一情况下：

i 个人如今拥有与根据第57条签发命令相关的证据，上述证据在没收令签发时不可得；或

ii 有其他特殊情形授予该许可。

（5）然而，法院严禁根据第（2）款审理申请，如果：

（a）*官方受托人已经对根据第70条的财产采取任何措施；和

（b）对法院而言，根据第57条对收益签发命令并非不可行。

其他事项

（6）根据第（1）款或第（2）款的申请者必须将书面通知给予负责机构，包括申请及申请命令的依据。

（7）*负责机构可以在根据第（1）款或第（2）款审理申请时出庭和举证。

（8）为避免异议，*负责机构可以在根据第（1）款或第（2）款申请的诉讼程序中代表联邦。

（9）*负责机构必须根据第（1）款或第（2）款向申请者发出其计划辩驳该申请的理由的通知。然而，在已有合理的机会执行与申请有关的*讯问前，负责机构不需要这样做。

（10）根据第（1）款和第（2）款的申请严禁被审理，除非*负责机构有合理的机会执行与申请有关的*讯问。

第58条　法院也可以签发辅助指示

（1）如果法院签发了*没收令，法院有权力给出使没收令生效所需或更为便利的所有指示。

（2）规定*登记财产的*没收令，其包括指示法庭官员去做任何必要和合理之事，以获得促使财产转移必需的任何文件的所有权。

第3目　如何获取没收令

第59条　犯罪收益追缴机构可以申请没收令

（1）*犯罪收益追缴机构可以申请*没收令。

（2）如果该申请与个人*可公诉罪的定罪相关，该申请必须在*定罪日后的6个月内提出。

第60条　对没收令的追加申请

（1）除非法院允许，*犯罪收益追缴机构不能根据第1目的条文申请与犯罪有关的*没收令，如果：

（a）对与犯罪相关的财产进行没收或征收的申请先前已根据以下条文提出：

i 根据本目，申请与根据第1目同样条文的命令；或

ii 根据联邦的其他法律（第1目除外）；或

iii 根据*非自治领地的法律；和

（b）该申请已最终依据法律作出裁定。

（2）法院严禁许可，除非其确信：

（a）新申请相关的财产仅在第一次申请裁定后才确认；或

（b）必要的证据仅在第一次申请裁定后可获得；或

（c）授予许可符合司法利益。

（3）为避免疑问：

（a）*犯罪收益追缴机构可以根据第1目的一个条文针对与犯罪有关的财产申请*没收令，即便根据第1目的其他条文，针对与该犯罪相关的财产的申请先前已被提出；和

（b）犯罪收益追缴机构可以申请针对与犯罪有关的财产的没收令，即便先前已经申请过与该犯罪有关的*罚金令或*名声收益命令。

第61条　申请的通知

（1）*负责机构必须将书面的*没收令的申请通知给以下各人：

（a）如果申请的命令是关于个人的定罪——该人；和

（b）任何对被该申请涉及的财产主张*利益的人；和

（c）任何机构合理地相信可能与上述财产有利益关系的个人。

（2）在最终裁定申请前的任何时间，法院审理申请时可以指示*负责机构发布或公布申请的通知给特定的个人或群体。法院也可以明确通知被发布或公布的时间和方式。

第62条　修正申请

（1）审理*没收令申请的法院可以修正该申请：

（a）基于*负责机构的申请；或

（b）基于该机构的同意。

（2）但是，法院严禁修正申请，以包括附加的财产在申请书中，除非：

（a）法院确信：

i 当申请最初被提出时，该财产未能合理被确认；或

ii 在最初的申请提出后，必要的证据才变得可得；或

（b）申请的*没收令是根据第47条或第49条的命令，且法院确信：

i 包含附加的财产在命令的申请中，可能会使得对个人犯罪的侦查或起诉有偏见；或

ii 许可申请的修正有任何其他合适的理由。

（3）在申请修正以包括附加的财产在申请书中时，*负责机构必须将书面的修正通知给任何机构有理由相信可能与上述附加的财产中有*利益关系的个人。

（4）如果申请的*没收令是根据第48条的命令，任何主张与上述附加的财产中有*利益关系的个人可以在审理修正申请时出庭和作证。

第63条　如果嫌疑人已经潜逃，法院可以免除通知要求

被递交与犯罪相关的申请*没收令的法院，根据*负责机构的申请，可以免除根据第61条第（1）款和第62条第（3）款的规定给予个人通知的要求，如果法院确信与该犯罪有关的个人已经*潜逃。

第64条　申请的程序

（1）任何主张与申请的*没收令所涉财产有*利益关系的个人，可以在审理该申请时出庭和作证。

（2）法院在裁定申请过程中，可以考虑：

（a）针对该人构成非法活动罪行的任何程序的庭审记录；和

（b）在任何上述程序中举出的证据。

（3）如果有权被给予相关申请通知的个人无法在审理申请时出庭，法院仍可签发*没收令。

第65条　在个人被定罪前向法院申请

如果*没收令的申请，在*可公诉罪被定罪前向法院提出：

（a）该申请可以由该法院处理；和

（b）任何与命令相关的权力可由法院行使；

不管法庭的组成与个人被判可公诉罪时的组成是否一致。

第4目　没收令的效力

第66条　财产被没收的范围和时间——一般规则

在*没收令中规定的财产，在没收令签发时完全归属于联邦。

第67条　第一个例外——登记财产

（1）尽管第66条已有规定，但如果在*没收令中规定的财产是*登记财产：

（a）该财产衡平上属于联邦但是在法律上不属于联邦，直至可适用的登记要求被遵守；和

（b）*负责机构有权代表联邦采取任何必要或方便的措施给出通知或保护联邦在该财产中的衡平利益；和

（c）联邦有权被登记为该财产的所有人；和

（d）*官方受托人有权代表联邦，去做或者授权去做任何必要或方便使得联邦获得作为所有人登记的事项。

（2）*负责机构根据第（1）款（b）项采取的任何行动，不是为实现第69条第（1）款目的的处置。

（3）*官方受托人在第（1）款（d）项中的权力，包括签署个人转移上述财产的*利益需要签署的任何文件。

第68条　第二个例外——如果共同所有人在没收令签发前死亡

（1）尽管第66条已有规定，但如果个人出现下列情形之一：

（a）在其死前不久，曾是*没收令中特定财产的共同所有人；但

（b）在没收令签发前死亡，但：

i 在*负责机构申请该命令后；或

ii 在涉及该财产的*限制令有效时；

该财产被视为在该人死亡前已属联邦所有。

（2）任何上述*限制令，同样被视为继续适用于该财产，如同该人尚未死亡。

第68A条　第三个例外——财产位于澳大利亚之外

（1）尽管第66条已有规定，但如果在*没收令中规定的财产是位于*澳大利亚以外的财产：

（a）财产在衡平法上属于联邦；和

（b）财产在衡平法上属于联邦，根据财产所在地生效法律的许可程度；和

（c）*负责机构有权力代表联邦，采取任何必要或方便的措施：

i 给出通知或保护联邦在该财产中的衡平利益；或

ii 组织没收令的实施或使其生效。

【注释】以下属于负责机构根据第（1）款（c）项 *ii* 采取措施的例子：根据第32条，组织与没收令实施相关的互助法案的要求。

（2）*负责机构根据第（1）款（c）项 *i* 采取的任何行动，不是为实现第69条第（1）款目的的处理。

（3）尽管第66条和本条第（1）款已有规定，如果：

（a）在*没收令中规定的财产位于*澳大利亚之外；和

（b）根据财产所在地生效法律，财产属于个人所有；

上述财产根据上述法律属于该人所有。

（4）第（3）款并不影响联邦根据第（1）款（a）项任何的衡平利益。

第69条　联邦何时可以开始处理没收的财产？

（1）当命令仍有效时，联邦及代表联邦的个人，只能处置或处理在*没收令中规定的财产，且在如下时间之后。

（a）何时：

i 如果针对该命令规定的提起上诉的期间已结束而未有上诉提起——该期间结束时；或

ii 如果针对该命令的上诉已提起——该上诉失效或者被最终裁定时；

（b）如果与个人定罪相关的命令被签发——何时：

i 如果针对该定罪规定的提起上诉的期间已结束而未有上诉提起——该期间结束时；或

ii 如果针对该定罪的上诉已提起——该上诉失效或者被最终裁定时。

（2）但是，上述处置或处理可以更早发生，如果法院许可并且与该法院的任何指示一致。

（3）出于第（1）款（b）项的目的：

（a）如果该人因为第331条第（1）款（b）项视为已经被定罪——针对该人有罪的事实裁决的上诉被视为针对该定罪的上诉；和

（b）如果个人因为第331条第（1）款（c）项视为已经被定罪——针

对该人在该条款中规定的对其他定罪的上诉被视为针对该定罪的上诉。

被控制财产

（4）如果被*没收令涉及的财产根据第4章第1节第3目的规定是被控制财产，本款不阻止或限制*官方受托人根据该目执行权力或履行职责。

第70条　联邦必须如何处理没收的财产？

（1）如果在第69条第（1）款提及的时间后，*没收令仍然有效，*官方受托人必须代表联邦并尽快：

（a）处理任何在命令中规定的非金钱财产；和

（b）使用：

i 任何从上述处理中获得的金钱；和

ii 任何在该命令中规定的金钱财产；

支付与上述处理及被*限制令涉及的财产相关、由其引起的或应当支付的酬金和在第288条第（1）款提及的其他种类的费用；和

（ba）使用：

i 任何从上述处理中获得的金钱；和

ii 任何在该命令中规定的金钱财产；

支付*联合商品和服务税收协会与处理相关的费用（如果有）；和

（c）根据第296条的要求，将金钱的余额以及收到的数额存入*没收资产账户。

（2）但是，如果*官方受托人被要求处理*没收令中规定的财产但尚未开始：

（a）部长；或

（b）为本款目的，由部长授权的*高级部门官员；

可以在指示中规定，指示该财产可以被有选择性地处置或处理。

（3）上述指示可以是该财产与特定法律的条文一致被处理。

【注释】与没收有关定罪的撤销可以阻止基于本条事项的进行，见第86条。

第71条 处理没收的财产

个人有罪，如果：

（a）该人知道有关*登记财产的*没收令已被签发；和

（b）该人在联邦的利益由合适的登记官员登记前，处理或处置该财产；和

（c）该没收令尚未被撤销。

刑罚：5年有期徒刑或300个罚金单位，或两者兼有。

第4A目 被控制财产

第71A条 官方受托人可以保管和控制被控制财产

（1）*官方受托人可以保管和控制任何或全部由*没收令涉及的财产。

【注释】第4章第1节规定了官方受托人对财产的权力。

（2）如果*官方受托人决定根据第（1）款保管和控制财产，签发涉及财产*没收令的法院可以签发如下一个或多个命令：

（a）决定根据第4章第1节第3目转移给官方受托人的权力行使，或根据该目施加给官方受托人的职责履行的任何问题的命令（根据上述权力或职责与命令的相关程度）；

（b）指示任何人从事任何必要或使官方受托人保管和控制财产更为便利的事项的命令。

（3）法院仅可以签发根据第（2）款的命令，根据如下人员的申请：

（a）*负责机构；或

（b）在*没收令签发不久后，成为被命令涉及财产所有者的个人；或

（c）*官方受托人；或

（d）有法院许可的任何其他人。

第5目　减轻没收令的效力

第A分目　减轻生活困难

第72条　减轻特定受赡养人的生活困难

（1）签发规定*个人财产*没收令的法院必须签发另一个命令，指示联邦支付特定的数额给该人的*受赡养人，如果：

（a）该没收令不是根据第48条的规定签发；和

（b）法院确信：

i 该没收令可能导致受赡养人生活困难；和

ii 该特定数额会减少生活困难；和

iii 如果受赡养人已经年满18周岁——该受赡养人对该人与没收令有关的行为不了解。

（2）该特定数额严禁超过以下两者之间的差别：

（a）法院认为根据*没收令处理*个人财产可能获得的数额；和

（b）法院认为与没收令有关的，第70条第（1）款（b）项提及的任何支付的可能数额。

（3）根据本条的命令可以不止与一个该人的*受赡养人有关。

第B分目　从没收令中排除财产

第73条　签发排除令

（1）签发*没收令的法院或正在审理或即将审理申请没收令（没收令申请）的法院，必须签发将特定的*利益从没收令中排除的命令（排除令），如果：

（a）个人申请排除令；和

（b）没收令或没收申请规定了与申请者有利益关系的财产；和

（c）如果没收令是（或被申请的没收令可能是）根据第47条或第49条签发，且申请者所实施的犯罪是（或即将是）该命令的依据——该法院确信在排除令中规定的财产不是：

i *非法活动的*收益；

ii 如果命令依据的犯罪是（或即将是）*严重犯罪——任何严重犯罪的*工具；和

（d）如果没收令是（或被申请的没收令可能是）根据第48条签发——法院确信申请者在财产中的收益不是在没收令或没收申请中所涉任何犯罪的收益或工具。

（2）*排除令必须：

（a）规定（签发命令时）相关*利益的性质、范围和价值；和

（b）指示在执行相关*没收令时将该财产排除；和

（c）如果基于本节该利益（在法律上或衡平上）已属于联邦并且尚未被处理——指示联邦将利益转移给该申请者；和

（d）如果基于本节该利益（在法律上或衡平上）已属于联邦并且已被处理——指示联邦根据（a）项支付申请者与规定的价值相同的金额。

第74条 申请排除令

没收令签发之前

（1）个人可以申请*排除令，如果规定*个人财产的*没收令已经被申请，但尚未被签发。

没收令签发之后

（2）主张与*没收令中规定的财产有*利益关系的个人，可以在没收令签发的任何时候，向签发没收令的法院申请*排除令。

（3）除非法院允许，个人不能申请*排除令，如果：

（a）其已被给予*没收令的申请通知，但在审理该申请时未出庭；或

（b）其在审理申请时出庭。

（4）法院可以给予该人申请的许可，如果法院确信：

（a）若第（3）款（a）项适用——该人有充分的不出庭理由；或

（b）若第（3）款（b）项适用——该人现在有与申请有关的，但在审理之时尚不可得的证据；或

（c）其他情况下——其他给予许可的特殊理由。

第75条　申请有关事项的通知

（1）*排除令的申请者必须给*负责机构书面的有关该申请以及寻求该命令的依据的通知。

【注释】与排除令的申请有关的负责机构，是在第73条（签发排除令）提及的对没收令或没收申请负责的机构。

（2）*负责机构在审理申请中可以出庭和作证。

（3）*负责机构必须给予申请者其计划辩驳该申请的依据的通知。但是，该机构不需如此作为，直到其已有合适的机会执行与申请有关的*讯问。

第76条　申请何时可以被审理

对*排除令的申请严禁被审理，直到*负责机构已有合适的机会执行与申请有关的*讯问。

第C分目　对不涉及犯罪收益财产部分的补偿

第77条　签发补偿令

（1）签发*没收令或正在（或即将）听审没收令申请的法院，必须根据第（2）款签发命令（补偿令），如果：

（a）个人（申请者）已经申请补偿令；和

（b）法院确信申请者与没收令或没收令申请中特定的财产有*利益关系；和

（c）法院确信，当该财产首次成为犯罪收益时，该财产特定部分的价值并非通过使用任何犯罪的收益获得；和

（d）法院确信申请者的利益并非任何犯罪的工具；和

（e）在法院听审或即将庭审没收令申请的情形下——法院签发没收令。

（2）*补偿令必须：

（a）规定法院根据第（1）款（c）项裁决的份额；和

（b）指示联邦，当财产完全属于联邦时：

i 如果财产尚未被处理——处理该财产；和

ii 支付申请者特定差额的金钱，该差额是指处理该财产获得的金额，以及根据第70条第（1）款（b）项规定的与*没收令相关，支付的任何款项之间的差额。

第78条 申请补偿令

在没收令签发之前

（1）个人可以向法院申请*补偿令，如果针对涉及可以规定个人主张*利益的财产*没收令的申请已经提出，但没收令仍未签发。

在没收令签发之后

（2）主张与*没收令规定的财产有*利益关系的个人，可以在没收令签发后的任何时间，向签发没收令的法院申请*补偿令。

（3）但是，除非法院许可，个人不得根据第（2）款申请，如果：

（a）在*没收令签发前，个人被告知没收令的申请，但其未提出申请；或

（b）在听审没收令时出庭。

（4）法院可以给予个人根据第（2）款申请的许可，如果法院确信：

（a）如果第（3）款（a）项适用—个人对在*没收令签发前并未根据第（1）款提交申请有充分的理由；或

（b）任何情况下：

i 个人如今拥有与在没收令签发时不可得的与*补偿令签发相关的证据；或

ii 有其他特殊情形授予该许可。

第79条　与申请有关事项的通知

（1）*补偿令的申请者必须给*负责机构有关书面申请及该命令寻求依据的通知。

【注释】与补偿令的申请有关的负责机构，是在第77条（签发补偿令）提及的对没收令或没收申请负责的机构。

（2）*负责机构可以在审理申请时出庭和作证。

（3）*负责机构必须给申请者其计划辩驳该申请的任何依据的通知。然而，机构无须如此做，直至其有合理的机会执行对申请的*讯问。

第79A条　申请何时被审理

对*补偿令的申请严禁被审理，直至*负责机构有合理的机会执行与申请有关的*讯问。

第6目　宣告无罪和撤销定罪对没收令的影响

第80条　根据第47条或者第49条签发的没收令不受宣告无罪或撤销定罪影响

根据第47条或第49条针对个人犯罪签发的*没收令不受影响，如果：
（a）该犯罪已被指控，该人被宣告无罪；或
（b）该人被定罪及定罪随后*撤销。

第81条　定罪撤销后，根据第48条签发的没收令被撤销

（1）根据第48条签发的与个人定罪相关的*没收令被*撤销，如果：
（a）该人的定罪随后被撤销（不论该命令是否与该人其他未被撤销的定罪相关）；和

（b）*负责机构未在定罪被撤销的14天内，向签发命令的法院申请确认该命令。

（2）但是，除非以及直到法院决定该申请，定罪的*撤销并不影响*没收令：

（a）在该定罪被撤销的14天后；和

（b）如果*负责机构提出上述申请。

第82条　没收令确认申请的通知

（1）*负责机构必须将*没收令确认申请的书面通知给：

（a）定罪被*撤销的个人；和

（b）任何主张或在没收前主张与该命令所涉财产有*利益关系的个人；和

（c）任何*负责机构有理由相信可能在没收前与该财产有利益关系的个人。

【注释】如果机构申请确认没收令，其亦可根据第3章第1节申请讯问令。

（2）审理该申请的法院，在最终裁定申请前的任何时间，可以指示*负责机构向特定的个人或群体发布或公布申请的通知。法院也可以规定通知发布或公布的时间和方式。

第83条　申请没收令确认的程序

（1）任何主张与被*没收令所涉财产有*利益关系的个人，可以在审理该命令确认申请时出庭和作证。

（2）在裁决该申请过程中，法院可以考虑如下事项：

（a）针对该人的任何程序的庭审记录：

i 该人被定的罪行；或

ii 如果该人因为第331条第（1）款（c）项被视为定罪——在该项规定的其他犯罪；

包括任何与该定罪有关的上诉；和

（b）在上述程序中提交的任何证据。

第84条　法院可以确认没收令

（1）法院可以确认*没收令，如果法院确信：

（a）其本应根据第47条签发与个人已经被*撤销的定罪有关的没收令，如果当*负责机构根据第48条申请命令时，其代之以根据第47条申请命令；或

（b）其本应根据第49条签发与个人已经被撤销的定罪有关的没收令，如果当负责机构根据第48条申请命令时，其代之以根据第49条申请命令。

（2）出于第（1）款（a）项和（b）项的目的，第47条第（1）款（c）项或第49条第（1）款（b）项的要求被视为满足（视情况而定）。

第85条　法院对没收令确认决定的效力

（1）如果法院根据第84条第（1）款（a）项确认*没收令，该命令被视为不受个人定罪*撤销影响。

（2）如果法院根据第84条第（1）款（b）项确认该*没收令：

（a）该命令涉及财产的范围是：

i 任何情况下——犯罪的*收益；或

ii 若犯罪是*严重犯罪——犯罪的*工具；

该命令被视为不被个人定罪的*撤销影响；但是

（b）该命令涉及财产的范围是：

i 任何情况下——不是犯罪的收益；和

ii 若犯罪是严重犯罪——不是犯罪的工具；

该命令被撤销。

（3）如果法院决定不确认*没收令，该命令被撤销。

第86条　法院决定确认没收令前，官方受托人禁止处理被没收财产

在下列期间内：

（a）从个人定罪被*撤销之日起；和

（b）至法院决定是否确认*没收令之日止；

*官方受托人严禁做任何与第70条规定的相关命令涉及的财产或从处理上述财产中获取金钱有关的事项。

第7目　杂项规定

第87条　如果没收令因上诉或者撤销定罪被撤销需给予通知

（1）本条适用于相关的特定财产，如果：

（a）涉及该财产的*没收令被审理针对该命令签发上诉的法院撤销；或

（b）涉及该财产的没收令根据第81条或第85条第（3）款被撤销；或

（c）涉及该财产的没收令根据第85条第（2）款针对该财产被撤销。

（2）*负责机构必须尽快将撤销的书面通知给任何该机构有理由相信在命令签发前与该财产有*利益关系的个人。

（3）若被法院要求，*负责机构必须发布或公布撤销的通知给特定的个人或群体。法院也可以规定通知发布或公布的时间和方式。

（4）根据本条发布的通知必须包含对影响的陈述，即主张与该财产有*利益关系的个人可以根据第88条申请转移该利益或者它的价值给该人。

第88条　在没收令被撤销后返还财产等

（1）*官方受托人必须安排：

（a）如果在*没收令中规定的财产属于联邦——将该财产的*利益转移给在命令签发前主张与该财产有利益关系的个人；或

（b）如果在没收令中规定的财产不再属于联邦——将与该财产中的利益相同价值的数额支付给该人；

如果：

（c）有关该财产的没收令已经被*撤销：

i 由审理针对该命令签发的上诉的法院；或

ii 根据第81条或第85条；和

（d）该人向官方受托人书面申请，将该利益转移给该人；和

（e）该人在命令签发前与该财产有利益关系。

（2）如果*官方受托人必须安排该财产的转移，官方受托人也可以代表联邦，做或者授权做使得该转移生效有必要或便利的任何事。

（3）不限于第（2）款，在该款下可以做或者授权做的事项包括：

（a）签署任何文件；和

（b）在任何合适的登记机构申请财产中*利益的登记。

第89条　与在没收的财产中有利益关系的个人可以赎回该利益

（1）如果法院：

（a）针对财产签发了*没收令；和

（b）根据第57条签发了有关该财产中*利益的命令；

那么：

（c）当该利益仍属联邦时，向联邦支付根据第57条的命令规定的数额，相当于撤销该没收令涉及的利益范围的价值；和

（d）*官方受托人：

i 必须安排将该利益转让给该财产被联邦没收前的所有权人；和

ii 可以代表联邦，做或者授权做使得该转移生效有必要以及便利的任何事。

（2）不限于第（1）款（d）项*ii*，在该款下可以做或者授权做的事项包括：

（a）签署任何文件；和

（b）在任何合适的登记机构申请财产中*利益的登记。

第90条 购买在被没收财产中的其他利益

（1）如果：

（a）该财产根据本章被联邦没收；和

（b）根据第88条第（1）款或第89条第（1）款或根据第73条第（2）款（c）项的指示，该利益被要求转移给该购买者；和

（c）在没收发生前，该购买者在该财产中的利益，并非该财产的唯一利益；和

（d）该购买者将书面通知给在没收发生前其他与财产有利益关系的个人：

i 该购买者意图从联邦购买其他的利益；和

ii 被送达通知的个人，在收到通知的21天内，可以向部长和*官方受托人书面提出与该利益购买有关的异议；和

（e）在上项提及的期间内，根据（d）项被送达通知的个人，没有向部长和官方受托人书面提出与该利益购买有关的异议；和

（f）当该利益仍属联邦时，该购买者向联邦支付与该利益价值相当的金额。

官方受托人必须安排将其他利益转移给相关个人。

（2）如果被送达根据第（1）款（d）项与在该项中提及的其他财产有关通知的个人，在该项规定的期间内，向部长和*官方受托人提交反对其他*利益购买的书面通知：

（a）部长；或

（b）为本款目的由部长授权的*高级部门官员；

可以指示官方受托人将其他利益转移给该人。

第3节　严重犯罪定罪的没收

第91条　本节概要

> 如果个人被定为严重犯罪，除非该财产不在没收之列，否则受与该犯罪有关的限制令限制的财产将被联邦没收。
> 在特定情况下，补偿由联邦支付。
> 在特定情况下，没收的财产可以由联邦归还。

【注释】根据第2章第2节的没收令，即使未定罪，与严重犯罪有关的财产也可以被没收。

第1目　严重犯罪定罪的没收

第92条　如果个人已被定为严重犯罪，可以无没收令没收被控制财产

（1）根据第（3）款，在申请期间结束时，财产被联邦没收，如果：

（a）该人被定为*严重犯罪；和

（b）下列情况之一：

i 在上述期间结束时，该财产被根据第17条或第18条针对该人相关犯罪的*限制令涉及；或

ii 该财产被针对该人的上述限制令涉及，但根据第44条该限制令被撤销或根据该条财产从限制令中被排除；和

（c）在本节，该财产不受制于根据第94条将财产从没收中排除的命令。

（2）与以下事项无关：

（a）该*限制令是在该人被定为*严重犯罪之前或之后签发；或

（b）在没收前，该财产是个人财产或者另一个人的财产。

（3）财产被没收的截止期间是：

（a）自定罪之日起的6个月；或

（b）如果在上述期间结束时*延期令有效——与该延期令有关的延长期间。

（4）如果个人因罪*潜逃而被视为已定罪，则本条不适用。

（5）如果*限制令与该人已被指控或拟被指控的*相关犯罪有关，为本条目的，其被视为与该人定罪相关的限制令。

（6）如果：

（a）根据第44条，涉及特定财产的*限制令被撤销或特定财产从限制令中被排除；和

（b）与撤销或排除有关的，在第44条第（1）款（e）项中规定的抵押或第44条第（2）款（e）项规定的允诺仍然有效；

出于本条的目的，该财产视为被该限制令涉及。

第92A条　根据本节没收日期的通知等

（1）在第92条第（1）款（b）项中提及的*限制令的*负责机构，在根据本节规定的财产被没收前，必须采取合理步骤，给主张或机构合理地认为与财产有*利益关系的任何个人书面通知，陈述：

（a）根据本节财产被没收的日期，除非其从没收令中被排除；和

（b）第93条的效力（处理*延期令）；和

（c）个人可以根据如下与财产有关的条款申请命令：

i 第29条（处理从*限制令中排除财产）；

ii 第94条（处理从没收令中排除财产）；

iii 第94A条（处理补偿）。

（2）然而，*负责机构无须根据第（1）款给个人通知，如果该人已经提出如下申请：

（a）与财产有关的*延期令申请；和

（b）根据第30条、第31条或第94条与财产有关的申请。

第93条 在财产被没收前，签发延长期间的延期令

（1）根据第92条第（1）款（b）项规定，签发*限制令的法院可以签发命令（延期令），为了第92条第（3）款的目的规定延长期间，如果：

（a）该命令的申请在相关*定罪日起的6个月内提出；和

（b）该申请者已经向法院申请：

i 根据第30条或第31条从该限制令中排除财产；或

ii 根据第94条排除从根据本节的*没收令中被限制令涉及的财产；和

（c）法院确信申请者已经根据第30条、第31条或第94条，没有不必要的延误提出申请，并且已勤勉地促进该申请。

规定的延长期间必须在不迟于相应定罪之日起15个月内结束。

（2）*延期令不再有效力，如果根据第30条、第31条或第94条的申请已在相应的定罪之日起6个月内被最终裁定。

（3）延长期间终止，如果根据第30条、第31条或第94条的申请在上述期间结束前被最终裁定。

（4）如果法院签发*延期令，*负责机构必须采取合理步骤，给主张或机构合理地认为与命令涉及的财产有*利益关系的任何个人书面通知，陈述：

（a）与延期令一致，根据本节财产被没收的日期，除非该财产不在没收令之列；和

（b）第（2）款和第（3）款的效力。

第94条 根据本节将财产从没收中排除

（1）根据第92条第（1）款（b）项规定签发*限制令的法院，在本节可以签发将特定财产从没收中排除的命令，如果：

（a）个人（申请者）基于本条申请命令；和

（b）法院确信申请者与被限制令涉及的财产有*利益关系；和

（d）该人已被定为与限制令有关的*严重犯罪；和

（e）法院确信该利益既非*非法活动的*收益，亦不是非法活动的*工具；和

（f）法院确信被告人在财产中的利益是合法获取的。

（2）为避免疑问，根据本条不能签发有关财产的命令，如果该财产根据本节已被没收。

（3）该人必须将书面通知给予*负责机构，包括申请以及寻求命令的依据。

（4）*负责机构在审理申请时可以出庭和作证。

（5）*负责机构必须向申请者发出其计划辩驳该申请的理由的通知。然而，在已经有合理的机会执行与申请有关的*讯问之前，负责机构不需要这样做。

（6）申请严禁被审理，直至*负责机构有合理的机会执行与申请有关的*讯问。

第94A条 对并非从任何犯罪实施中获得或实现的财产份额的补偿

（1）签发在第92条第（1）款（b）项中提及的*限制令的法院必须签发与第（2）款一致的命令，如果：

（a）个人（申请者）已经根据本条申请命令；和

（b）法院确信申请者与被限制令涉及或在任何时候涉及的财产有*利益关系；和

（c）个人已经被定为与限制令有关的*严重犯罪；和

（d）法院确信，申请者利益价值的部分并非直接地或间接地源于或取自犯罪实施；和

（e）法院确信申请者的利益并非犯罪的*工具。

（2）根据本条的命令必须：

（a）规定根据第（1）款（d）项法院找到的份额；和

（b）指示联邦，一旦财产完全属于其所有，则：

i 如果财产尚未被处置—处置该财产；和

ii 向申请者支付特定的数额，该数额是从处置财产中获得的金额，与根据第100条第（1）款（b）项提及的与没收相关的任何支付数额之间的差额。

（3）主张被第92条第（1）款（b）项提及的与*限制令涉及财产有*利益关系的个人，可以根据本条在任何时候向签发限制令的法院申请命令。

（4）然而，如果财产已经根据本节被没收，除非法院许可，个人严禁根据第（3）款申请，如果其：

（a）满足如下之一条件：

i 已经根据第92A条第（1）款被给予关于财产的书面通知；或

ii 因为第92A条第（2）款未被给予上述通知；和

（b）在上述没收前，并未根据第（3）款提出申请。

（5）法院可以给予该人申请的许可，如果法院确信：

（a）该人对未在没收前提出申请有很好的理由；或

（b）该人现在有与没收有关的申请时未掌握的相关证据；或

（c）有其他特别的授予许可的理由。

（6）该人必须给*负责机构书面通知，包括申请以及寻求排除的依据。

（7）*负责机构可以在审理申请中出庭和作证。

（8）*负责机构必须给予申请者其意图对抗申请的依据通知。然而，机构不需要这样做，除非其已有合理的机会执行与申请有关的*讯问。

（9）申请严禁被审理，除非*负责机构有合理的机会执行与申请有关的*讯问。

第95条　根据本节法院可以宣告财产已被没收

根据第92条第（1）款（b）项规定签发*限制令的法院可以宣告特定的财产根据本节已被没收，如果：

（a）*负责机构向法院申请该宣告；和

（b）法院确信该财产根据本节被没收。

第2目　严重犯罪定罪时没收的效力

第96条　财产被没收的时间——一般规定

根据第92条没收的财产自没收时起，完全属于联邦。

第97条 第一个例外——登记财产

（1）尽管第96条已有规定，但如果根据第92条没收的财产是*登记财产：

（a）财产在衡平法上属联邦但在法律上不属联邦，直到可适用的登记要求被满足；和

（b）对第92条第（1）款（b）项提及的*限制令的*负责机构，有权力代表联邦采取任何必要或方便的措施，给出通知或保护联邦在该财产中的衡平利益；和

（c）联邦有权被登记为该财产的所有者；和

（d）*官方受托人有权代表联邦，去做或者授权去做任何使得联邦作为所有人获得登记的必要或方便的事项。

（2）*负责机构根据第（1）款（b）项采取的任何行动，不是为实现第99条第（1）款目的的处理。

（3）*官方受托人在第（1）款（d）项的权力，包括签署个人转移上述财产的*利益需要签署的任何文件。

第98条 第二个例外——如果共同所有人死亡

尽管第96条已有规定，但如果：

（a）被定为*严重犯罪的个人在其死亡之前曾是财产的共同所有人；和

（b）如果该财产是根据第92条与定罪相关被没收的财产，根据第92条第（3）款适用的期间在其死亡之前尚未结束；和

（c）如果该期间在其死亡前已结束——该财产根据第92条的规定将被没收；

则该财产在其死亡时被视为已经属联邦所有。

第98A条　第三个例外——财产位于澳大利亚之外

（1）尽管第96条已有规定，但如果根据第92条没收的财产是位于*澳大利亚以外的财产：

（a）财产在衡平法上属于联邦；和

（b）财产在衡平法上属于联邦，根据财产所在地生效法律的许可程度；和

（c）*负责机构有权力代表联邦，采取任何必要或方便的措施：

i 给出通知或保护联邦在该财产中的衡平利益；或

ii 组织根据第95条与财产相关的没收令的宣告的实施或使其生效。

【注释】以下属于负责机构根据第（1）款（c）项 *ii* 采取措施的例子：根据*《互助法》第32条组织根据本法第95条与财产相关没收令的宣告。

（2）*负责机构根据第（1）款（c）项 *i* 采取的任何行动，不是为实现第99条第（1）款目的的处理。

（3）尽管第96条和本条第（1）项已有规定，但如果：

（a）根据第92条没收的财产位于*澳大利亚之外；和

（b）根据财产所在地生效法律，财产属于个人所有；

上述财产根据上述法律属于该人所有。

（4）第（3）款并不影响联邦根据第（1）款（a）项任何的衡平利益。

第99条　联邦何时可以开始处理没收的财产？

（1）联邦以及代表联邦的个人，可以处理或处置根据第92条没收的与个人*严重犯罪定罪有关的财产，当且仅当：

（a）根据第（3）款的可适用期间已经结束；和

（b）该定罪至其时尚未被*撤销。

（2）但是，上述处理或处置可以更早地发生，如果法院许可并且与法院的任何指示相符。

（3）联邦以及代表联邦的个人，可以在下列期间结束后处理或处置该财产：

（a）如果对该定罪第331条第（1）款（b）项或（c）项都不能适用，期间结束于：

i 如果规定的针对该定罪提起上诉的期间已经结束，而未有上述上诉提起——该期间结束时；或

ii 如果针对该定罪的上诉已提起——上诉失效或被最终裁定时；或

（b）如果该人因第331条第（1）款（b）项被视为已经定罪，期间结束于：

i 如果规定的针对该人有罪的事实裁决提起上诉的期间已经结束，而未有上述上诉提起——上述期间结束时；或

ii 如果针对该人有罪的事实裁决的上诉已经提起——上诉失效或被最终裁定时；或

（c）如果该人因第331条第（1）款（c）项被视为已经定罪，期间结束于：

i 如果规定的针对该人在上述条文规定的其他定罪提起上诉的期间已经结束，而未有上述上诉提起——该期间结束时；或

ii 如果针对该人在上述条文规定的其他定罪的上诉已经提起——当上诉失效或被最终裁定时。

被控制财产

（4）如果根据第92条没收的财产，根据第4章第1节第3目的规定是被控制财产，本款不阻止或限制*官方受托人根据该目执行权力或履行职责。

第100条 必须如何处理没收的财产？

（1）如果第99条第（1）款不再阻止处理或处置根据第92条没收的特定财产，*官方受托人必须以联邦的名义尽快地：

（a）处理非金钱的任何没收财产；和

（b）使用：

i 任何从上述处理中得到的金额；和

ii 任何被没收的金钱；

支付与上述处理以及被*限制令涉及的财产相关、由其引起的或应当支

付的酬金和在第288条第（1）款提及的其他种类的费用；和

（ba）使用：

i 任何从上述处理中获得的金钱；和

ii 任何在该命令中规定的金钱财产；

支付*联合商品和服务税收协会与处理相关的费用（如果有的话）；和

（c）根据第296条的要求，将金钱的余额以及收到的数额存入*没收资产账户。

（2）但是，如果*官方受托人尚未开始根据本条要求处理根据第92条没收的财产：

（a）部长；或

（b）为本款目的，由部长授权的*高级部门官员；

可以指示该财产以指示中规定的方式被处理或处置。

（3）上述指示可以是该财产与特定法律的条文相一致被处理。

【注释】与没收有关定罪的撤销将阻止基于本条事项的进行，见第112条。

第101条　部长可以给出辅助性的指示

（1）部长可以给出所有必要和方便的指示，以实现联邦在根据第92条没收财产中的*利益。

（2）这一指示包括：关于根据第92条没收的*登记财产，指示部门的官员或*警官做任何必要和合理的事项，以获得转移财产所必需的任何文件所有权。

第2A目　被控制财产

第101A条　官方受托人可以保管和控制被控制财产

（1）*官方受托人可以保管和控制根据第92条向联邦没收的财产。

【注释】第4章第1节规定了官方受托人对财产的权力。

（2）如果*官方受托人决定根据第（1）款保管和控制财产，签发在第

92条第（1）款（b）项中提及的涉及财产*限制令的法院可以签发如下一个或多个命令：

（a）决定根据第4章第1节第3目转移给官方受托人的权力行使，或根据该目施加给官方受托人的职责履行的任何问题的命令（根据上述权力或职责与命令的相关程度）；

（b）指示任何人从事任何必要或使官方受托人保管和控制财产更为便利的事项的命令。

（3）法院仅可以签发根据第（2）款的命令，根据如下人员的申请：

（a）*负责机构；或

（b）在根据第92条规定的没收令签发不久后，成为被命令涉及财产所有者的个人；或

（c）*官方受托人；或

（d）有法院许可的任何其他人。

第3目　没收财产的追缴

第102条　法院可以签发有关没收财产等的转移命令

如果根据第92条财产被联邦没收，签发第92条第（1）款（b）项规定的*限制令的法院可以签发命令，如果：

（a）主张与该财产有*利益关系的个人根据第104条申请本条的命令；和

（b）法院确信：

i 申请者在财产没收前对财产有收益；和

ii 申请者在财产中的收益不是非法活动的*收益或*工具；和

iii 申请者在财产中的收益是合法获得的；

签发命令：

（c）宣布申请者在财产中利益的性质、范围和价值；和

（d）下列之一：

i 如果该利益仍属联邦——指示联邦将该利益转移给申请者；或

ii 宣布由联邦向申请者支付根据（c）项主张的相同价值的金钱。

第103条　法院可以签发有关赎回没收财产的命令

（1）如果财产根据第92条被联邦没收，签发第92条第（1）款（b）项规定的*限制令的法院可以签发命令，如果：

（a）在没收令签发前主张与财产有*利益关系的个人已经根据第104A条提出申请基于本条的命令；和

（b）法院确信该人在没收令签发不久前会有收益；和

（c）法院确信该人不是没收令涉及的*犯罪嫌疑人；和

（d）法院确信，当在第92条第（1）款（a）项提及的罪行实施时，该人对行为构成犯罪不知情；和

（e）当财产是犯罪*收益或犯罪*工具的情形下——法院确信，当财产成为犯罪收益或犯罪工具时，该人对行为构成犯罪不知情；和

（f）法院确信，如果根据第105条利益被转移给个人：

i 根据第105条第（1）款（c）项向联邦支付的金额不是由第（6）款涉及的财产；和

ii 如果根据第105条第（1）款（c）项向联邦支付金额的全部或部分是由个人贷款——个人的经济情况使其可以支付贷款，满足该人合理的生活开支和该人任何其他适格的债务，使用未由第（6）款涉及的财产；和

（g）法院确信：

i 将个人在财产中的利益转移给该人，不会违背公共利益；和

ii 没有其他不应该将该人在财产中的利益转移给该人的理由；

法院可以签发命令：

（h）宣布利益的性质、范围和价值（当命令根据本款签发时）；和

（i）宣布根据第105条，在执行没收令时，该利益可以被排除。

【注释】金钱可以是财产。

（2）为本条目的，在第（1）款（f）项 *ii* 提及的贷款是在第（1）款（a）项提及的申请提出之前或之后作出，无关紧要。

（3）为本条目的，贷款包括可以合理地等同于贷款的任何事项，以及借贷具有相应的含义。

（4）为本条目的，合理的生活费如下：

（a）该人合理的生活费用；

（b）该人*受赡养人合理的生活费用；

（c）个人合理的商业支出。

（5）为本条目的，该人适格的债务是指因该人的善意引起的债务。

（6）本款涉及任何如下财产：

（a）全部或部分，直接或间接地由个人从*非法活动中取得或实现的财产；

（b）财产用于非法活动或与非法活动的实施有关；

（c）财产被意图用于非法活动或与非法活动的实施有关。

第104条 根据第102条申请命令

（1）主张与已经根据第92条被联邦没收的财产有*利益关系的个人，可以根据第102条，在没收后的任何时间向签发第92条第（1）款（b）项提及的*限制令的法院申请命令。

（2）但是，除非法院许可，该人不能根据第102条申请命令，如果其：

（a）为下列情况之一：

i 根据第92A条第（1）款被给予与财产有关的通知；或

ii 因为第92A条第（2）款未被给予上述通知。

（b）为下列情况之一：

i 未根据第29条或第94条提出关于财产的申请；或

ii 提出上述申请且在审理申请时出庭。

（3）法院可以许可个人申请，如果法院确信：

（a）如果第（2）款第（b）项 *i* 适用——该人对未根据第29条或第94条提出申请有很好的理由；或

（b）如果第（2）款第（b）项 *ii* 适用——该人现在有其在审理时未掌握的，根据该条与申请相关的证据；或

（c）在任何情况——有其他特别的授予许可的理由。

（4）该人必须给*负责机构书面通知，包括申请以及寻求排除的依据。

（5）*负责机构可以在审理申请中出庭和作证。

（6）*负责机构必须给予申请者其意图对抗申请的依据通知。然而，除非机构已有合理的机会执行与申请有关的*讯问，否则其无须这样做。

（7）申请严禁被审理，除非*负责机构有合理的机会执行与申请有关的*讯问。

第104A条　　根据第103条申请命令

（1）主张与已经根据第92条被联邦没收的财产有*利益关系的个人，可以根据第103条，在任何时间向签发*限制令的法院申请命令。

（2）但是，如果财产已经根据第92条被没收，除非法院许可，该人不能根据第（1）款申请命令，如果其：

（a）满足如下情况之一：

i 根据第92A条第（1）款被给予与财产有关的通知；或

ii 因为第92A条第（2）款未被给予上述通知；和

（b）在没收前，未根据本条第（1）款提出申请。

（3）法院可以准许个人提出申请，如果法院确信：

（a）该人对未在没收前提出申请有很好的理由；或

（b）该人现在有其在审理时未掌握的，根据该条与申请相关的证据；或

（c）有其他特别的授予许可的理由。

（4）然而，法院严禁根据第（1）款审理申请，如果：

（a）*官方受托人已经根据第100条采取任何与财产有关的行动；和

（b）法院根据第103条签发与利益有关的命令并非不可行。

（5）该人必须给*负责机构书面通知，包括申请以及寻求排除的依据。

（6）*负责机构可以在审理申请中出庭和作证。

（7）为避免异议，*负责机构可以在根据第（1）款申请有关的程序中代表联邦。

（8）*负责机构必须给予申请者其意图对抗申请的依据通知。然而，

除非机构已有合理的机会执行与申请有关的*讯问，否则其无须这样做。

（9）申请严禁被审理，除非*负责机构有合理的机会执行与申请有关的*讯问。

第105条　与没收财产有利益关系的个人可以赎回该利益

（1）如果：

（a）财产根据第92条被联邦没收；和

（b）法院根据第103条签发有关该财产中*利益的命令；和

（c）在该命令中规定的该利益的价值的数额已支付给联邦，该利益仍属联邦；

那么，第92条停止适用于该利益，并且*官方受托人：

（d）必须在该财产被联邦没收之前，安排将该利益转移给财产的所有人；和

（e）可以代表联邦，做或者授权做使转移生效必须或便利的任何事项。

（2）不限于第（1）款的（e）项，基于该款可以做或授权做的事项包括：

（a）签署任何文件；和

（b）向任何合适的登记机构申请对该财产中*利益的登记。

第106条　购买没收财产中的其他利益

（1）如果：

（a）财产根据第92条被联邦没收；和

（b）根据第105条或第102条第（1）款（d）项 *i* 的指示，该利益被要求转移给该购买者（相关个人）；和

（c）该购买者在财产中的利益，在没收发生前，并非该财产中的唯一利益；和

（d）购买者将书面通知给予在没收发生前与财产有利益关系的其他人，包括：

i 该购买者意图从联邦购买其他利益；和

ii 被送达通知的个人，在收到通知后的21天内，可以向部长和*官方受托人提交关于该利益购买的书面异议；和

（e）根据（d）项被送达有关该利益通知的个人，未在该条规定的期限内，向部长和官方受托人提交该利益购买的书面异议；和

（f）当上述利益仍属联邦时，购买者向联邦支付与该利益价值相同的金额；

官方受托人必须安排将其他利益转移给相关个人。

（2）如果被送达根据第（1）款（d）项与在该项中提及的其他财产有关通知的个人，在该项规定的期间内，向部长和*官方受托人提交反对其他利益购买的书面通知：

（a）部长；或

（b）为本款目的由部长授权的*高级部门官员；

可以指示官方受托人转移其他利益给该人。

第4目　撤销定罪对没收的影响

第107条　撤销定罪对没收的影响

（1）根据第92条，与个人定罪有关的联邦对财产的没收不再有效，如果：

（a）该人的定罪随后被*撤销；和

（b）该没收亦不与该人其他尚未被撤销的定罪相关；和

（c）*负责机构未在该定罪被撤销后的14天内，向签发根据第92条第（1）款（b）项规定的*限制令的法院申请确认该没收。

（2）但是，除非以及直到法院决定上述申请，定罪的*撤销并不影响没收：

（a）在该定罪撤销后的14天内；和

（b）*负责机构提出上述申请。

第108条　申请没收确认的通知

（1）*负责机构必须将申请没收确认的书面通知送至：

（a）定罪被*撤销的个人；和

（b）任何主张或没收前主张与被没收所涉财产有*利益关系的个人；和

（c）任何机构有理由相信在没收前可能与财产有利益关系的个人。

【注释】如果机构确认申请没收令，其亦可根据第3章第1节申请讯问令。

（2）审理申请的法院，在最终裁定申请前的任何时间，可以指示*负责机构发布或公布申请的通知给特定的个人或群体。法院也可以规定通知发布或公布的时间和方式。

第109条　申请没收确认的程序

（1）任何主张与被没收所涉财产有*利益关系的个人，可以在审理没收确认的申请时出庭和作证。

（2）法院在裁定申请时，可以考虑：

（a）针对该人的任何程序审理记录：

i 该人被定之罪；或

ii 如果该人因第331条第（1）款（c）项被视为已经定罪——在上述条文规定的其他犯罪；

包括与该定罪有关的任何上诉；和

（b）在任何上述程序中举出的证据。

第110条　法院可以确认没收

（1）如果法院确信以下信息，法院可以确认没收：

（a）如果在第92条第（1）款（b）项提及的*限制令的*负责机构根据该条申请命令，其可以根据第47条签发与该人被*撤销的定罪相关的*没收令；或

（b）如果该机构根据该条申请命令，其可以根据第49条签发与该人被撤销的定罪相关的没收令。

（2）出于第（1）款（a）项和（b）项的目的，第47条第（1）款（b）项或第49条第（1）款（b）项的要求被视为已满足（视情况而定）。

第111条　法院对没收确认决定的影响

（1）若法院根据第110条第（1）款（a）项确认没收，该没收不受该人定罪的*撤销的影响。

（2）若法院根据第110条第（1）款（b）项确认没收：

（a）被没收涉及的财产范围是：

i 任何情况下——该犯罪的*收益；或

ii 如果该犯罪是*严重犯罪——该犯罪的*工具；

该没收将视为不受该人定罪的*撤销而影响；但是

（b）被没收涉及的财产范围是：

i 任何情况下——非该犯罪的收益；和

ii 若该犯罪是严重犯罪——非该犯罪的工具；

该没收失效。

（3）如果法院决定对该没收不予确认，该没收失效。

第112条　在法院决定确认没收前，官方受托人禁止处理被没收的财产

在下述期间内：

（a）从该人定罪被*撤销之日起；和

（b）至法院决定是否确认没收时止；

*官方受托人严禁做任何第100条规定的，与被没收涉及的财产或基于上述财产的处理获得金钱相关的事项。

第113条 如果没收因定罪的撤销失效，给出通知

（1）本条对特定的财产适用，如果：

（a）根据第92条该财产被联邦没收，但根据第107条或第111条第（3）款，该没收失效；或

（b）根据第92条该财产被联邦没收，但根据第111条第（2）款，该没收对上述财产失效。

（2）在第92条第（1）款（b）项提及的*限制令的*负责机构必须在该没收失效后，尽快将停止的书面通知给予该机构有理由相信在没收前与上述财产有*利益关系的任何个人。

（3）如果法院要求，*负责机构必须发布或公布停止通知给特定的个人或群体。法院也可以规定通知发布或公布的时间和方式。

（4）根据本条发出的通知必须包括对效力的陈述，即主张与上述财产有*利益关系的个人，可以根据第114条申请转移该利益或其价值给该人。

第114条 当没收失效后返还财产等

（1）*官方受托人必须安排：

（a）若根据第92条被联邦没收的财产属于联邦——将财产中的*利益转移给在没收前主张已经在该财产中享有利益的个人；或

（b）若根据第92条被联邦没收的财产不再属于联邦——将与该财产中该利益价值等同的金额支付给该人；

如果：

（c）根据第107条或第111条，该没收已经失效；和

（d）该人向官方受托人书面申请将该利益转移给该人；和

（e）该人当时在该财产中有上述利益。

（2）如果*官方受托人必须安排财产被转移，官方受托人也可以代表联邦，做或者授权做任何使转移生效必要或便利的事项。

（3）不限于第（2）款，在该款下可以做或者授权做的事项包括：

（a）签署任何文件；和

（b）向任何合适的登记机构申请财产中*利益的登记。

第4节　罚金令

第115条　本节概要

> 如果特定的犯罪已经实施，罚金令可以被签发，要求个人向联邦支付金钱，基于：
> （a）个人已从上述犯罪中获得的利益；和
> （b）（在某些情况下）该人已从其他非法活动中获得的利益。
> （个人已被定罪并非总是必要条件。）

第1目　签发罚金令

第116条　签发罚金令

（1）有*收益管辖权的法院必须签发要求个人向联邦支付金钱的命令，如果：

（a）*犯罪收益追缴机构申请命令；和

（b）法院确信以下之一或两者：

i 该人已被定为*可公诉罪，并且已从犯罪的实施中获得*利益；

ii 根据第（2）款，该人已实施*严重犯罪。

【注释】被定为可公诉罪或者有合理的理由怀疑实施可公诉罪，可以作为第2章第1节涉及该人所有或部分财产限制令的依据。

（3）为裁定个人是否已获得了*利益，法院可以将在法院看来处于该人*有效控制下的任何财产视为该人的财产。

（4）法院签发与犯罪相关的*罚金令的权力，不受与上述犯罪有关的另一个*罚没令的存在影响。

【注释】若罚金令的先前申请已提出，则申请罚金令时有限制，见第135条。

第117条　与严重犯罪定罪有关的罚金令的签发

（1）法院严禁签发与个人*严重犯罪定罪相关的*罚金令，直至从*定罪日起的6个月届满后才可签发罚金令。

（2）但是，如果该人被定罪的法院有*收益管辖权，当法院对该人量刑时，其可以签发有关该人定罪的*罚金令。

【注释】根据本款签发的罚金令不能在6个月内执行，见第104条第（3）款。

（3）如果根据第331条第（1）款（d）项，该人被视为已经被判*严重犯罪，则第（1）款不适用。

第118条　如果该人已经潜逃，罚金令的签发

（1）根据第331条第（1）款（d）项，如果个人被视为已定*可公诉罪，法院严禁签发与该人定罪有关的*罚金令，除非：

（a）法院确信，根据对可能性的权衡，该人已经*潜逃；和

（b）下列情况之一：

i 该人已因该罪被羁押候审；或

ii 法院确信，考虑到所有提交的证据，理性的陪审团经由合适的指导，能够合法地裁决该人有罪。

第119条　辅助命令

签发*罚金令的法院或者任何其他本可以签发罚金令的法院，可以在其签发罚金令之时或在之后的时间签发辅助罚金令的命令。

第120条　宣告无罪不影响罚金令

个人被指控的犯罪已被宣告无罪的事实，不影响法院对该犯罪签发*罚金令的权力。

第2目　罚金数额

第A分目　一般规定

第121条　裁定罚金数额

（1）个人根据*罚金令被要求支付给联邦的数额（罚金数额）是法院根据本目裁定的数额。

（2）如果与命令相关的犯罪不是*严重犯罪，*罚金数额由以下因素决定：

（a）根据第B分目评估的该人从犯罪实施中获取的*利益的价值；和

（b）从上述价值中，减去根据第C分目评估的罚金数额中所有（如果有）减免的总数。

（3）如果与该命令相关的犯罪是*严重犯罪，*罚金数额由以下因素决定：

（a）根据第B分目评估的该人从下列活动中获取的*利益的价值：

i 上述犯罪的实施；和

ii 根据第（4）款，任何构成*非法活动的其他犯罪的实施；和

（b）从上述价值中，减去根据第C分目评估的罚金数额中所有（如果有）减免的总数。

【注释】根据第D分目，罚金令可以调整，以便在某些案件中增加罚金的数额。

（4）第（3）款（a）项 *ii* 不适用于非*恐怖主义犯罪，除非该犯罪在以下期间实施：

（a）在以下期间内：

i 如果该人部分或全部财产或处于该人*有效控制下的财产被*限制令涉及——在限制令申请前的6年内；或

ii 其他情况下——在*罚金令申请前的6年内；或

（b）自限制令或罚金令的申请提出后的期间。

第B分目　从犯罪实施中获取利益的价值

第122条　法院需考虑的证据

（1）在评估个人从一个或多个犯罪（违法活动）实施中已获取的*利益价值时，法院需考虑如下所有或任何一项的证据：

（a）因违法活动，金钱或者除金钱之外财产的价值，由该人或他人所有或控制；

（b）因违法活动，任何其他利益的价值被提供给该人或他人；

（c）如果任何的违法活动包含从事有关*麻醉药物的行为或事件：

i 在该犯罪发生时，相似或实质相似的麻醉药物的市场价值；和

ii 从事相似或实质相似的行为或事件时，通常支付的数额或数额的范围；

（d）*个人财产在违法活动之前、之中和之后的价值；

（e）在违法活动之前、之中和之后该人的收入和支出。

（2）在审理*罚金令申请时，对麻醉药物犯罪侦查很有经验的*警官或*海关官员，可以基于其信息、知识和信念作证：

（a）在特定的时间或特定的时期内，麻醉药物市场价值的金额；或

（b）在特定的时间或特定的时期内，从事有关麻醉药物的行为或事件通常支付的数额或数额的范围。

（3）该官员在第（2）款下的证言：

（a）尽管有与传闻证据有关的法律规则或实践，但在审理过程中可被采纳；和

（b）是待证事项的初步证据。

第123条　获取利益的价值——非严重犯罪

（1）如果：

（a）与个人一个或多个犯罪（违法活动）有关的*罚金令的申请已经提出；和

（b）该犯罪不是*严重犯罪或以上犯罪均非严重犯罪；和

（c）在审理申请中，证据显示，在违法活动期间或之后*个人财产的价值超过在违法活动之前该人财产的价值；

法院将该人从违法活动实施中获取*利益的价值，视为不少于最大超出的金额。

（2）根据本条被视为*利益价值的数额将会在一定范围内扣除，如果法院确信超出数额的原因与违法活动无关。

第124条　获取利益的价值——严重犯罪

（1）如果：

（a）与个人一个或多个犯罪（违法活动）有关的*罚金令的申请已经被提出；和

（b）该犯罪是*严重犯罪，或一个或多个犯罪是严重犯罪；和

（c）在审理申请时，证据显示，在下述活动之中或之后，*个人财产的价值超过了在违法活动和其他非法活动前该人财产的价值：

i 违法活动和其他；或

ii 该人已参与的构成*恐怖主义犯罪的任何其他*非法活动；或

iii 在第（5）款规定的期间内，该人参与的不构成恐怖主义犯罪的任何其他非法活动；

法院将该人从违法活动实施中获取*利益的价值，视为不少于最大超额金额。

（2）根据第（1）款被视为*利益价值的金额会在一定范围内扣除，如果法院确信超出数额的原因与以下无关：

（a）违法活动；或

（b）该人已参与的构成*恐怖主义犯罪的任何其他*非法活动；或

（c）在第（5）款规定的期间内，该人参与的不构成恐怖主义犯罪的任何其他非法活动；

（3）如果在审理申请时，证据显示该人在第（5）款规定期间内有支出，除非有相反的证据，否则该支出的金额被推定为是因违法活动而提供给该人*利益的价值。

（4）第（3）款不适用于根据第（1）款已考虑的因获取财产导致的支出。

（5）第（1）款（c）项 *iii* 、第（2）款（c）项及第（3）款目的中的期间是：

（a）如果该人部分或全部的财产或处于该人*有效控制下的财产被*限制令涉及——在限制令申请前的6年内；

（b）其他情况下——在*罚金令申请前的6年内；

同时包括自限制令或罚金令申请提出的期间。

第125条　在评估时利益可能的价值

（1）根据本分目的目的，在量化*利益的价值时，法院可以将该利益的价值视为，在法院评估该利益的价值时，该利益所应具有的价值。

（2）不限于第（1）款，法院可以考虑在*利益被获取至法院进行评估期间金钱购买力的下降。

第126条　不减少利益价值的事项

在评估个人已从一个或多个犯罪（违法活动）实施中获取的*利益时，下述事项不能被扣除：

（a）因违法活动引起的该人的费用或支出；

（b）该人作为*代理人或代表他人获取的任何利益的价值（不论他人是否收到任何利益）。

第127条 已受罚金令限制的利益

（1）根据本分目的目的，如果罚金令已根据如下法律被施加于相关利益之上，则该*利益不计入考虑：

（a）本法；或

（b）《1901年关税法》第13节第3目；或

（c）领地法律；或

（d）州法。

（2）根据本分目的目的，为避免疑问，根据*名声收益命令应支付的金钱属于罚金性质。

第128条 处于个人有效控制下的财产

在评估个人已获取的*利益价值时，法院可以将任何在法院看来处于该人*有效控制下的财产视为该人的财产。

第129条 破产受托人所有的财产效力

在评估个人已获取的*利益价值时，*个人财产被视为继续是该人的财产，如果其属于以下任何一者所有：

（a）破产——破产不动产的受托人；或

（b）《1966年破产法》第4节第6目中的和解性债务清偿协议或债务协议——和解性债务清偿协议或债务协议的受托人；或

（c）《1966年破产法》第10节中的个人破产协议——协议的受托人；或

（d）与根据《1966年破产法》第11节已签发的命令相关的死者的不动产——不动产的受托人。

第C分目　减少罚金数额

第130条　考虑没收和计划的没收减少罚金数额

针对个人*罚金令的*罚金数额会被减少，减少的数额是在签发命令时与该命令有关的*非法活动*收益的任何财产价值相同的数额，如果：

（a）根据本法或联邦的另一部法律，或根据*非自治领地的法律，与该命令有关的犯罪财产已被没收；或

（b）涉及该财产的*没收令申请已提出。

第131条　考虑支付的税收减少罚金数额

在命令签发前支付的税收

（1）法院必须对个人*罚金令减少*罚金数额，如果在法院看来，减少的数额代表了该人已支付的税收能够折抵该命令所涉*利益的范围。

在命令签发后支付的税收

（1A）如果法院认为，为司法利益如此做合适，法院可以减少针对个人的*罚金令的*罚金数额，如果在法院看来，减少的数额代表了该人在命令申请前后已支付的税收能够折抵该命令所涉*利益的范围。

由本条涉及的税收

（2）根据本条，要支付的税收可以是根据联邦、州、领地或外国法律的税收。

第132条　考虑罚款等减少罚金数额

如果法院认为适当，可以减少针对个人*罚金令的*罚金数额，减少的数额等同于该人就该命令涉及的有关犯罪已通过罚金、恢复原状、补偿或损害赔偿支付的数额。

第D分目　变更罚金令以增加罚金数额

第133条　变更罚金令以增加罚金数额

（1）如果第（2）款、第（2A）款和第（3）款中的一款或多款适用，法院可以根据*负责机构的申请，通过增加*罚金数额变更针对个人的*罚金令。每个增加的数额在相关的条款中有规定。

（2）*罚金数额可以增加，如果：

（a）根据第130条，考虑到针对财产的没收或计划的*没收令，罚金数额已减少；和

（b）针对没收或没收令的上诉已经允许或计划没收令的程序已终结，但计划的没收令未被签发。

增加的数额与该财产的价值等同。

（2A）*罚金数额可以增加，如果：

（a）根据第130条，考虑到针对财产的没收或计划的*没收令，罚金数额已减少；和

（b）以下一种命令已经被签发：

i 根据第73条或第94条从没收中排除财产*利益的命令；

ii 根据第77条或第94A条（处理补偿令）指示联邦支付并非从犯罪实施中获得或实现的财产利益的数额命令；

iii 根据第102条与财产利益相关的命令；

增加的数额是法院认为合适的数额。

（2B）为了第（2A）款的目的，在裁决增加的数额时，法院可以考虑：

（a）如果第（2A）款（b）项 i 或 iii 适用——在命令签发时利益的价值；和

（b）如果第（2A）款（b）项 ii 适用——联邦被要求支付的价值；和

（c）任何法院认为相关的事项。

（3）*罚金数额可以增加，如果：

（a）根据第131条，考虑到该人已支付的税收数额，罚金数额已减少；和

（b）关于该税收，一定的数额已被偿还或返还给该人。

增加的数额与偿还或返还的数额相同。

（4）*负责机构的申请可以处理相同*罚金数额多个增加。

第3目 罚金令如何获取

第134条 犯罪收益追缴机构可以申请罚金令

（1）*犯罪收益追缴机构可以申请*罚金令。

（2）如果该申请有关个人*严重犯罪的定罪，申请必须在下列时间之前提出：

（a）*定罪日后的9个月内；或

（b）如果*延期令在上述期间结束时仍有效——在与延期令有关的延长期限结束后的3个月内。

（3）如果该申请涉及个人非*严重犯罪的*可公诉罪的定罪，该申请必须在*定罪日后的6个月内提出。

（4）提出的申请可以与一个或多个犯罪相关。

（5）与犯罪相关的*罚金令的申请可以提出，即使：

（a）与犯罪相关的*没收令已被签发或对上述没收令的申请已提出；或

（b）第2章第3节（严重犯罪定罪的没收）适用于该犯罪。

（6）尽管有第（2）款和第（3）款的规定，但审理申请的法院如果确信允许申请符合司法利益，可以准许在根据上述条款规定的时间后提出的申请。

第135条 罚金令的附加申请

（1）除非法院许可，*犯罪收益追缴机构严禁申请针对个人基于犯罪实施获取的*利益的*罚金令，如果：

（a）针对该人从犯罪实施中获取利益的罚金令申请先前已被提出：

i 根据本目；或

ii 根据联邦的另一部法律；或

iii 根据*非自治领地的法律；和

（b）该申请已最终被实体裁定。

（2）法院严禁许可，除非其确信：

（a）与新申请相关的*利益仅在第一次申请被裁定后确认；或

（b）必要的证据仅在第一次申请被裁定后可获得；或

（c）授予许可符合司法利益。

（3）为本条目的，对*名声收益命令的申请不是对罚金令的申请。

第136条　申请的通知

（1）*负责机构必须将书面的申请通知给个人，该人是指受*罚金令约束的个人。

（2）*负责机构必须在通知中包含申请书，以及支持该申请的任何宣誓书副本。

（3）*负责机构必须在审理申请前的合理时间内，将支持申请书的宣誓书副本给予将会受*罚金令约束的个人。

第137条　申请的修正

（1）审理申请的法院可以修正该申请：

（a）根据*负责机构的申请；或

（b）经该机构同意。

（2）但是，法院严禁修正申请以在申请中包含附加的*利益，除非其确信：

（a）在申请最初被提出时，该利益尚未能被合理确认；或

（b）必要的证据仅在该申请最初提出后可得。

（3）在申请修正以在申请中包含附加的*利益时，*负责机构必须将书面修正申请的通知给*罚金令针对的个人。

第138条 申请的程序

（1）在*罚金令签发后受制于罚金令的个人可以在审理申请时出庭和作证。

（2）法院在裁定申请过程中可以考虑如下事项：

（a）针对该人构成*非法活动的犯罪的任何程序的庭审记录；和

（b）在任何上述程序中提出的证据。

第139条 在个人被定罪前向法院申请

如果对*罚金令的申请，是在个人被定为*可公诉罪前向法院提出的：

（a）该申请可以由法院处理；和

（b）任何与相关命令有关的权力可以由法院行使；

不论法院的组成与该人被判可公诉罪时的组成是否一致。

第4目 罚金令的执行

第140条 罚金令的执行

（1）个人基于*罚金令向联邦支付的金额是该人向联邦支付的民事债务。

（2）针对个人的*罚金令可以被执行，如同其是由联邦构建的民事程序中签发的针对该人，追缴该人对联邦债务的命令。

（3）但是，如果命令是根据第117条第（2）款，在与命令有关的犯罪者被量刑时签发，针对该人的命令在签发后的6个月内不能被执行。

（4）基于命令产生的债务被视为是判定债务。

（5）如果针对个人的*罚金令在该人死亡后签发，本条文仍有效，视该人在命令签发当日死亡。

第141条　财产处于个人有效控制下

（1）如果：

（a）个人受*罚金令约束；和

（b）*负责机构根据本条向法院申请命令；和

（c）法院确信特定的财产处于该人*有效控制下；

法院可以签发命令，宣告全部或者特定部分的财产足以满足罚金令。

（2）第（1）款的命令可以针对上述财产执行，视该财产是其*个人财产。

（3）关于上述财产的*限制令可以被签发，如同：

（a）该财产是其*个人财产；和

（b）该人已实施*严重犯罪。

（4）如果*负责机构就根据第（1）款申请针对特定财产的命令，负责机构必须将书面的申请通知给：

（a）受制于*罚金令的个人；和

（b）任何该机构有理由认为可能与该财产有*利益关系的个人。

（5）受制于*罚金令的个人，以及任何主张与该财产有*利益关系的个人，可以在审理申请时出庭和作证。

第142条　受制于限制令的财产抵押

（1）如果：

（a）*罚金令针对个人*可公诉罪签发；和

（b）签发或已签发的*限制令，针对：

i *个人财产；或

ii 与根据第141条第（1）款签发或已签发的命令相关的另一个人的财产；和

（c）限制令与上述犯罪或*相关犯罪有关；

那么，在之后的命令签发时，通过本条的实施，对该财产设置抵押，以保障向联邦支付的*罚金数额。

（2）关于该财产的抵押失效：

（a）如果*罚金令针对该人*可公诉罪的定罪签发，并且该定罪被*撤销——根据第5目命令被撤销时；或

（b）审理针对该命令签发上诉的法院撤销该罚金令或*限制令时；或

（c）为满足罚金令的要求，向联邦支付*罚金数额时；或

（d）对财产出售或进行其他处理时：

i 根据第4章第1节第4目的命令；或

ii 由签发罚金令的法院同意下的财产所有人进行；或

iii 如果限制令指示*官方受托人监管和控制该财产——由官方受托人同意的财产所有人进行；或

（e）有偿出售该财产给购买者时，购买时未察觉该抵押的善意购买者；

不论何者先发生。

（3）该抵押：

（a）受制于在该抵押前已存在的该财产上的*权利主张［在第（1）款（a）项提及的与个人有*利益关系的权利主张除外］，以及除本款外，对该抵押有优先权；和

（b）对所有其他的权利主张有优先权；和

（c）根据第（2）款，不受该财产所有权的任何变更影响。

（4）《2009年个人财产保险法》第73条第（2）款适用于该抵押（根据该法律与抵押的财产相关的程度）。

【注释1】本条的效力是，在《2009年个人财产保险法》适用时，裁定财产中抵押和保险利益的优先性时，应当与本法保持一致，而不是根据《2009年个人财产保险法》。

【注释2】《2009年个人财产保险法》第73条第（2）款适用于在第（4）款实施后根据本条创设的抵押（在《2009年个人财产保险法》的含义内，其在登记开始期间）。

第143条 抵押可以被登记

（1）如果：

（a）抵押根据第142条在特定种类的财产上创设；和

（b）联邦、州或领地的任何法律条款，规定了对该种类财产的产权或抵押登记；

*官方受托人或在该条提及的*罚金令或*限制令的*负责机构可以根据上述法律条文，使上述被创设的抵押得以登记。

（2）在抵押登记后，根据第142条第（2）款（e）项的目的，购买或以其他方式获取财产中的*利益的个人，被视为在购买或获取时已意识到该抵押的存在。

（3）在本条：

根据该法第148条（c）项的目的，在《2009年个人财产保险法》的含义内的个人财产特定种类的抵押登记包括与该种类财产相关的数据的登记。

【注释】《2009年个人财产保险法》规定，只有在为该法第148条（c）项的目的制定条文时，才可以登记上述数据。

第144条 罚金数额超出法院管辖权

（1）如果：

（a）法院签发特定数额的*罚金令；和

（b）法院对数额等同上述数额的债务追缴没有管辖权；

法院的登记官必须签发包含规定的详细情形的证明书。

（2）与规定一致，该证明书可由对相关命令数额一致的债务追缴有管辖权的法院登记。

（3）法院登记后，该证明书可以全面实施，作为支持联邦的法院最终判决。

第5目 定罪被撤销对罚金令的影响

第145条 如果与定罪无关，罚金令不受影响

基于犯罪但并非基于个人定罪签发的*罚金令不受影响，如果个人被定罪并且定罪随后被*撤销。

第146条 如果与定罪有关，罚金令被撤销

（1）根据第（2）款和第（3）款，基于个人定罪签发的*罚金令被撤销，如果：

（a）该人与命令有关的定罪随后被*撤销；和

（b）*负责机构并未在该定罪被撤销后的14天内，向签发命令的法院申请确认或变更该命令。

（2）但是，除非以及直到法院决定上述申请，定罪的*撤销不影响*罚金令：

（a）该定罪被撤销的14天内；和

（b）如果*负责机构提出上述申请。

（2A）为避免异议，*负责机构可以提出申请确认命令和变更命令，且法院可以同时审理两个申请。

（3）与个人定罪有关的*罚金令被撤销，如果：

（a）如果该人的定罪随后被*撤销；和

（b）命令不与任何其他犯罪相关；和

（c）犯罪不是*严重犯罪。

第147条 申请罚金令确认或变更的通知

*负责机构必须将申请*罚金令确认或变更的书面通知给个人。

【注释】如果机构申请确认或变更罚金令，其亦可根据第3章第1节申请讯问令。

第148条　申请罚金令确认或变更的程序

（1）个人可以在审理罚金令确认或变更申请时出庭并举证。

（2）法院在裁定申请的过程中，可以考虑：

（a）针对该人关于如下犯罪的任何程序的庭审记录：

i 该人被定之罪；或

ii 如果该人因第331条第（1）款（c）项视为被定罪——在该款规定的其他犯罪；

包括与定罪相关的任何上诉；和

（b）在任何上述程序中提交的证据。

第149条　法院可以确认罚金令

法院可以确认*罚金令，如果法院确信，当*负责机构申请命令时，法院可不依赖于该人被*撤销的定罪签发该命令。

第149A条　法院可以变更罚金令

（1）法院可以变更*罚金令，通过减少根据第（2）款计算出的*罚金数量，如果法院确信：

（a）命令与不止一个犯罪有关；和

（b）当*负责机构申请命令时，法院本可以签发与已经被*撤销的至少一个犯罪相关的命令。

（2）数额等同于法院认为合理的归因于个人犯罪的*罚金数额：

（a）与*罚金令有关；和

（b）已经被*撤销。

（3）在决定根据第（2）款应当被减少的*罚金数额时，法官可以考虑：

（a）在第148条第（2）款提及的庭审记录和证据；和

（b）在*罚金令的申请或变更命令申请的诉讼程序中提出的庭审记录和证据；和

（c）任何其他法院认为相关的事项。

第150条　法院对罚金令确认或变更决定的效力

（1）如果法院根据第149条确认*罚金令，或根据第149A条变更罚金令，则该罚金令不受*撤销该人定罪的影响。

（2）如果法院决定不确认或变更*罚金令，该命令被撤销。

第5节　名声收益命令

第151条　本节概要

> 如果特定的犯罪已经实施，可以签发名声收益命令，命令其向联邦支付个人从上述犯罪中获取的名声收益（个人已被定罪并非必要条件）。

第1目　签发名声收益命令

第152条　签发名声收益命令

（1）有*收益管辖权的法院可以签发命令要求个人向联邦支付金额，如果：

（a）*犯罪收益追缴机构申请该命令；和

（b）法院确信该人已实施*可公诉罪（不论该人是否已被定罪）；和

（c）法院确信该人已从犯罪中获得*名声收益。

（2）有*收益管辖权的法院可以签发命令要求个人向联邦支付金额，如果：

（a）*犯罪收益追缴机构申请该命令；和

（b）法院确信该人已实施*外国可公诉罪（不论该人是否被定罪）；和

（c）法院确信该人已从犯罪中在*澳大利亚获得*名声收益。

（3）但是，该*名声收益必须在本法生效后获得。

【注释】根据第14条的规定，与该命令相关的犯罪是在本法生效之前还是之后实施的并不重要。

（4）法院签发有关犯罪*名声收益命令的权力，不受与上述犯罪有关的其他*罚没令的存在影响。

第153条　名声收益的含义

（1）*名声收益是指个人从对如下事项的商业利用中获取的任何*利益：

（a）个人因实施*可公诉罪或*外国可公诉罪直接或间接获得的名声；或

（b）另一参与上述犯罪实施的个人，因第一个提及的个人实施上述犯罪产生的名声。

（2）商业利用可以通过任何形式，包括：

（a）以书面或电子形式出版任何材料；或

（b）对可以产生视觉图像、文字或声音的媒介的任何使用；或

（c）任何现场娱乐、演出或采访。

（3）如果该犯罪是*可公诉罪，其与该*利益从*澳大利亚境内或境外获取无关。

（3A）如果该犯罪是*外国可公诉罪，*利益不被视为*犯罪收益，除非该利益是从*澳大利亚获得或转移至澳大利亚。

（4）在裁定如下事项时：

（a）个人是否已获得了*名声收益；或

（b）个人已获取的名声收益的价值；

根据法院的观点，法院可以将下列任何财产视为该人的财产：

（c）处于该人*有效控制下；或

（d）未被该人接收，但是被转移或（金钱情形下）被支付给另一个在该人指示下的个人。

第154条 决定是否签发名声收益命令时考虑的因素

在决定是否签发*名声收益命令时，法院：

（a）必须考虑：

i 获取该*名声收益的物品或活动的性质和目的；和

ii 提供该物品或实施该活动是否符合公共利益；和

iii 该物品或活动的社会、文化或教育价值；和

iv 该物品或活动所涉犯罪的严重程度；和

v 该犯罪在多久前被实施；和

（b）可以考虑其他法院认为合适的事项。

第155条 附加的名声收益命令

针对个人的相同犯罪，不止一个的*名声收益命令可以被签发。

第156条 辅助命令

签发*名声收益命令的法院或者任何其他本可签发名声收益命令的法院，在其签发名声收益命令时或之后，可以签发名声收益命令的辅助命令。

第157条 宣告无罪不影响名声收益命令

个人被指控的犯罪已被宣告无罪的事实，不影响法院针对该犯罪签发*名声收益命令的权力。

第2目 名声收益数额

第158条 裁定名声收益数额

（1）根据*名声收益命令，个人被要求支付给联邦的数额（*名声收益

125

数额），是法院认为合适的数额。

（2）但是，该数额：

（a）严禁超过与命令有关犯罪的*名声收益数额减去根据第159条产生的扣除后的数额；和

（b）根据第160条，可以进一步地被减少。

（3）在裁定*名声收益数额时，法院要考虑它认为合适的事项，包括以下的任何一项：

（a）与该犯罪相关的*名声收益数额；

（b）如果该人因犯罪受审——在该犯罪庭审程序中举出的证据；

（c）如果该人被定罪——该量刑程序的庭审记录。

第159条　名声收益数额的扣除

在裁定针对个人*名声收益命令的*名声收益数额时，法院必须扣除以下各项：

（a）该人获取该*名声收益的任何费用和开支；

（b）根据如下命令，该人被没收的任何财产的价值：

i *没收令；或

ii *州际没收令；或

iii *外国没收令；

与该名声收益命令涉及的犯罪相关，该财产是名声收益的范围。

（c）根据如下命令，该人支付的任何数额：

i *罚金令；或

ii 根据《1901年关税法》第243B条的命令；或

iii *州际间罚金令；或

iv *外国罚金令；

与该名声收益命令涉及的犯罪相关，该数额是名声收益的范围；

（d）任何先前已签发的名声收益命令的数额，该名声收益命令是针对该人基于实施待决犯罪而产生的个人名声的相同利用。

第160条 考虑税收的支付，减少名声收益数额

（1）法院可以减少针对个人的*名声收益命令的*名声收益数额，如果在法院看来，该数额代表了该人已支付的税收能够折抵该命令所涉*名声收益数额的范围。

（2）要支付的税收可以是根据联邦、州、领地或外国法律的税收。

第161条 变更名声收益命令以增加名声收益数额

（1）如果第（2）款、第（3）款以及第（4）款中的一个或多个适用，根据*负责机构的申请，法院可以变更针对个人的*名声收益命令，以增加*名声收益的数额。每个增加的数额在相关条文中均有规定。

（2）*名声收益数额可以增加，如果：

（a）根据*没收令、*州际没收令或*外国没收令被没收的个人财产的价值，根据第159条（b）项，从名声收益数额中扣除；和

（b）针对该没收或该命令的上诉被许可。

增加的数额与该财产的价值相同。

（3）*名声收益数额可以增加，如果：

（a）根据*罚金令、《1901年关税法》第243B条的命令、*州际间罚金令或*涉外罚金令支付的数额，根据第159条（c）项，从名声收益数额中扣除；和

（b）针对该支付的数额或针对该命令的上诉被许可。

增加的数额与支付的数额等同。

（4）*名声收益数额可以增加，如果：

（a）在裁定*名声收益数额时，法院考虑到，根据第160条，受制于该命令的个人已经支付的税收数额；和

（b）关于该税收的数额已经被偿还或退还给该人。

增加的数额与偿还或退还的数额等同。

（5）*负责机构的申请可以处理相同*名声收益数额的多个增加。

第3目　名声收益命令如何获取

第162条　犯罪收益追缴机构可以申请名声收益命令

（1）*犯罪收益追缴机构可以申请*名声收益命令。

（2）申请可以针对一个或多个犯罪提出。

第163条　申请的通知

（1）*负责机构必须将书面的申请通知给予个人，个人是指若名声收益命令签发会受制于该*名声收益命令的人。

（2）*负责机构必须在通知中包含申请书，以及支持该申请的任何宣誓书副本。

第164条　申请的修正

（1）审理申请的法院可以修正申请：

（a）由*负责机构申请；或

（b）经该机构同意。

（2）但是，法院严禁修正申请以包含附加的*名声收益在申请中，除非法院确信：

（a）申请最初提出时，该名声收益无法被合理确认；或

（b）必要的证据仅在该申请最初被提出后变得可得。

（3）如果：

（a）*负责机构申请修正针对个人的*名声收益命令；和

（b）修正的效力将在申请中包含附加的*名声收益；

机构必须给予该人修正申请的书面通知。

第165条 申请的程序

*名声收益命令签发后受其限制的个人，可以在审理该申请时出庭和作证。

第166条 个人被定罪前向法院申请

如果*名声收益命令的申请是在个人被定*可公诉罪前向法院提出的：

（a）该申请可由法院处理；和

（b）与相关命令有关的任何权力可由法院行使；

不管法院的构成与个人被定可公诉罪时的构成是否一致。

第4目 名声收益命令的实施

第167条 名声收益命令的实施

（1）个人根据*名声收益命令向联邦支付的数额是该人应向联邦支付的民事债务。

（2）针对个人的*名声收益命令可以被执行，视其是由联邦构建的民事程序中签发的针对该人，追缴该人对联邦债务的命令。

（3）根据该命令产生的债务被视为是判定债务。

第168条 财产处于个人有效控制

（1）如果：

（a）个人受制于*名声收益命令；和

（b）*负责机构根据本条向法院申请命令；和

（c）法院确信特定的财产在该人的*有效控制下；

法院可以签发命令，宣告全部或者特定部分的财产足以满足名声收益命令。

（2）根据第（1）款的命令可以针对财产执行，视该财产为*个人财产。

（3）*限制令可以针对财产签发，如同：

（a）财产是其*个人财产；和

（b）该人已实施*严重犯罪。

（4）如果*负责机构根据第（1）款申请有关特定财产的命令，该机构必须将申请的书面通知给：

（a）受限于*名声收益命令的个人；和

（b）任何该机构有理由相信可能与该财产有*利益关系的个人。

（5）受制于*名声收益命令的个人，以及任何主张与财产有*利益关系的个人，可以在审理申请时出庭和作证。

第169条　受制于限制令财产的抵押

（1）如果：

（a）*名声收益命令针对个人*可公诉罪签发；和

（b）签发或已签发的*限制令，针对：

i 其*个人财产；或

ii 与根据第168条第（1）款签发或已签发的命令有关的他人财产；和

（c）该限制令涉及上述犯罪或*相关犯罪；

那么，在之后的命令签发时，通过本条的实施，对该财产设置抵押，以保障向联邦支付的*名声收益数额。

（2）关于该财产的抵押失效：

（a）如果*名声收益命令针对个人*可公诉罪的定罪签发，并且该定罪被*撤销——根据第5目该命令被撤销时；或

（b）审理针对该命令签发上诉的法院撤销名声收益命令或*限制令时；或

（c）为满足名声收益命令的要求，向联邦支付*名声收益数额；或

（d）对财产出售或进行其他处理时：

i 根据第4章第1节第4目的命令；或

ii 由签发名声收益命令的法院同意的财产所有人进行；或

iii 若限制令指示*官方受托人监管和控制财产——由官方受托人同意的财产所有人进行；或

（e）有偿出售该财产给购买者时，购买时未察觉该抵押的善意购买者；

无论何者先发生。

（3）该抵押：

（a）受制于在该抵押前已存在的该财产上的*权利主张〔在第（1）款（a）项提及的与个人有*利益关系的权利主张除外〕，以及除本款外，对该抵押有优先权；和

（b）对所有其他的权利主张有优先权；和

（c）根据第（2）条，不受财产所有权的任何变更影响。

（4）《2009年个人财产保险法》第73条第（2）款适用于该抵押（根据该法律与抵押的财产相关的程度）。

【注释1】本条的效力是，在《2009年个人财产保险法》适用时，裁定财产中抵押和保险利益的优先性时，应当与本法保持一致，而不是根据《2009年个人财产保险法》。

【注释2】《2009年个人财产保险法》第73条第（2）款适用于在第（4）款实施后，根据本条创设的抵押（在《2009年个人财产保险法》的含义内，其在登记开始期间）。

第170条　该抵押可以被登记

（1）如果：

（a）该抵押是根据第169条在特定种类的财产上创设的；和

（b）联邦、州或领地的任何法律条文，针对上述种类的财产规定了产权登记或抵押；

在该条提及的*名声收益命令或*限制令的*官方受托人或*负责机构可以根据上述法律条文，使如此被创设的抵押得以登记。

【注释】根据第169条抵押被创设，如果名声收益命令和限制令都是针对可公诉罪（或相关犯罪）签发。

（2）在该抵押登记后，根据第169条第（2）款（e）项的目的，购买或获取财产中的*利益的个人，被视为在购买或获取时已意识到该抵押的存在。

（3）根据该法第148条（c）项的目的，在《2009年个人财产保险法》的含义内的个人财产特定种类的抵押登记包括与该种类财产相关的数据的登记。

【注释】《2009年个人财产保险法》规定，只有在为该法第148条（c）项的目的制定条文时，才可以登记上述数据。

第171条　名声收益数额超出法院司法管辖权

（1）如果：

（a）法院签发*名声收益命令；和

（b）法院对根据命令等同于*名声收益数额债务的追缴没有管辖权；

法院的登记官必须签发包含条例中规定的详细情形的证明书。

（2）与条例一致，该证明书可以由对*名声收益数额一致的债务追缴有管辖权的法院登记。

（3）法院登记后，该证明书可以全面实施，作为支持联邦的法院最终判决。

第5目　定罪被撤销对名声收益命令的影响

第172条　若非根据定罪签发，名声收益命令不受影响

如果个人被定罪并且该定罪随后被*撤销，根据犯罪而非个人定罪签发的*名声收益命令不受影响。

第173条　若根据定罪签发，名声收益命令被撤销

（1）因个人定罪签发的*名声收益命令被撤销，如果：

（a）该人的定罪随后被撤销（无论与该命令有关的该人其他定罪是否已被撤销）；和

（b）*负责机构未在该定罪被撤销后的14天内，向签发命令的法院申请确认命令。

（2）但是，除非以及直到法院决定上述申请，定罪的*撤销不影响*名声收益命令：

（a）该定罪被撤销的14天内；和

（b）如果*负责机构提出上述申请。

第174条　确认名声收益命令申请的通知

*负责机构必须将*名声收益命令确认申请的书面通知给个人。

【注释】如果负责机构申请没收令的确认，其亦可根据第3章第1节申请讯问令。

第175条　名声收益命令确认的申请程序

（1）个人可以在审理命令确认的申请中出庭并举证。

（2）法院在裁定该申请的过程中，可以考虑：

（a）针对该人关于如下犯罪的程序的庭审记录：

i 该人被定的犯罪；或

ii 如果该人因第331条第（1）款（c）项视为被定罪——在上述条文规定的其他犯罪；

包括任何针对该定罪的上诉；和

（b）在任何上述程序中提交的证据。

第176条　法院可以确认名声收益命令

法院可以确认*名声收益命令，如果法院确信，当*负责机构申请命令时，法院可以签发命令：

（a）根据该人已实施的犯罪，该犯罪与其被*撤销的定罪相关；和

（b）不需依赖个人的定罪。

第177条　法院对名声收益命令确认决定的效力

（1）如果法院根据第176条确认*名声收益命令，该命令被视为不受该人定罪*撤销影响。

（2）如果法院决定不确认*名声收益命令，该命令被撤销。

第6目　涉及未来名声收益的名声收益命令

第178条　名声收益命令可以涉及未来名声收益

（1）法院可以在*名声收益命令中包含一个或多个受制于命令的个人在将来可能获得的*利益的数额，如果法院确信：

（a）个人将会获取利益；和

（b）如果个人获取利益，利益将是与命令所涉犯罪相关的*名声收益。

（2）但是，法院严禁将上述数额包含于命令中，除非*负责机构在申请命令时要求命令包含一个或多个受制于命令的个人在将来获得的*利益数额。

（3）任何包含在命令中的数额，是法院认为个人可能在将来与所获*利益有关的*名声收益数额，如果法院在该人获取利益后签发*名声收益命令。

【注释】第2目规定了名声收益数额被裁定的方式。

第179条　与未来名声收益有关的名声收益命令的实施

如果：

（a）与受制于*名声收益命令的个人可能在将来获取的*利益相关的数额，已包含于名声收益命令；和

（b）该人随后获取上述利益；

则利益被获取后，第4目适用于该数额，视其为基于名声收益命令的*名声收益数额。

第6节　来源不明财产命令

第179A条　本节纲要

> 本节规定了与来源不明财产相关的命令的签发的情形。
>
> 预备来源不明财产命令要求个人出庭，以使法院裁定是否签发针对该人的来源不明财产命令。
>
> 来源不明财产命令是如下形式的命令，其要求个人支付特定数额，该数额等同于该人无法使法院确信并非直接或间接，来源于特定犯罪或从特定犯罪中取得的总体数额。

第1目　签发来源不明财产命令

第179B条　签发预备来源不明财产命令要求个人出庭

（1）有*收益管辖权的法院必须签发命令（*预备来源不明财产命令）要求个人出庭，以使法院裁定是否签发针对该人的*来源不明财产命令，如果：

（a）*犯罪收益追缴机构申请针对该人的来源不明财产命令；和

（b）法院确信*被授权的官员有合理根据怀疑该人的*所有财产超过了该人*合法获得的财产总额；和

（c）在第（2）款中关于申请的任何宣誓书要求已被满足。

限制令的效果

（1A）第（1）款（b）项和（c）项不适用，如果根据第20A条针对该人签发的*限制令：

（a）仍有效；或

（b）根据第44条已经被撤销。

（1B）如果第（1A）款适用，在考虑是否根据第（1）款签发命令时，法院可以考虑：

（a）*被授权官员的宣誓书：

i 支持根据第20A条提出的*限制令申请；和

ii 满足第20A条第（3）款的要求；和

（b）任何被授权官员或*犯罪收益追缴机构，在根据第20A条的诉讼程序中提供的，与第20A条第（3）款的要求相关的材料；和

（c）任何被授权官员或犯罪收益追缴机构，根据本条的诉讼程序提供的材料。

本款不限制法院考量其他因素的权力。

宣誓书要求

（2）与个人相关的*来源不明财产命令的申请，必须伴有*被授权官员的宣誓书：

（a）陈述被授权官员怀疑个人的*所有财产超过了个人*合法获得的*财产价值；和

（b）包括被授权官员持有上述怀疑的根据。

没有通知考虑申请

（3）如果*负责机构要求，法院必须根据第（1）款签发命令，即便通知未给予任何人。

拒绝签发预备来源不明财产命令

（4）尽管第（1）款已有规定，但法院可以拒绝签发*预备来源不明财产命令，如果法院确信没有合理的根据怀疑被告人的*全部财产数额超过*合法获得的*财产数额10万澳元或更多。

第179C条　申请撤销预备来源不明财产命令

（1）如果签发*预备来源不明财产命令的法院要求个人出庭，个人可以向法院申请撤销命令。

（2）申请必须在如下时间内提出：

（a）在该人被通知*预备来源不明财产命令的28天内；或

（b）如果申请在28天期间内，向法院申请延长申请撤销的时间——如果法院允许，则在更长的期间内，但不超过3个月。

（4）然而，*预备来源不明财产命令一直生效直到法院撤销命令。

（5）法院可以根据第（1）款的申请撤销*预备来源不明财产命令，如果法院确信：

（a）在签发命令时未考虑到申请撤销命令的依据；或

（b）符合公共利益；或

（c）符合司法利益。

第179CA条　申请撤销预备来源不明财产命令的通知和程序

（1）本条适用，如果个人根据第179C条申请撤销*预备来源不明财产命令。

（2）申请者可以在审理申请时出庭和举证。

（3）申请者必须给*负责机构：

（a）书面的申请通知；和

（b）支持申请的宣誓书副本。

（4）*负责机构可以在审理申请时出庭和举证。

（5）*负责机构必须给予申请者任何其用以对抗申请的宣誓书副本。

（6）通知和宣誓书的副本，根据第（3）款和第（5）款的规定，必须在审理申请前的合理时间内被给出。

第179D条　预备来源不明财产命令的撤销通知

如果*预备来源不明财产命令根据第179C条被撤销，*负责机构必须将书面的撤销通知给撤销的申请者。

第179E条　签发预备来源不明财产命令

（1）有*收益管辖权的法院必须签发命令（*来源不明财产命令）要求个人支付特定数额给联邦，如果：

（a）法院已经签发针对该人的*预备来源不明财产命令；和

（b）法院不确信个人的全部或部分财产，并非直接或间接，从如下一种或几种犯罪中获得或实现：

i 违反联邦法律的罪行；

ii *外国可公诉罪；

iia *参与州的*相关犯罪；

iii 有联邦层面的*州犯罪；

iv *领地犯罪。

（2）法院必须在命令中明确，个人需要向联邦支付的数额，是在法院看来，如下数额之间的差距部分：

（a）个人的*所有财产；和

（b）法院确信并非直接或间接，从如下一种或几种犯罪中获得或实现的财产价值总额：

i 违反联邦法律的罪行；

ii *外国可公诉罪；

iia *参与州的*相关犯罪；

iii 有联邦层面的*州犯罪；

iv *领地犯罪；

扣除根据第179J条减免的数额（减免来源不明财产的数额用于没收、罚金刑等）。

（3）在根据本条的诉讼程序中，证明个人的*财产并非直接或间接，从第（1）款（b）项中提及的一种或几种犯罪中获得或实现的责任，由该人承担。

（4）为避免异议：

（a）在考虑是否根据第（1）款签发命令时，法院可以考虑未在申请

中包含的信息；和

（b）法院可以根据第（1）款签发与个人相关的命令，即便个人未根据*预备来源不明财产命令的要求出庭。

（5）为避免异议，尽管第317条已有规定，但第（3）款仍然有效。

（6）尽管第（1）款已有规定，但法院可以拒绝根据该款签发命令，如果法院确信：

（a）个人*来源不明财产未超过10万澳元；或

（b）签发命令并不符合公共利益。

第179EA条　因无法作出允诺拒绝签发命令

（1）法院可以拒绝签发*预备来源不明财产命令或*来源不明财产命令，如果联邦拒绝或者不能向法院作出关于命令的签发和执行产生的损失或费用的支付（或两者）的适当允诺。

（2）*负责机构可以代表联邦作出上述允诺。

第179EB条　费　用

如果法院拒绝签发*预备来源不明财产命令或*来源不明财产命令，其可以签发认为合适的关于费用的任何命令，包括豁免根据。

第179F条　附属命令

（1）签发*来源不明财产命令的法院或任何本可以签发来源不明财产命令的法院，可以在命令签发时或之后签发附属命令。

（2）签发*预备来源不明财产命令的法院或任何本可以签发预备来源不明财产命令的法院，可以在命令签发时或之后签发附属命令。

第2目　来源不明财产数额

第179G条　决定来源不明财产数额

财产的定义

（1）根据本节的目的，个人*所有财产的总和，构成了该人的财产：

（a）任何时候该人拥有的财产；

（b）任何时候在该人*有效控制下的财产；

（c）任何时候该人可以处置（出售、赠予或其他）或消费的财产；

包括在本节生效前，拥有、有效控制、处置或消费的财产。

所有财产的含义

（2）个人的*所有财产是指构成*个人财产的所有财产价值的总和。

财产的价值

（3）已经被处置或消费或因任何原因不可被适用的任何财产价值，高于：

（a）其获得时财产的价值；和

（b）在其被处置、消费或停止被适用不久时财产的价值。

（4）任何其他财产的价值，高于：

（a）其获得时财产的价值；和

（b）在其签发*来源不明财产命令的申请时财产的价值。

第179H条　破产受托人所有的财产效力

在评估个人财产价值时，财产仍被视为*个人财产，如果其属于以下任何一者所有：

（a）破产——破产不动产的受托人；

（b）《1966年破产法》第4节第6目和解性债务清偿协议或债务协议——和解性债务清偿协议或债务协议的受托人；

（c）《1966年破产法》第10节的个人破产协议——协议的受托人；

（d）与根据《1966年破产法》第11节已签发的命令相关的死者的不动产——不动产的受托人。

第179J条　考虑没收、罚金刑等减少来源不明财产数额

在考虑与个人相关的*来源不明财产命令中规定的*来源不明财产数额，法院必须将如下事项的数额扣除：

（a）在签发命令时，个人基于如下命令被没收的财产价值：

i *没收令；或

ii *州际没收令；或

iii *外国没收令。

（b）个人根据以下命令已经支付的数额：

i *罚金令；或

ii *名声收益命令；或

iii 根据《1901年关税法》第243B条的命令；或

iv *州际罚金令；或

v *外国罚金令。

第179K条　变更罚金令以增加罚金数额

（1）如果第（2）款和第（3）款中适用，法院可以根据*负责机构的申请，通过增加*来源不明财产数额变更针对个人的*来源不明财产命令。增加的数额在第（2）款或第（3）款中规定。

（2）*来源不明财产数额可以增加，如果：

（a）根据第179J条（a）项，个人根据*没收令、*州际没收令或*外国没收令被没收的财产已经从来源不明财产数额中扣除；和

（b）针对没收或来源不明财产命令的上诉已经允许。

增加的数额与该财产的价值等同。

（3）*来源不明财产数额可以增加，如果：

（a）根据第179J条第（b）项，个人根据*罚金令、*名声收益命令、《1901年关税法》第243B条的命令、*州际罚金令或*外国罚金令支付的财产已经从*来源不明财产数额中扣除；和

（b）针对支付或来源不明财产命令的上诉已经允许。

增加的数额与支付的数额相同。

（4）*负责机构的申请可以处理相同*来源不明财产数额的多个增加。

第179L条　减轻特定受赡养人的生活困难

（1）签发针对*个人来源不明财产命令的法院必须签发另一个命令，当来源不明财产命令被满足时，指示联邦支付特定的数额给该人的*受赡养人，如果法院确信：

i 该来源不明财产命令可能导致受赡养人生活困难；和

ii 该特定数额会减少生活困难；和

iii 如果受赡养人已经年满18周岁——该受赡养人对该人与来源不明财产命令有关的行为不了解。

（2）该特定数额严禁超过个人*来源不明财产数额。

（3）根据本条的命令可以不止与一个该人的*受赡养人有关。

第3目　如何获得来源不明财产命令

第179M条　犯罪收益追缴机构可以申请来源不明财产命令

*犯罪收益追缴机构可以申请*来源不明财产命令。

第179N条　申请的通知

（1）本条规定了如果*犯罪收益追缴机构申请*来源不明财产命令的通知要求。

（2）如果有*收益管辖权的法院签发针对个人的*预备来源不明财产命令，*负责机构必须在命令签发后的7日内：

（a）将书面的通知给予来源不明财产命令签发可能会涉及的个人；和

（b）向个人提供来源不明财产命令的申请副本，以及如下的副本：

i 在第179B条第（2）款提及的宣誓书；或

ii 如果因为第179B条第（1A）款，无宣誓书——第179B条第（1B）款（a）项提及的宣誓书。

（2A）法院可以签发命令延长第（2）款规定的事项应当被完成的期间，但不得超过28天，如果：

（a）*负责机构在期间结束后申请命令（包括先前延长的期间）；和

（b）法院确定这样做合适。

（2B）在第（2）款中提及的期间可以延长不止一次。

（3）*负责机构必须将任何其他支持申请的宣誓书副本给予*来源不明财产命令签发可能会涉及的个人。

（4）根据第（3）款的命令的副本必须在针对命令是否签发的审理前的合理时间内给出。

第179P条 来源不明财产命令的附加申请

（1）除非法院许可，*犯罪收益追缴机构严禁申请针对个人的*来源不明财产命令。如果：

（a）针对该人的来源不明财产命令的申请先前已被提出；和

（b）该申请已最终依据法律作出裁定。

（2）法院严禁许可，除非其确信：

（a）新申请相关的*财产仅在第一次申请裁定后才确认；或

（b）必要的证据仅在第一次申请裁定后可获得；或

（c）授予许可符合司法利益。

第179Q条　申请程序及其他通知要求

（1）*来源不明财产命令签发可能会涉及的个人，可以在裁定命令是否签发的审理中出庭和举证。

（2）个人必须给予*负责机构书面通知，关于其意图对抗命令签发的依据。

（3）*负责机构可以在裁定*来源不明财产命令是否签发的审理中出庭和举证。

第4目　来源不明财产命令的执行

第179R条　来源不明财产命令的执行

（1）个人基于*来源不明财产命令向联邦支付的金额是该人向联邦支付的民事债务。

（2）针对个人的*来源不明财产命令可以被执行，如同其是由联邦构建的民事程序中签发的针对该人的、追缴该人对联邦债务的命令。

（3）基于命令产生的债务被视为是判定债务。

（4）如果针对个人的*来源不明财产命令在该人死亡后签发，本条文仍有效，视该人在命令签发当日死亡。

第179S条　财产处于个人有效控制下

（1）如果：

（a）个人受*来源不明财产命令约束；和

（b）*负责机构根据本条向法院申请命令；和

（c）法院确信特定的财产处于该人*有效控制下；

法院可以签发命令，宣告全部或者特定部分的财产足以满足来源不明财产命令。

（2）第（1）款的命令可以针对上述财产执行，视该财产是其*个人财产。

（3）法院可以根据*负责机构的申请，根据第20A条签发关于上述财产的*限制令，如果：

（a）该财产是其*个人财产；和

（b）第20A条第（1）款（c）项到（g）项的要求已满足。

（4）如果*负责机构根据第（1）款申请针对特定财产的命令，检察官必须将书面的申请通知给予：

（a）受制于*来源不明财产命令的个人；和

（b）任何机构有理由认为可能与该财产有*利益关系的个人。

（5）受制于*来源不明财产命令的个人，以及任何主张与该财产有*利益关系的个人，可以在审理申请时出庭和作证。

第179SA条 受制于限制令的财产抵押

（1）如果：

（a）*来源不明财产命令针对个人签发；和

（b）个人是签发或已签发的*限制令相关的*犯罪嫌疑人，针对：

i *个人财产；或

ii 与根据第179S条第（1）款签发或已签发的命令相关的另一个人的财产；

那么，根据后续签发的命令，通过本条的实施对该财产设置抵押，以确保从个人*来源不明财产中完成对联邦的支付。

（2）关于该财产的抵押失效：

（a）审理针对该命令签发上诉的法院撤销该*来源不明财产命令或*限制令时；或

（b）为满足来源不明财产命令的要求，向联邦支付*来源不明财产数额时；或

（c）对财产出售或进行其他处理时：

i 根据第4章第1节第4目的命令；或

ii 由签发来源不明财产命令的法院同意下的财产所有人进行；或

iii 如果限制令指示*官方受托人监管和控制该财产——由官方受托人同意的财产所有人进行；或

（d）有偿出售该财产给购买者时，购买时未察觉该抵押的善意购买者；或

（e）来源不明财产命令或者限制令的*负责机构，通过书面决定，关于财产的抵押停止生效。

不论何者先发生。

（3）该抵押：

（a）受制于在该抵押前已存在的该财产上的*权利主张［除了在第（1）款（a）项中提及的与个人有*利益关系的权利主张］，以及除本款外，对该抵押有优先权；和

（b）对所有其他的权利主张有优先权；和

（c）根据第（2）款，不受该财产所有权的任何变更影响。

（4）《2009年个人财产保险法》第73条第（2）款适用于该抵押（根据该法律与抵押的财产相关的程度）。

【注释】本条的效力是，在《2009年个人财产保险法》适用时，裁定财产中抵押和保险利益的优先性时，应当与本法保持一致，而不是根据《2009年个人财产保险法》。

（5）根据第（2）款（e）项作出的裁定不属于立法文件。

第179SB条 抵押可以被登记

（1）如果：

（a）抵押根据第179SA条在特定种类的财产上创设；和

（b）联邦、州或领地的任何法律条款，规定了对该种类财产的产权或抵押登记；

在该条提及的*来源不明财产命令或*限制令的*官方受托人或*负责机构可以根据上述法律条文，使上述被创设的抵押得以登记。

（2）在抵押登记后，根据第179SA条第（2）款（d）项的目的，购买或获取在财产中的*利益的个人，被视为在购买或获取时已意识到该抵押的存在。

（3）在本条：

根据该法第148条（c）项的目的，在《2009年个人财产保险法》的含义内的个人财产特定种类的抵押登记包括与该种类财产相关的数据的登记。

【注释】《2009年个人财产保险法》规定，只有在为该法第148条（c）项的目的制定条文时，才可以登记上述数据。

第179T条　数额超出法院管辖权

（1）如果：

（a）法院签发特定数额的*来源不明财产命令；和

（b）法院对数额等同上述数额的债务追缴没有管辖权；

法院的登记官必须签发包含规定的详细情形的证明书。

（2）与规定一致，该证明书可由对相关命令数额一致的债务追缴有管辖权的法院登记。

（3）法院登记后，该证明书可以全面实施，作为支持联邦的法院最终判决。

第5目　监　督

第179U条　议会监督

（1）本节和第20A条的运行由议会执法联合委员会（以下简称"委员会"）负责。

在委员会面前出庭

（2）委员会可以要求基于本节的运作结果作为任何披露信息接收者的澳大利亚犯罪委员会、澳大利亚联邦警察局、*检察官以及任何其他联邦机构或机关，间或出庭举证。

关于来源不明财产讯问和程序的报告

（3）澳大利亚联邦警察局的首长必须在每一财政年度向委员会提交报告，包含如下信息：

（a）每一个*执法机构调查的事项数量，其结果将作为根据本章启动程序的依据和决定上述数量的根据；

（b）一年中申请的数量和结果：

i 根据第20A条的*限制令；和

ii *来源不明财产命令。

（c）根据条例规定的任何其他种类信息。

（4）每一财政年度根据《1979年澳大利亚联邦警察法》第67条的规定的报告，必须根据该条的规定，尽快被议会列入议程。

（5）如果澳大利亚联邦警察局的首长要求*检察官或执行机构的首席执行官（无论何种描述）给委员会提供委员会认为准备报告必要的信息，检察官或首席执行官必须遵守该要求。

第 3 章

收集信息

第1节 讯 问

第1目 讯问令

第180条 与限制令相关的讯问令

（1）如果*限制令有效，签发限制令的法院或本可签发限制令的任何其他法院可以签发命令（讯问令）要求*讯问任何人，包括：

（a）被限制令涉及财产的个人或与限制令所涉财产有*利益关系或主张对所涉财产有利益的个人；或

（b）限制令声明是其所涉犯罪的*犯罪嫌疑人；或

（c）在（a）项或（b）项规定个人的配偶（包括事实上的配偶）；

有关在（a）（b）或（c）项规定的该人事项（包括任何财产的性质和处所）。

（2）如果与之相关的*限制令失效，则*讯问令失效。

第180A条 与排除没收申请有关的讯问令

（1）如果根据第73条或第94条从没收令中排除财产*利益的命令申请被提出，被申请的法院可以签发针对如下个人的*讯问（讯问令），包括：

（a）主张与财产有利益关系的个人；或

（b）在（a）项中提及的个人的配偶或*事实上的配偶；

有关在（a）或（b）项规定的*个人事项。

（2）以下任一情形下，*讯问令不再有效：

（a）如果该申请被撤回；或

（b）当法院基于申请作出决定。

第180B条　与补偿申请有关的讯问令

（1）如果根据第77条或第94A条（处理补偿事项）从已经或即将被没收的财产中获得的*利益补偿申请被提出，被申请的法院可以签发针对如下个人的*讯问（讯问令），包括：

（a）主张与财产有*利益关系的个人；或

（b）在（a）项中提及的个人的配偶或*事实上的配偶；

有关在（a）或（b）项规定的*个人事项。

（2）以下任一情形下，*讯问令不再有效：

（a）如果该申请被撤回；或

（b）当法院基于申请作出决定。

第180C条　与第102条申请有关的讯问令

（1）如果第102条（处理财产的追缴）关于没收财产命令的申请，根据第104条被提出，被申请的法院可以签发针对如下个人的*讯问（讯问令），包括：

（a）主张与财产有*利益关系的个人；或

（b）在（a）项中提及的个人的配偶或*事实上的配偶；

有关在（a）或（b）项规定的*个人事项。

（2）以下任一情形下，*讯问令不再有效：

（a）如果该申请被撤回；或

（b）当法院基于申请作出决定。

第180D条　与罚没令实施有关的讯问令

（1）如果*罚没令已经被签发但未被满足，签发罚没令的法院可以签发针对如下个人的*讯问（讯问令），包括：

（a）申请的罚没令针对的个人；或

（b）在（a）项中提及的个人的配偶或*事实上的配偶；

有关在（a）或（b）项规定的*个人事项。

（2）当与罚没令实施有关的程序被最终裁决、撤回或以其他方式处理后，*讯问令不再有效。

第180E条　与根据第44条撤销限制令有关的讯问令

（1）如果*限制令根据第44条被撤销（处理对限制令的撤销提供保证），撤销限制令的法院可以签发针对如下个人的*讯问（讯问令），包括：

（a）财产被限制令涉及的个人，或对限制令涉及的财产主张*利益的个人；或

（b）在（a）项中提及的个人的配偶或*事实上的配偶；

有关在（a）或（b）项规定的*个人事项。

（2）当*限制令不再有效，假定其根据第44条未被撤销，*讯问令不再有效。

第181条　与没收确认申请相关的讯问令

（1）根据第81条、第107条、第146条或第173条的规定，如果与个人定罪*撤销相关的申请已提出，被申请的法院可以签发命令（讯问令），*讯问任何人，包括：

（a）定罪被撤销的个人；或

（b）财产受限于与申请相关的没收、*罚金令或*名声收益命令的个人或与受限于上述命令的财产有*利益关系的个人；或

（c）在（a）项或（b）项中规定的个人的配偶或*事实上的配偶；

有关在（a）（b）或（c）项规定的*个人事项（包括任何财产的性质和处所）。

（2）以下任一情形下，*讯问令不再有效：

（a）如果该申请被撤回；或

（b）当法院基于申请作出决定。

第181A条　与根据第57A条的申请相关的讯问令

（1）根据第57条的规定（处理赎回没收财产），与根据第57A条*没收令的财产相关的申请被提出，被申请的法院可以签发命令（讯问令），*讯问任何人，包括：

（a）提出申请的个人；或

（b）跟没收令相关的*犯罪嫌疑人；或

（c）在没收令签发中财产被*限制令涉及情况下——跟限制令相关的犯罪嫌疑人；或

（d）在（a）（b）或（c）项中规定的个人的配偶或*事实上的配偶；

有关在（a）（b）（c）或（d）项规定的*个人事项。

（2）以下任一情形下，*讯问令不再有效：

（a）如果该申请被撤回；或

（b）当法院基于申请作出决定。

第181B条　与根据第104A条的申请相关的讯问令

（1）根据第103条的规定（处理赎回没收财产），与根据第104A条财产相关的申请被提出，被申请的法院可以签发命令（讯问令），*讯问任何人，包括：

（a）提出申请的个人；或

（b）跟第103条提及的*没收令相关的*犯罪嫌疑人；或

（c）在（a）或（b）项中规定的个人的配偶或*事实上的配偶；

有关在（a）（b）或（c）项规定的*个人事项。

（2）以下任一情形下，*讯问令不再有效：

（a）如果该申请被撤回；或

（b）当法院基于申请作出决定。

第182条　申请讯问令

（1）*讯问令只能依据*负责机构对与讯问令相关的*主要命令或主要命令的申请签发。

（2）法院必须考虑对*讯问令的申请，且不给予任何人通知，如果*负责机构要求法院如此做。

第2目　讯问通知

第183条　讯问通知

（1）根据*负责机构的申请，*指定的讯问者可以给受制于*讯问令的个人书面通知（讯问通知），要求*讯问该人。

（2）但是，*指定的讯问者严禁给予*讯问通知，如果：

（a）根据第42条，申请已被提出，要求撤销与通知相关的*限制令；和

（b）被申请的法院命令*讯问不再继续。

（3）刑事诉讼程序已经建立或已经开始的事实（不论是否根据本法），不阻止*指定的讯问者给予*讯问通知。

指定的讯问者

（4）*指定的讯问者是指根据本条拥有职位的个人。

（5）部长可以任命*指定的讯问者：

（a）根据条例规定，拥有职位或者属于特定群体的个人；或

（b）如下个人：

i 被其他联邦法院的高等法院或州、领地的最高法院登记为法律执业者；和

ii 已经被登记至少5年；和

iii 已经向部长指示该人愿意被任命。

（6）*指定的讯问者可以通过给予部长书面辞职信辞职。辞职信在被部长接收的当天生效，如果在辞职信中指定晚些时日，则晚些时日生效。

（7）部长可以撤销对*指定的讯问者的任命。

第184条　附加的讯问通知

受制于*讯问令的个人，可以被给予多个*讯问通知。

第185条　讯问通知的形式和内容

（1）*讯问通知：

（a）必须以规定的形式；和

（b）必须要求个人参与*讯问；和

（c）必须规定讯问的时间和地点；和

（d）必须规定条例要求的进一步信息。

（2）*讯问通知可以要求个人在*讯问时出示通知中规定的文件。

第3目　实施讯问

第186条　讯问的时间和地点

（1）对个人的*讯问必须在如下时间和地点实施：

（a）*讯问令中规定的时间和地点；或

（b）*指定的讯问者根据第188条第（3）款（b）（c）或（d）项规定
个人的请求，决定的其他时间和地点。

（2）但是，*指定的讯问者必须：

（a）给予该人撤回*讯问通知的书面通知；和

（b）如果对个人的*讯问已经开始（但尚未结束）——停止讯问；

如果在讯问通知被给予后：

（c）根据第42条，申请已被提出，要求撤销与通知相关的*限制令；和

（d）被申请的法院命令讯问不再继续。

（3）如果撤回*限制令的申请没有成功，本条并不阻止*指定的讯问者给予个人进一步的*讯问通知。

（4）刑事诉讼程序已经建构或已经开始的事实（不论是否根据本法），不阻止对个人的*讯问。

第187条　对被讯问人的要求

（1）个人经宣誓或郑重声明，可以由以下人员讯问：

（a）*指定的讯问者；和

（b）*负责机构。

（2）*指定的讯问者，为上述目的，可以：

（a）要求该人宣誓或者作出郑重声明；和

（b）促使该人宣誓或者作出郑重声明。

（3）为实现*讯问目的，由该人作出的宣誓或郑重声明，是该人之后所作的陈述会是真实的宣誓或郑重声明。

（4）*讯问严禁涉及以下的个人*事项：

（a）如果*讯问涉及*限制令，并且该人不再是第180条中规定的个人事项受制于讯问的个人；或

（aa）如果讯问涉及对没收令中排除的申请，并且该人不再是第180条中规定的个人事项受制于讯问的个人；或

（ab）如果讯问涉及对根据第77条或第94A条的命令的申请，并且该人不再是第180B条中规定的个人事项受制于讯问的个人；或

（ac）如果讯问涉及对根据第102条命令的申请，并且该人不再是第180C条中规定的个人事项受制于讯问的个人；或

（ad）如果讯问涉及对尚未被满足的*罚没令的申请，并且该人不再是第180D条中规定的个人事项受制于讯问的个人；或

（ae）如果讯问涉及对已经被撤销的*限制令的申请，并且该人不再是第180E条中规定的个人事项受制于讯问的个人；或

（b）如果讯问与定罪*被撤销有关，并且该人不再是第181条中规定的个人事项受制于讯问的个人；或

（c）如果讯问与根据第57条对命令的申请有关，并且该人不再是第181A条中规定的个人事项受制于讯问的个人；或

（d）如果讯问与根据第103条对命令的申请有关，并且该人不再是第181B条中规定的个人事项受制于讯问的个人。

（5）*指定的讯问者可以要求个人回答如下问题：

（a）在*讯问中向其提出的问题；和

（b）根据第180条、第180A条、第180B条、第180C条、第180D条、第180E条、第181条、第181A条或第181B条，与*个人事项受限于讯问有关的问题。

第188条　讯问单独进行

（1）*讯问需单独进行。

（2）*指定的讯问者可以在*讯问时或讯问的部分时间内给出指示。

（3）下列人员在*讯问中有权在场：

（a）*指定的讯问者；

（b）被讯问的人，以及该人的*律师；

（c）*负责机构；

（d）任何根据第（2）款的指示，有权在场的个人。

第189条　被讯问人律师的职责

（1）被讯问人的*律师，在*指定的讯问者决定的*讯问时间内，可以：

（a）向指定的讯问者阐述；和

（b）向个人讯问；

指定的讯问者或*负责机构，已经向其讯问的事项。

（2）根据第（1）款，*指定的讯问者可以要求在其看来正试图妨碍*

讯问权行使的*律师停止向指定的讯问者阐述，或视情况而定，要求其停止讯问。

第190条 通过视频连接或电话讯问

（1）*指定的讯问者可以根据第188条第（3）款（b）（c）或（d）项规定的个人的要求，指示个人通过视频链接接受讯问，如果以下条件满足：

（a）第（2）款需要的设备是可获得的或者可以合理地获得的；和

（b）指定的讯问者确信该人在*讯问地点出现，会引起不合理的费用或不便；和

（c）指定的讯问者确信，该人通过视频连接被讯问，与司法利益一致。

（2）个人可以根据该指示被讯问，仅当该人为*讯问目的出席之场所，配有视频设备，能使第188条第（3）款规定的个人看到和听到被讯问的个人。

（3）根据上述指示被讯问的个人的宣誓或郑重声明，可以通过如下方式被促使：

（a）视频连接，且尽可能与其在*讯问地点被讯问的方式一致；或

（b）由*指定的讯问者授权的个人代表，为讯问目的，出席该人被讯问的地点。

（4）*指定的讯问者可以根据第188条第（3）款（b）项、（c）项或（d）项规定的个人的要求，指示个人通过电话接受讯问，如果：

（a）指定的讯问者确信，该人在*讯问地点出现，会引起不合理的费用或不便；和

（b）指定的讯问者确信，该人通过电话接受讯问，与司法利益一致。

第191条 讯问的记录

（1）*指定的讯问者：

（a）可以记录*讯问中所作之陈述；和

（b）如果被讯问的个人或*负责机构提出要求，则必须制作上述记录；和

（c）如果记录并非书面记录——若被讯问者或检察官提出要求，则必须将该记录转换成书面形式。

（2）如果根据第（1）款制作的记录是书面的或被转换成书面的：

（a）*指定的讯问者可以要求被讯问者阅读或读给他听，并且可以要求其签署；和

（b）如果被讯问者书面请求指定的讯问者给予其书面记录的副本——指定的讯问者必须无偿满足该要求。

（3）为遵守第（2）款（b）项的要求，*指定的讯问者可以向被讯问者施加特定的条件（如果有），该条件是指定的讯问者合理地认为阻止记录不适当的披露是必要的条件。

（4）根据第（2）款（a）项的要求，被*讯问者签署记录的事实，其自身并不构成对该记录是真实的确认。

第192条　法律问题

*指定的讯问者可以：

（a）根据自身动议；或

（b）根据被讯问者或*负责机构的要求；

向签发*讯问令的法院提出由*讯问产生的法律问题。

第193条　指定的讯问者可以限制特定材料的公布

（1）*指定的讯问者可以：

（a）根据自身动议；或

（b）根据被讯问者或*负责机构的要求；

给出阻止或限制*讯问中给出的答案或出示的文件中所含事项向公众披露的指示。

（2）在决定是否给出指示时，*指定的讯问者需要考虑：

（a）在涉密性质或与违反联邦、州、领地的法律犯罪有关，或与主张或怀疑的实施有关的*讯问中，是否：

i 答案已经或可以被给出；或

ii 文件已经或可以被出示；或

iii 事项已经或可以产生；和

（b）除非指定的讯问者给出指示，否则可能会引起的对个人名声的任何不公平的偏见；和

（c）给出指示是否符合公共利益；和

（d）任何其他相关事项。

第194条 对指定讯问者等的保护

（1）*指定的讯问者，在履行作为指定讯问者的职责时，享有作为与高等法院法官相同的保护和豁免权。

（2）在*讯问时出庭的*律师：

（a）代表被讯问的个人；或

（b）作为或代表*负责机构；

在高等法院的诉讼程序中代表当事人出庭时，与出庭律师享有相同的保护和豁免权。

（3）根据本法，*被讯问的个人与在高等法院程序中的证人：

（a）受同样的保护；和

（b）除本法规定的刑罚外，受制于同样的责任。

第4目 犯 罪

【注释】除本目规定的犯罪，还有其他与讯问相关的犯罪，如《刑法典》第137条第1款（错误或令人误解的信息）和第137条第2款（错误或令人误解的文件）。

第195条　无法参与讯问

个人有罪，如果该人：

（a）被*讯问通知要求参与*讯问；和

（b）拒绝或无法在通知中规定的时间和地点参与讯问。

刑罚：6个月有期徒刑或30个罚金单位，或两者兼有。

第196条　与参与讯问有关的犯罪

（1）参与*讯问的个人回答问题或出示文件，严禁：

（a）拒绝或不进行宣誓或不作出郑重声明；或

（b）拒绝或不回答*指定的讯问者要求该人回答的问题；或

（c）在讯问时拒绝或不出示要求该人参与讯问的*讯问通知中规定的文件；或

（d）在指定的讯问者同意前离开讯问场所。

刑罚：6个月有期徒刑或30个罚金单位，或两者兼有。

（2）第（1）款（c）项不适用，如果该人根据实际情况，遵守与出示文件有关的通知。

【注释】被告人对第（2）款的事项负举证责任，见《刑法典》第13条第3款第（3）项。

第197条　享有保密特权的信息

（1）第196条第（1）款（b）项或（c）项不适用，如果根据：

（a）联邦法律；或

（b）*讯问发生的州或领地法律；

在法庭程序中，该人不能被强制回答问题或出示文件。

【注释】被告人对第（1）款的事项负举证责任，见《刑法典》第13条第3款第（3）项。

（2）但是，第196条第（1）款（b）项或（c）项适用，如果该人无法被强制的原因，是以下的一个或多个：

（a）回答问题或出示文件将使该人自证其罪或施加刑罚于该人；

（b）基于*法律职业特权，在法庭程序中该答案有特权不被披露，或该文件有特权不被出示；

（ba）基于*职业保密关系特权，在法庭程序中该答案有特权不被披露，或该文件有特权不被出示；

（c）根据联邦、州或领地与证据法相关的法律，该答案或文件将在法庭程序中不可采，除非因为：

i 该答案有特权不被披露；或

ii 该文件有特权不被出示。

（3）为避免疑问，以下的原因并非个人不能在法庭程序中被强迫回答问题或出示文件的原因：

（a）该人因为契约的义务不能披露信息，且回答该问题或出示该文件可能披露上述信息；

（b）该人根据外国法的义务不披露信息，且回答该问题或出示该文件可能披露上述信息。

第197A条　给出错误或令人误解的答案或文件

个人有罪，如果：

（a）个人出席*讯问；和

（b）该人在讯问中回答问题或出示文件；和

（c）该答案或文件：

i 虚假或令人误解；或

ii 遗漏了任何一旦缺失会使其令人误解的事项或事物。

刑罚：5年有期徒刑或300个罚金单位，或两者兼有。

第198条 答案和文件的可采性

在*讯问中给出的答案或出示的文件，在针对给出答案或出示文件的个人的民事或刑事程序中不能被采纳为证据，除非：

（a）在因提供虚假或令人误解的信息的刑事程序中；或

（b）在基于本法申请的程序中；或

（c）在基于本法辅助申请的程序中；或

（d）在为*罚没令实施的程序中；或

（e）在文件情况下——在有关权利授予或义务施加的民事程序中；或

（f）在违反本节犯罪的程序中。

第199条 讯问中未授权的出庭

个人有罪，如果该人：

（a）*讯问时在场；和

（b）根据第188条第（3）款无权在场。

刑罚：30个罚金单位。

第200条 违反提供陈述记录的条件

个人有罪，如果该人违反第191条第（3）款施加的条件，即在该款下向个人提供记录的条件。

刑罚：30个罚金单位。

第201条 违反阻止或限制公布的指示

（1）个人有罪，如果：

（a）该人公布*讯问过程中给出的答案或出示的文件所含事项；和

（b）该公布违反实施讯问的*指定的讯问者根据第193条给出的指示。

刑罚：30个罚金单位。

（2）本条不适用于对下列事项的披露：

（a）为获取与命令有关的法律建议或法律代理；或

（b）为了法律程序的目的或在法律程序中的事项。

【注释】被告人对第（2）款的事项负举证责任，见《刑法典》第13条第3款第（3）项。

第2节　出示令

第202条　签发出示令

（1）治安法官可以签发命令（出示令），要求个人：

（a）向*被授权官员出示一个或多个*财产追踪文件；或

（b）使一个或多个财产追踪文件，为被授权官员获得以侦查。

（2）但是：

（a）该治安法官严禁签发*出示令，除非治安法官根据宣誓的信息确信，该人被合理地怀疑拥有或控制上述文件；和

（b）出示令不能要求非下述情况的文件出示或由*被授权官员可得：

i 由法人拥有或控制；或

ii 被用于或意图被用于商业活动的实施；和

（c）出示令不能要求*金融机构日常业务中使用的任何账户记录（包括分类账、日常账册、现金账册以及会计账册），向*被授权官员出示。

（3）*出示令只能根据*执行机构*被授权官员的申请而签发。

（4）*被授权官员不需将申请通知给予任何人。

（5）以下每一项均为*财产追踪文件：

（a）与确认、定位或量化如下个人的财产有关的文件：

i 已被定罪或被指控或拟被指控的*可公诉罪的个人；或

ii 有合理的根据怀疑已参与构成*严重犯罪行为的个人；

（b）与确认或定位与上述个人财产转移必要的任何文件有关的文件；

（c）与确认、定位或量化下述各项内容有关的文件：

i 个人已被定罪或被指控或拟被指控的可公诉罪的*收益或可公诉罪的*工具；或

ii 个人合理地被怀疑已实施的严重犯罪的收益或严重犯罪的工具；

（ca）与确认、定位或量化下述各项内容有关的文件：

i 可公诉罪的收益，*外国可公诉罪的收益或*联邦可公诉罪的收益；或

ii 严重犯罪的工具；

无论实施犯罪的个人的身份是否已知；

（d）与确认或定位在（c）项或（ca）项提及的财产转移必要的任何文件有关的文件；

（e）与个人已被定罪，或被合理地怀疑已实施的可公诉罪或*外国可公诉罪相关的*名声收益的确认、定位或量化有关的文件；

（ea）与确认、定位或量化构成个人*财富的财产有关的文件，如果合理地怀疑个人的*全部财产超过*合法获得的个人财产的价值；

（eb）与确认或定位对个人财产转移必要的任何文件有关的文件；

（ec）在个人根据第57A条提出与财产*利益有关的根据第57条命令的情况下，与决定如下事项有关的文件：

i 根据第89条第（1）款（c）项支付给联邦的，未由第57条第（6）款涉及的数量；和

ii 如果根据第89条第（1）款（c）项向联邦支付金额的全部或部分是由个人贷款——个人的经济情况使其可以支付贷款，满足该人合理的生活开支和该人任何其他适格的债务，使用未由第57条第（6）款涉及的财产；和

（ed）在个人根据第104A条提出与财产利益有关的根据第103条命令的情况下，与决定如下事项有关的文件：

i 根据第105条第（1）款（c）项支付给联邦的，未由第103条第（6）款涉及的数量；和

ii 如果根据第105条第（1）款（c）项向联邦支付金额的全部或部分是由个人贷款——个人的经济情况使其可以支付贷款，满足该人合理的生活开支和该人任何其他适格的债务，使用未由第103条第（6）款涉及的财产；和

（f）将有助于阅读或解释在（a）（b）（c）（ca）（d）（e）（ea）（eb）（ec）（ed）项中规定的文件。

（6）在第（5）款（c）项 *ii* 或（ca）项的意义上，如果该文件与确认、定位或量化在该款规定的某些犯罪或其他种类犯罪的*收益相关，其并不需要与确认、定位或量化特定犯罪的收益相关。

（7）根据本条的目的，在第（5）款（ec）项 *ii* 中提及的贷款是在第（5）款（ec）项提及的申请提出之前还是之后作出的，无关紧要。

（8）根据本条的目的，在第（5）款（ed）项 *ii* 中提及的贷款是在第（5）款（ed）项提及的申请提出之前还是之后作出的，无关紧要。

（9）根据本条的目的，贷款包括可以合理地等同于贷款的任何事项，以及借贷具有相应的含义。

（10）根据本条的目的，合理的生活费是指：

（a）该人合理的生活费用；

（b）个人*受赡养人合理的生活费用；

（c）个人合理的商业支出。

（11）为本条目的，该人适格的债务是指因该人的善意引起的债务。

第203条　出示令的内容

（1）*出示令必须：

（a）规定所需文件的性质；和

（b）规定该人必须出示文件或使文件可得的地点；和

（c）规定出示行为必须完成的时间或期间；和

（ca）规定文件应当被出示的形式和方式；和

（d）规定有义务将命令给予个人的*被授权官员的名字，除非其在命令中写入另一个被授权官员的名字；和

（e）如果该命令规定与命令有关的上述信息严禁披露——列明第210条的效力（披露出示令的存在或性质）；和

（f）列明第211条的效力（无法遵守命令）。

（2）在第（1）款（c）项规定的时间或期间，必须是：

（a）至少必须是自*出示令被签发之日起的14天；或

（b）如果签发该命令的治安法官认为合适，考虑到在第（3）款中规定的事项，规定更早的时间——至少在出示令签发的3日后。

（3）治安法官在决定第（2）款（b）项中更早的时间是否合适时，必须考虑的事项包括：

（a）情况的紧急性；和

（b）*出示令要求出示文件或使文件可得对个人可能造成的困难程度。

第204条　基于出示令的权力

*被授权官员可以检查、摘抄或复制根据*出示令要求出示的文件或可获得的文件。

第205条　保留出示的文件

（1）如果为了实现本法的目的是必须的，*被授权官员也可以保留根据*出示令要求出示的文件尽可能长的时间。

（2）被给予*出示令的个人可以要求*被授权官员：

（a）书面保证保留的文件副本是真实的副本且将副本给予该人；或

（b）允许该人做如下的一项或多项行为：

i 检查该文件；

ii 摘抄该文件；

iii 复制该文件。

第206条　不自证己罪特权等不适用

（1）个人不得基于如下理由，免除根据*出示令出示文件或提供文件的义务：

（a）这样做会导致个人自证其罪或施加刑罚于个人；或

（b）出示文件或使其可获得会违反该人不能披露文件存在或内容的义务（无论由制定法或其他施加）；或

（c）出示文件或使其可得将会披露属于*法律职业特权的信息。

（2）但是，在自然人情况下，在针对该人的*刑事程序中，该文件不能被作为证据采纳，除非是根据《刑法典》第137条第1款、第2款（虚假或令人误解的信息或文件）在与出示或提供文件有关的程序中。

第207条　变更出示令

（1）根据*出示令被要求向*被授权官员出示文件的个人，可向如下人员申请变更命令，使命令要求个人能够使文件被检查：

（a）签发命令的治安法官；或

（b）如果该治安法官不可行——任何其他治安法官。

（2）如果确信文件对该人商业活动是必需的，治安法官可以变更*出示令。

第208条　治安法官的司法管辖权

州或*非自治领地的治安法官，可以签发与一个或多个文件有关的位于如下地点的*出示令：

（a）该州或领地；或

（b）另一个州或*自治领地，如果其确信有使命令签发合适的特殊环境；或

（c）*非自治领地。

第209条　在申请中作虚假陈述

个人有罪，如果：

（a）该人作陈述（不论以口头、文件或以任何其他方式）；和

（b）该陈述：

i 虚假或令人误解；或

ii 遗漏了任何若缺失，会使该陈述令人误解的事项或事物；和

（c）所作陈述在出示令的申请中或与*出示令的申请相关。

刑罚：12个月有期徒刑或60个罚金单位，或两者兼有。

第210条　披露出示令的存在或性质

（1）个人有罪，如果：

（a）该人被给予*出示令；和

（b）该命令规定有关该命令的信息严禁被披露；和

（c）该人向另一个人披露命令的存在或性质。

刑罚：2年有期徒刑或120个罚金单位，或两者兼有。

（2）个人有罪，如果：

（a）该人被给予*出示令；和

（b）该命令规定有关该命令的信息严禁披露；和

（c）该人向另一个人披露命令的存在或性质；和

（d）其他人可以从上述信息中推断出该命令的存在或性质。

刑罚：2年有期徒刑或120个罚金单位，或两者兼有。

（3）第（1）款与第（2）款不适用，如果：

（a）该人向雇佣者、*代理人或其他人披露信息，以获得为遵守该命令所要出示的文件，且上述其他人被指示不告知与文件相关的个人该事项；或

（b）与命令有关的披露是为了获取法律建议或法律代理；或

（c）该披露是为了法律程序的目的或是在法律程序中作出的。

【注释】被告人对第（3）款的事项负举证责任，见《刑法典》第13条第3款第（3）项。

第211条 无法遵守出示令

（1）个人有罪，如果：

（a）该人被给予与*财产追踪文件相关的*出示令；和

（b）该人无法遵守该命令；和

（c）该人尚未被告知充分地遵守第（2）款的规定。

刑罚：6个月有期徒刑或30个罚金单位，或两者兼有。

【注释】《刑法典》第137条第1款和第137条第2款亦为提供虚假或令人误解的信息或文件设置罪名。

（2）个人被告知充分地遵守本款规定，如果：

（a）该人给*被授权官员宣誓声明，陈述该人未拥有或控制该文件；和

（b）官员书面通知该人，宣誓申请已足以满足*出示令。

（3）如下事项可作为违背第（1）款的罪行的答辩理由，如果：

（a）个人无法遵守*出示令仅因为个人并未在命令规定的时间内出示在命令中规定的文件；和

（b）个人采取了所有合理步骤使文件在该时间内被出示；和

（c）在上述时间后，该人尽快地出示了该文件。

【注释】被告人对第（3）款的事项负举证责任，见《刑法典》第13条第3款第（3）项。

第212条 对受制出示令文件的毁坏等

个人有罪，如果：

（a）该人破坏、损害或干涉*财产追踪文件；和

（b）有效的*出示令要求文件被出示或可获得。

刑罚：6个月有期徒刑或30个罚金单位，或两者兼有。

第3节　对金融机构的通知

第213条　给金融机构通知

（1）在第（3）款中规定的官员，可以给*金融机构书面通知，要求机构向*被授权官员提供与以下一项或多项内容有关的任何信息或文件：

（a）裁定*账户是否在金融机构由特定的个人所持有；

（b）裁定特定个人是否是账户的签署者；

（c）如果该人在金融机构持有一个账户，该账户目前的收支平衡；

（d）在规定的6个月期间内，上述账户的交易细节；

（e）任何关联账户的细节（包括持有这些账户个人的姓名）；

（ea）裁定*储值卡是否已由金融机构向特定个人签发；

（eb）在规定的6个月期间内，使用上述卡的交易细节；

（f）由交易机构代表特定个人制作的交易。

（2）官员严禁签发通知，除非官员合理地相信给予通知是必要的：

（a）为裁定是否根据本法采取任何措施；或

（b）与本法相关的程序。

（3）可以将通知给予*金融机构的官员是：

（a）澳大利亚联邦警察局警长；或

（b）澳大利亚联邦警察局副警长；或

（c）属于澳大利亚联邦警察成员且为本条目的，由警长书面授权的高级澳大利亚联邦警察局雇员（在《1979年澳大利亚联邦警察法》的含义内）；或

（ca）廉政委员会（在《2006年法律实施廉政委员会法》的含义内）；或

（d）澳大利亚国家犯罪局的首席执行官；或

（e）讯问者（在《2002年澳大利亚犯罪实施法》的含义内）；或

（f）税收委员会；或

（g）海关总审计长；或

（h）澳大利亚证券和投资委员会的主席。

第214条 给金融机构通知的内容

（1）通知必须：

（a）陈述给予通知的官员认为通知是需要的：

i 为裁定根据本法是否采取任何行动；或

ii 与本法有关的程序（视情况而定）；和

（b）规定*金融机构的名字；和

（c）规定被要求提供的信息或文件的种类；和

（d）规定被要求提供的上述信息或文件的形式和方式；和

（e）规定信息或文件必须在如下时间内被提供：

i 在通知被给予的14天内；或

ii 如果给予通知的官员认为考虑到第（2）款中规定的事项，规定更早的日期是合适的，即通知被给予的3天内——更早的日期；和

（f）如果通知规定关于通知的信息严禁被披露——列明第217条的效力（披露通知的存在或性质）；和

（g）列明第218条的效力（无法遵守通知）。

（2）官员在决定第（1）款（e）项 *ii* 中更早的时间是否合适时，必须考虑的事项包括：

（a）情况的紧急性；和

（b）通知要求出示信息或文件可能对*金融机构造成的困难程度。

第215条 保护遵守通知者免于诉讼等

（1）不得受理针对如下机构或个人的起诉、诉讼或程序：

（a）*金融机构；或

（b）在其受雇或代理期间作为该机构的*官员、雇佣者或*代理人；

如果机构或个人是根据第213条的通知或基于错误的信念（即根据命令行为是必要的）采取行动。

（2）根据第213条的通知提供信息的*金融机构、或金融机构的*官员、雇佣人或*代理人，根据《刑法典》第10章第2节（与洗黑钱有关的犯罪）的目的，被视为在任何时候已不再掌握上述信息。

第216条　在通知中进行虚假陈述

个人有罪，如果：

（a）该人作陈述（不管以口头、文件或其他方式）；和

（b）该陈述：

i 虚假或令人误解；或

ii 遗漏了任何若没有，会使得该陈述令人误解的事项或事物；和

（c）陈述根据第213条的通知制作，或与第213条的通知相关。

刑罚：12个月有期徒刑或60个罚金单位，或两者兼有。

第217条　披露通知的存在或性质

个人有罪，如果：

（a）根据第213条，该人被给予通知；和

（b）通知规定有关该通知的信息严禁被披露；和

（c）该人披露该通知的存在或性质。

刑罚：2年有期徒刑或120罚金单位，或两者兼有。

第218条　无法遵守通知

（1）个人有罪，如果：

（a）根据第213条，该人被给予通知；和

（b）该人无法遵守通知；

刑罚：6个月有期徒刑或30个罚金单位，或两者兼有。

【注释】《刑法典》第137条第1款和第137条第2款亦为提供虚假或令人误解的信息或文件设置罪名。

（2）如下事项可作为违背第（1）款的罪行的答辩理由，如果：

（a）个人无法遵守通知仅因为个人并未在命令规定的时间内出示在命令中规定的文件；和

（b）个人采取了所有合理步骤在该时间内提供信息或文件；和

（c）在上述时间后，该人尽快地提供了信息或文件。

【注释】被告人对第（2）款的事项负举证责任，见《刑法典》第13条第3款第（3）项。

第4节 监控令

第219条 签发监控令

（1）有权根据控告处理刑事事项的州或领地法院的法官，可以签发命令（监控令）要求*金融机构提供如下事项的信息：

（a）在特定的期间内，该机构内特定人拥有的*账户实施交易的信息；或

（b）由金融机构发放给个人的*储值卡的使用；

（2）法官严禁签发*监控令，除非法官确信有合理的根据怀疑：

（a）*拥有账户或被签发*储值卡的个人：

i 已经实施或即将实施*严重犯罪；或

ii 参与实施或即将参与实施严重犯罪；或

iii 已经直接或间接地，或即将直接或间接地从严重犯罪的实施中获得*利益；或

（b）该账户或储值卡正被用于实施违反《刑法典》第10章第2节的犯罪（洗钱罪）。

（3）根据第（2）款（b）项的目的，持有账户或被签发储值卡的个人是否实施或参与违反《刑法典》第10章第2节的犯罪并不重要。

（4）*监控令只能根据*执行机构*被授权官员的申请签发。

第220条　监控令的内容

（1）*监控令必须：

（a）规定个人的名字：

i 被认为持有*账户的个人；或

ii 被签发*储值卡的个人；和

（b）规定*金融机构被要求提供的信息的种类；和

（c）规定交易必须发生的期间；和

（d）规定被要求提供信息的*执行机构；和

（e）规定被要求提供信息的形式和方式；和

（f）如果命令规定关于命令的信息严禁披露——列明第223条的效力（披露命令的存在或运作）；和

（g）列明第224条的效力（无法遵守通知）。

（2）第（1）款（c）项提到的期间必须：

（a）不早于*监控令的通知被给予*金融机构之日开始；和

（b）不迟于命令签发之日的3个月结束。

第221条　保护遵守命令的个人免于诉讼等

（1）不得受理针对如下机构或个人的起诉、诉讼或程序：

（a）*金融机构；或

（b）在其受雇或代理期间作为该机构的*官员、雇佣者或*代理人；

关于机构或个人为遵守*监控令，或基于错误的信念（即根据命令行为是必要的）采取行动。

（2）根据*监控令提供信息的*金融机构或金融机构的*官员、雇佣人或*代理人，根据《刑法典》第10章第2节（与洗黑钱有关的犯罪）的目的，被视为在任何时候已不再掌握上述信息。

第222条 在申请中进行虚假陈述

个人有罪，如果：

（a）该人作陈述（不管以口头、文件或其他方式）；和

（b）该陈述：

i 虚假或令人误解；或

ii 遗漏了任何若没有，会使得该陈述令人误解的事项或事物；和

（c）陈述在*监控令的申请中制作或与监控令的申请相关。

刑罚：2年有期徒刑或120个罚金单位，或两者兼有。

第223条 披露监控令的存在或运行

（1）个人有罪，如果：

（a）该人向另一个人披露*监控令的存在或运行；和

（b）该披露不是给在第（4）款中规定的个人；和

（c）该披露不是为了在第（4）款中规定的目的。

刑罚：5年有期徒刑或300个罚金单位，或两者兼有。

（2）个人有罪，如果：

（a）该人向另一个人披露信息；和

（b）另一个人可以从上述信息中推断出*监控令的存在或运行；和

（c）该披露不是给在第（4）款中规定的个人；和

（d）该披露不是为了在第（4）款中规定的目的。

刑罚：5年有期徒刑或300个罚金单位，或两者兼有。

（3）个人有罪，如果：

（a）根据第（4）款，该人接收到与*监控令有关的信息；和

（b）该人已不再是根据第（4）款的规定可以对其披露信息的人；和

（c）该人记录或披露了该命令的存在或运行。

刑罚：5年有期徒刑或300个罚金单位，或两者兼有。

（4）个人可以出于以下的目的，向下列个人披露*监控令的存在或运行：

（a）第220条第（1）款（d）项规定的*执行机构的主管或上述机构的*被授权官员：

i 出于履行该人职责的目的；或

ii 出于法律程序的目的，或与法律程序相关的目的；或

iii 出于法庭中法律程序产生的目的；

（b）*澳大利亚交易报告与分析中心的首席执行官，或由澳大利亚交易报告与分析中心首席执行官授权的澳大利亚交易报告与分析中心的员工，可以作为被告知监控令存在的个人：

i 出于履行该人职责的目的；或

ii 出于法律程序的目的或与法律程序相关的目的；或

iii 出于法庭中法律程序产生的目的；

（c）*金融机构的*官员或*代理人为确保该命令被遵守的目的；

（d）出庭律师或初级律师为获得与该命令相关的法律意见或代理的目的；

（e）出于根据本法便利机构职能履行的目的，根据本法履行一个或多个职能机构的个人；

（f）为有助于违反联邦、州、领地或郡法律犯罪的预防、侦查或起诉，有调查或起诉上述犯罪职能的联邦、州、领地或郡机构职能的个人；

（g）为保护公共财政目的，在澳大利亚税收办公室的个人。

（5）出于第（4）款（a）项的目的，*执行机构（*移民和边境保护机构）的首领是*海关总审计长。

第224条　无法遵守监控令

个人有罪，如果：

（a）该人被给予*监控令；和

（b）该人无法遵守该命令。

刑罚：6个月有期徒刑或30个罚金单位，或两者兼有。

【注释】《刑法典》第137条第1款和第137条第2款也为提供虚假或令人误解的信息或文件设置了罪名。

第5节　搜查和扣押

第1目　搜查令

第A分目　签发搜查令

第225条　签发搜查令

（1）治安法官可以签发搜查令搜查*场所，如果治安法官根据宣誓的信息有合理的依据怀疑在该场所存在，或在未来的72个小时内将出现*赃物或*证据材料。

（2）如果对*搜查令的申请是根据第229条提出（通过电话或其他电子方式申请命令），本条适用，视第（1）款规定48小时，而非72小时。

（3）*搜查令只能根据*执行机构*被授权官员的申请签发。

第226条　信息的附加内容

（1）如果申请搜查令搜查*场所的个人怀疑，在执行命令时有必要使用枪支，该人必须在信息中陈述上述怀疑或者上述怀疑的依据。

（2）申请搜查场所搜查令的个人，若其先前已经申请搜查相同场所的搜查令，则必须在信息中包括申请的细节及其结果。

第227条　搜查令的内容

（1）*搜查令必须陈述：

（a）根据本法，已经被采取或可能被采取行为的财产的性质；和

（b）上述行为的性质；和

（c）对搜查令有关的*场所的描述；和

（d）根据搜查令被搜查的*赃物或*证据材料的种类；和

（e）负责执行搜查令的*被授权官员的名字，除非其在搜查令中写入另一个被授权官员的名字；和

（f）该搜查令的到期时间［见第（2）款］；和

（g）该搜查令是否能在任何时候执行或仅在规定期间执行；和

（h）搜查令授权扣押在搜查过程中，在该场所发现的其他物品，如果*执行官员或*协助人员基于合理的理由相信上述物品是：

i 与搜查令有关的赃物；或

ii 与搜查令所涉财产有关的证据材料；或

iii 与*可公诉罪相关的证据材料（在《1914年刑法》的含义内）；

如果其基于合理的理由相信，对该物品的扣押对阻止其隐匿、损失、破坏或在犯罪实施中的使用是必要的；和

（ha）搜查令授权扣押在搜查过程中，在该场所发现的其他*物品，如果*执行官员或*协助人员基于合理的理由相信上述物品与来源不明财产程序相关；和

（i）该搜查令是否授权对搜查令执行时，在或接近场所的个人的*普通搜查或*贴身搜查，如果执行官员或协助人员有理由怀疑该人有赃物或者掌握证据材料。

（2）在第（1）款（f）项*搜查令中陈述的时间作为搜查令到期的时间，必须不晚于：

（a）如果对搜查令的申请是根据第229条（电话搜查令）提出——在该搜查令签发后的48小时后；或

（b）否则，不晚于搜查令签发之日起的第7天。

例子：如果搜查令在周一下午3点被签发，规定的到期时间不得晚于下周一的凌晨。

（3）第（1）款（f）项不阻止对同一*场所连续*搜查令的签发。

第228条　搜查令授权的事项

（1）*搜查令授权*执行官员或*协助人员：

（a）进入该*场所，如果该场所是*运输工具，进入该运输工具，不管其位于何处；和

（b）搜查且记录在场所发现的指纹，并且为鉴定目的，对场所发现的物品进行取样；和

（c）在该场所搜查在搜查令中规定的*赃物及*证据材料，并扣押在该场所发现的上述物品；和

（d）扣押搜查过程中在该场所发现的其他物品，如果执行官员或协助人员基于合理的根据认为是：

i 与搜查令相关的赃物；或

ii 与搜查令所涉财产有关的证据材料；或

iii 与*可公诉罪相关的证据材料（在《1914年刑法》的含义之内）；

如果其基于合理的理由相信，对该物品的扣押对阻止其隐匿、损失、破坏或在犯罪实施中的使用是必要的；和

（da）扣押搜查过程中在该场所发现的其他*物品，如果执行官员或协助人员基于合理的根据认为与来源不明财产程序相关；和

（e）如果搜查令允许——如果执行的官员或协助人员有理由怀疑该人有赃物或者掌握证据材料，可以对在或接近场所的个人实施*普通搜查或*贴身搜查。

（2）*搜查令授权*执行官员将根据搜查令扣押的物品，能够为其他*执行机构的官员所得，如果为以下目的这样做是必要的：

（a）侦查或起诉与物品相关的犯罪；或

（b）追缴犯罪的*收益或犯罪的*工具。

第B分目　通过电话或其他电子方式申请搜查令

第229条　通过电话或其他电子方式申请搜查令

（1）*被授权官员可以电话、传真或其他电子方式向治安法官申请*搜查令：

（a）在紧急情况下；或

（b）若因亲自提出申请导致延误，将会使搜查令的有效执行受阻。

（2）根据第（1）款的申请：

（a）必须包括对*搜查令的普通申请所需的所有信息；和

（b）如果必要，可以在信息宣誓前提出。

（3）治安法官可以要求：

（a）根据环境允许的程度，通过声音交流；和

（b）任何进一步的信息。

第230条　通过电话等签发搜查令

（1）治安法官可以完成且签署与根据第225条签发的搜查令形式一致的*搜查令，如果其确信：

（a）申请条款中的搜查令必须被紧急签署；或

（b）若因亲自提出申请导致延误，将会使搜查令的有效执行受阻。

（2）如果治安法官签发*搜查令，其必须通过电话、传真或其他电子方式，通知申请者搜查令的条款以及其被签署的日期和时间。

（3）申请者其后必须：

（a）完成*搜查令的表格，其条款与治安法官签发的命令实质一致；和

（b）在表格中陈述：

i 治安法官的姓名；和

ii 搜查令被签发的日期；和

iii 搜查令被签发的时间。

（4）申请者必须给治安法官：

（a）由申请者完成的*搜查令表格；和

（b）如果根据第229条第（2）款（b）项，信息未被宣誓——被宣誓的信息；

在下列时间结束后，无论何者先发生：

（c）搜查令到期；或

（d）搜查令被执行。

（5）治安法官必须将由其完成的*搜查令表格，附于第（4）款规定的文件。

第231条　在法庭程序中未签署的电话搜查令

如果：

（a）在任何程序中，法院确信根据本目签发的*搜查令的权力行使是正当授予的这一事实，对案件有决定性影响；和

（b）治安法官签发的搜查令的表格并未作为证据出示。

法院必须假定，该权力的行使未被正当授权，除非对立面被证明。

第232条　因在电话搜查令中陈述不正确名字的犯罪

个人有罪，如果：

（a）该人在文件中陈述治安法官的名字；和

（b）该文件计划成为根据第230条的*搜查令的表格；和

（c）该名字并非签发搜查令的治安法官的名字。

刑罚：2年有期徒刑或120个罚金单位，或两者兼有。

第233条　因未授权的搜查令形式的犯罪

个人有罪，如果：

（a）该人根据第230条，在*搜查令表格中陈述特定事项；和

（b）该事项与治安法官授权表格的实质性细节背离。

刑罚：2年有期徒刑或120个罚金单位，或两者兼有。

第234条　因对未授权的搜查令表格的执行等犯罪

个人有罪，如果：

（a）该人执行或展示文件给个人；和

（b）文件计划成为根据第230条规定的*搜查令的表格；和

（c）该文件：

i 未由治安法官根据该条批准；或

ii 与由治安法官根据该条授权条款的实质性细节背离。

刑罚：2年有期徒刑或120个罚金单位，或两者兼有。

第235条　因提供未执行的搜查令表格的犯罪

个人有罪，如果：

（a）该人根据第230条，给治安法官*搜查令的表格；和

（b）该文件并非该人执行的*搜查令表格。

刑罚：2年有期徒刑或120个单位刑罚，或两者兼有。

第C分目　执行搜查令

第236条　必须在特定的时间内被执行的搜查令

已陈述仅可在特定时间内被执行的*搜查令，严禁在上述时间外被执行。

第237条　对人身搜查的限制

（1）*搜查令不能授权*脱衣搜查或对个人体腔搜查。

（2）如果*搜查令授权*普通搜查或*人身搜查：

（a）根据搜查令，与被授权搜查不同的搜查严禁被执行；和

（b）如果可行，搜查令必须由与被搜查人同一性别的人员执行。

（3）非*被授权官员，但已由相关*执行官员授权在执行*搜查令中进行协助的个人，严禁参与对被搜查人的搜查。

第238条 在执行搜查令中获得协助和使用武力

执行官员

（1）执行*搜查令时，*执行官员在必要和合理的情况下，可以获得协助并且使用针对人身和物品的武力。

被授权官员

（2）执行*搜查令时，协助执行搜查令的*被授权官员，在必要和合理的情况下，可以使用针对人身和物品的武力。

非被授权官员的个人

（3）执行*搜查令时，非*被授权官员，但是已被授权协助执行搜查令的个人，在必要和合理的情况下，可以使用针对物品的武力。

第239条 进入之前的宣告

（1）在任何人根据*搜查令进入*场所前，*执行官员必须：

（a）宣告其被授权进入该场所；和

（b）给予在该场所的任何人机会允许其进入该场所；和

（c）如果场所的占有者或另一个明显代表占有者的个人出现在场所——向该人表明自己的身份。

（2）*执行官员不需要遵守第（1）款，如果其基于合理的理由相信立即进入该*场所有利于确保：

（a）个人的安全（包括*被授权官员）；或

（b）搜查令的有效执行不受阻。

第240条　给予占有者等人搜查令的细节

（1）如果该*场所的占有者或另一个明显代表占有者的个人出现在*搜查令被执行的现场，*执行官员或*协助人员必须给予该人：

（a）该搜查令的副本；和

（b）列明该人权利和义务的文件。

（2）如果个人根据*搜查令被搜查，*执行官员或*协助人员必须将搜查令的副本展示给该人。

（3）搜查令的副本不需要包括治安法官的签名或相关法院的印章。

第241条　搜查时占有者有权在场

（1）如果该*场所的占有者或另一个明显代表占有者的个人出现在*搜查令被执行的现场，该占有者或该人有权观察搜查令被执行。

（2）但是，该权利停止，如果：

（a）该人阻碍搜查；或

（b）该人被逮捕，并且允许该人观察搜查令执行将干扰搜查的目标。

（3）本条并不阻止同时对该*场所、两个或更多的场所进行搜查。

第242条　执行搜查令的官员拥有的特定权力

（1）执行*搜查令时，*执行官员或*协助人员可以对该*场所或者场所中的物品拍照（包括录像）：

（a）出于执行搜查令附带的目的；或

（b）如果该场所的占有者书面同意。

（2）*执行官员以及*协助人员可以完成*搜查令的执行，只要在他们所有人暂时离开该*场所后，搜查令仍然有效：

（a）不超过1小时；或

（b）如果场所占有者书面同意，可搜查更长的时间。

（3）*搜查令的执行可以完成，如果：

（a）该执行被法院命令停止；和

（b）该命令其后因上诉被撤销或被变更；和

（c）该搜查令仍然有效。

第243条 检查或处理物品时可以使用设备

（1）*执行官员或*协助人员可以将任何合理必需的设备带至该*场所，检查或处理在场所发现的物品，以决定是否根据*搜查令将有问题的物品扣押。

（2）*执行官员或*协助人员可以操作已在*场所的设备，以执行上述检查或处理，如果其基于合理的理由相信：

（a）为此目的，该设备是合适的；和

（b）该检查或处理可以被执行，且不毁坏该设备或物品。

第244条 搬运物品去另一处检查或处理

（1）在*场所发现的物品，可以被移至另一地检查或处理，以决定其是否根据*搜查令可以被扣押，如果：

（a）以下两者适用：

i 有合理的根据相信该物品包含或构成*赃物或*证据材料；

ii 考虑到在另一处检查或处理该物品的及时性和费用，以及专家协助的可获得性，这样做显然更可行；或

（b）该场所占有者书面同意。

（2）该物品可以被移至另一处检查或处理，不得超过72个小时。

（3）如果*执行官员基于合理的理由相信该物品无法在72个小时内被检查或处理，其可以向治安法官申请期间的延长。

（4）*执行官员必须将申请通知给予*场所占有者，且该占有者有权在有关申请中被听取意见。

（5）如果根据第（1）款，物品被移至另一个地方，若可行，*执行官员必须：

（a）通知占有者检查或处理被实施的地点和时间；和

（b）允许占有者或其代表，在检查或处理过程中在场。

第245条　在场所使用电子设备

（1）*执行官员或*协助人员可以在*场所操作电子设备以获取*数据（包括不在该场所的数据），如果其基于合理的理由相信：

（a）该数据可能构成*证据材料；和

（b）该设备可以在不损坏它的情况下被操作。

【注释】执行官员可以获得命令，要求有电脑知识或电脑系统知识的个人提供帮助，见第246条。

（2）如果*执行官员或*协助人员相信，通过操作电子设备获取的任何*数据，可能构成*证据材料，其可以：

（a）将该数据复制到磁盘、磁带或被带至该*场所的其他类似设备；或

（b）如果该场所的占有者书面同意——复制该数据至磁盘、磁带或在该场所的其他类似设备；

并且将该设备从场所带离。

（3）*执行官员或*协助人员可以做如下事项，如果其发现使用该设备可以获得任何*证据材料：

（a）扣押设备以及任何磁盘、磁带或其他相似设备；

（b）如果通过使用该*场所的设备，材料可以设置成文件形式——操作设备将材料设置成上述形式并扣押由此产生的文件。

（4）*被授权官员可以根据第（3）款（a）项扣押设备，仅当：

（a）第（2）款提及的复制*数据或第（3）款（b）项提及的将材料设置成文件形式不可行；或

（b）占有者拥有该设备可能构成犯罪。

第246条　有电脑知识或者电脑系统知识的人协助获取等

（1）*执行官员可以向治安法院申请命令要求特定的个人提供合理或必要的信息或帮助，以方便官员做以下一项或更多事项：

（a）获取在该*场所的电脑中拥有或可获得的数据；

（b）将该数据复制到*数据存储设备；

（c）将该数据转化成文件形式。

（2）治安法官可以签发命令，如果确信：

（a）有合理的根据怀疑*证据材料从该电脑中获得；和

（b）特定的个人是：

i 被合理地怀疑拥有，或控制*赃物或证据材料的个人；或

ii 该电脑的所有人或承租人；或

iii 该电脑的所有人或承租人的雇佣者；或

（c）特定的个人拥有关于如下内容的知识：

i 电脑或电脑组成部分的电脑网络；或

ii 用于保护电脑中所有或可获得的*数据的措施。

（3）个人有罪，如果该人无法遵守该命令。

刑罚：6个月有期徒刑或30个罚金单位，或两者兼有。

第247条　保护电子设备

（1）如果*执行官员或*协助人员基于合理的理由相信：

（a）*证据材料可以通过操作在*场所的电子设备获得；和

（b）操作设备需要专家帮助；和

（c）若其不采取行动，材料可能被破坏、改变或被干扰；

其可以做任何有必要保护该设备的事项，不论是将其上锁、安排守卫或其他方式。

（2）*执行官员或*协助人员必须将关于如下事项的通知送交该*场所的占有者：

（a）其保护设备的意图；和

（b）该设备可以最多被保护24小时的事实。

（3）该设备可以被保护：

（a）不超过24小时的期间；或

（b）直至该设备已由专家操作；

无论何者先发生。

（4）如果*执行官员或*协助人员基于合理的理由相信，专家协助在24小时内不可得，其可以向治安法官申请延长该期限。

（5）*执行官员或*协助人员必须通知该*场所的占有者其申请延期的意图，并且该占有者有权在相关的申请中被听取意见。

（6）本目有关*搜查令签发的条文，经必要调整后，适用于延期令的签发。

第248条　电子设备损坏的赔偿

（1）本条适用，如果：

（a）对设备损害的引起是第243条或第245条所提操作的结果；或

（b）在设备中记录的*数据被毁坏或与其使用相联系的程序被毁坏或损坏；

因为：

（c）选择操作设备的个人之时，未有充分注意；或

（d）操作设备的个人未加以充分注意。

（2）在设备的所有者或*数据或程序的使用者同意后，联邦必须向其支付上述毁坏或损害的合理赔偿。

（3）但是，如果该所有者或使用者无法与联邦达成一致，该所有者或使用者可以在澳大利亚联邦法院起诉，由法院裁定上述赔偿的合理数额。

（4）在裁定合理的赔偿支付数额时，必须考虑到该*场所的占有者及其雇佣者和*代理人，若其当时在场，是否提供有关该设备操作的任何合适的警告或指导。

（5）赔偿从议会的拨款中支付。

（6）出于第（1）款的目的，对*数据的损害包括对数据的消除或其他数据的添加。

第249条　提供扣押物品的复印件

（1）该*场所的占有者或另一个明显代表占有者及在*搜查令被执行时在场的个人，可以要求*被授权官员在没收如下事物时：

（a）文件、影片、电脑文件或其他易于被复制的物品；或

（b）信息易于被复制的存储设备；

给予该占有者或其他人物品或信息的副本。

（2）该官员必须在扣押后尽快做上述行为。

（3）但是，该官员不需要这样做，如果：

（a）该物品根据第245条第（2）款或第245条第（3）款（b）项被扣押（在场所使用电子设备）；或

（b）该占有者拥有文件、影片、电脑文件、物品或信息可能构成犯罪。

第250条　执行搜查令后提供文件

如果：

（a）当有关上述场所的*搜查令被执行时，文件的确存在，或可以从*金融机构的*场所中获取；和

（b）上述文件在当时不能被定位；和

（c）金融机构在搜查令执行结束后尽快将它们提供给*执行官员；

那么，文件被视为已根据搜查令被扣押。

第2目　截停和搜查运输工具

第251条　紧急情况下无搜查令进行搜查

（1）本条适用，如果*被授权官员基于合理的理由怀疑：

（a）构成*赃物或*证据材料的物品在*运输工具里面或上面；和

（b）为防止该物品被隐匿、丢失或毁坏，行使根据第（2）款的权力是必要的；和

（c）因为情况严重和紧急，在无*搜查令授权的情况下，行使该权力是必要的。

（2）该官员可以：

（a）截停以及扣留该*运输工具；和

（b）为该物品搜查运输工具和运输工具里面或上面的任何容器；和

（c）若其找到上述物品，则进行扣押。

（3）如果在搜查该物品过程中，官员发现另一个构成*赃物或*证据材料的物品，该官员可以扣押该物品，若其基于合理的依据怀疑：

（a）为防止其隐匿、丢失或毁坏，对其扣押是必要的；和

（b）由于情况严重和紧急，无*搜查令授权对其扣押是必要的。

（4）该官员必须根据第252条行使其权力。

第252条　被授权官员如何根据第251条行使权力

*授权的官员根据第251条行使有关*运输工具的权力时，其：

（a）可以使用必要的协助；和

（b）必须在公共场所或某些其他公众可以进入的地方搜查运输工具；和

（c）严禁扣留运输工具超过搜查它和其里面或上面的容器必要和合理的时间；和

（d）在必要和合理的情况下可以使用武力，但是严禁通过强制打开运输工具使其受损，或通过打开容器的一部分致任何在运输工具上面或里面

的容器受损，除非：

i 拥有该运输工具的个人（如有），显然已被给予合适的机会打开运输工具或容器；或

ii 给该人上述机会是不可能的。

第3目　对扣押物品的处置

第A分目　一般要求

第253条　根据搜查令扣押物品的收据

（1）*执行官员或*协助人员必须为如下物品提供收据：

（a）根据搜查令扣押的物品；或

（b）根据第244条第（1）款移动的物品（将物品移至另一处讯问或处理）；或

（c）根据第251条扣押的物品（在紧急情况下无搜查令进行搜查）。

（2）一张收据可以涉及两个或更多的物品。

第254条　对被扣押物品的义务

（1）如果物品根据*搜查令或根据第251条被扣押，物品*负责保管人必须：

（a）安排该物品被保管，直至其根据本法其他条文被处置；和

（b）确保当其被保存时，所有合理措施已被采取用于保存该物品。

（2）根据*搜查令或根据第251条被扣押物品的负责保管人，是负责执行搜查令或根据第251条扣押物品的*被授权官员所在*执行机构的主管。

（3）为本条目的，*执行机构（*移民和边境保护机构）的首领，是*海关总审计长。

第255条　取得没收令的效力

如果：

（a）物品根据*搜查令或根据第251条被扣押；和

（b）当该物品处于*负责保管人的控制下时，涉及该物品的*没收令签发；

负责保管人必须根据命令的要求处置该物品。

第B分目　被扣押物品作为证据

第256条　归还被扣押物品

（1）如果：

（a）物品根据*搜查令或根据第251条被扣押；和

（b）其被扣押的原因是个人基于合理的理由相信其是：

i *证据材料；或

ii 与*可公诉罪相关的证据材料（在《1914年刑法》的含义内）；或

iii 与来源不明财产程序有关的*物品；和

（c）如下之一：

i 该物品被扣押的原因不再存在或该物品被决定不再作为证据使用；或

ii 如果该物品根据第251条被扣押——在该物品扣押结束后的60天内；

负责执行搜查令的*被授权官员或根据第251条扣押物品的个人，必须采取合理的措施将物品归还给原所有人，若该人不再有权拥有它，应将其归还给所有者。

（2）但是，*被授权官员不需采取以上措施，如果：

（a）在第（1）款（c）项 *ii* 情况下：

i 有关该物品可以作为证据的程序已在60天结束前构建，并且尚未结束（包括就上述程序向法院的上诉）；或

ii 根据第258条有实施中的命令（更长期间内保留物品）；或

（b）任何情况下——被授权官员被授权（联邦、州、澳大利亚首都领

地或北方领地的法律或上述法院的命令）保存、毁坏或处理该物品；或

（c）在任何情况下——该物品被联邦没收或可被联邦没收或存在所有关系的争议。

第257条　被授权官员可以申请在更长期间内扣留物品

（1）本条适用，如果*被授权官员已根据本节扣押了物品，并且关于该物品可以作为证据的程序在以下期间结束前尚未开始：

（a）扣押后的60天；或

（b）根据本条先前在治安法官的命令中规定的期间。

（2）*被授权官员可以向治安法官申请命令，其可以在更长期间内扣留该物品。

（3）在提出申请前，*被授权官员必须：

（a）采取合理的措施发现可能被物品的扣留影响利益的个人；和

（b）如果可行，通知任何官员认为是上述提交申请影响到的个人。

第258条　治安法官可以命令扣留物品

（1）治安法官可以命令根据第257条提出申请的*被授权官员扣留物品，如果治安法官确信，出于启动或实施根据本法程序的目的，这样做对官员而言是必要的。

（2）该命令必须规定官员可以扣留该物品的期间。

第C分目　基于其他理由扣押的物品

第259条　返还扣押财产给第三方

（1）对根据*搜查令或根据第251条扣押的物品主张*利益的个人，基于合理的理由相信其为*赃物，可以向法院申请命令，将物品归还给该人。

（2）法院必须为以下法院：

（a）如果该物品根据*搜查令被扣押——签发搜查令且有*收益管辖权的州或领地法院；或

（b）如果该物品根据第251条被扣押——扣押物品且有收益管辖权的州或领地法院。

（3）法院必须命令该物品的*负责保管人，将该物品返还给申请者，如果法院确信：

（a）该申请者有权拥有该物品；和

（b）该物品并非与相关犯罪有关的*赃物；和

（c）被怀疑实施与扣押物品有关犯罪或被判该犯罪的个人，与该物品没有*利益关系。

（4）如果法院签发上述命令，物品的*负责保管人必须安排将该物品归还给该申请者。

第260条 若限制令或没收令的申请未提出，归还扣押财产

（1）如果：

（a）根据*搜查令或根据第251条物品已被扣押，由于个人基于合理的理由相信其为*赃物；和

（b）该物品被扣押时，涉及该物品的*限制令或*没收令的申请尚未被提出；和

（c）自该物品被扣押之日起的14天内，上述申请未被提出；

在上述期间结束后，该物品*负责保管人必须尽快安排将该物品归还给其原所有人。

（2）但是，本条不适用于第261条适用的物品。

第261条 获取限制令的效力

（1）如果：

（a）根据*搜查令或第251条物品已被扣押，由于个人基于合理的根据

相信其为*赃物；和

（b）但在本款，在特定的期间结束后，物品*负责保管人被要求尽快安排将该物品归还给个人；和

（c）在上述期间结束前，涉及该物品的*限制令签发；

那么：

（d）如果限制令指示*官方受托人监管和控制该物品——负责保管人必须遵守限制令，安排将该物品给予官方信托人；或

（e）如果签发限制令的法院已根据第（3）款对该物品签发了命令——负责保管人必须安排保留该物品直至其根据本法另一条文被处理。

（2）如果：

（a）根据*搜查令或第251条物品已被扣押，由于个人基于合理的理由相信其为*赃物；和

（b）有关该物品的*限制令已被签发；和

（c）限制令被签发时，该物品处于*负责保管人的控制中；

该物品的负责保管人，可以向签发限制令的法院申请命令，由其保留财产所有权。

（3）如果确信有合理的根据相信财产可以作为犯罪实施的证据，法院可以签发命令，*负责保管人可以在财产需要作为犯罪实施的证据期间保留财产。

（4）根据第（2）款给出与命令申请相关证据的证人，不需要回答问题或出示文件，如果法院确信该答案或文件会导致对个人犯罪侦查或起诉的偏见。

第262条 拒绝限制令或没收令申请的效力

如果：

（a）根据*搜查令或第251条物品已被扣押，由于个人基于合理的理由相信其为*赃物；和

（b）涉及该物品的*限制令或*没收令的申请已被提出；和

（c）该申请被驳回；和

（d）申请被驳回时，该物品处于*负责保管人的控制下；

在被驳回后，*负责保管人必须尽快安排将该物品归还给扣押时的所有人。

第4目　一般规定

第263条　本节的适用

本节不意图限制或排除有关如下事项的联邦、州或领地其他法律的实施：
（a）对人身或*场所的搜查；或
（b）截停、扣留或搜查*运输工具；或
（c）扣押物品。

第264条　与法律职业特权相关的法律不受影响

本节不影响与*法律职业特权相关的法律。

第265条　治安法官的司法管辖权

州或*自治领地的治安法官，可以签发在如下地区的*搜查令：
（a）上述州或领地；或
（b）另一州或*自治领地，如果其确信有特殊情况使搜查令签发合适；或
（c）*非自治领地。

第266条　在申请中作虚假陈述的犯罪

个人有罪，如果：
（a）该人作陈述（无论以口头、书面或其他任何方式）；和

（b）该陈述：

i 错误或令人误解；或

ii 遗漏了任何若没有，会使该陈述令人误解的事项或事物；且

（c）在*搜查令申请时制作，或与搜查令的申请相关。

刑罚：2年有期徒刑或120个罚金单位，或两者兼有。

第6节　信息的披露

第266A条　披　露

（1）本条适用，如果个人获得信息：

（a）作为如下事项的直接后果：

i 根据第39条第（1）款（ca）（d）或（da）项签发的命令，个人被给予宣誓陈述；或

ii 根据第3章第1节、第2节、第3节、第4节或第5节，作为权力行使（本人或其他人）或职能履行（本人或其他人）；或

iii 根据第4章第1节第1目，作为权力行使（本人或其他人）或职能履行（本人或其他人）；或

（b）根据本条或附录1第18条，作为披露或一系列披露行为的结果。

（2）个人可以向如下表格中所列的机构为该列中的目的披露信息，如果：

（a）个人基于合理的理由相信披露将实现该目的；和

（b）法院并未签发命令禁止该信息为该目的向该机构披露。

披露的接收者和目的罗列如表3–1。

表 3-1　披露的接收者和目的

条目	披露的机构	披露的目的
1	根据本法，行使一种或多种职能的联邦机构	便于机构履行本法的职责
2	联邦、州或 * 自治领地的机构，其具有对违反联邦、州、自治领地的法律的犯罪进行调查或起诉的职能	有助于对可公诉的 3 年以上或终身监禁刑犯罪的预防、侦查或起诉
2A	具有对违反该国法律的犯罪进行调查或起诉职能的外国机构	有助于对违反上述法律的犯罪行为的预防、侦查或起诉，如果其在 * 澳大利亚发生，构成违反联邦、州、* 自治领地的法律，可公诉的 3 年以上或终身监禁刑犯罪
2B	州或 * 自治领地的机构，根据州或领地 * 相应法律履行	以下之一或多个目的： （a）参与根据 * 相应法律的程序； （b）参与根据州或领地法律没收物品的程序； （c）决定是否构建在（a）项或（b）项提及的程序
2C	拥有如下一个或多个职能的外国机构： （a）调查或起诉违反该国法律的犯罪； （b）确认、定位、追踪、* 讯问或没收根据该国法律犯罪的 * 收益或 * 工具	有助于确认、定位、追踪、* 讯问或没收犯罪的 * 收益或 * 工具，如果确认、定位、追踪、讯问、没收根据本法或州、* 自治领地的 * 相应法实施，如果收益或工具与违反联邦、州、领地的犯罪相关
2D	联邦、州或自治领地的机构，其具有对违反联邦、州、自治领地的法律的犯罪进行调查或起诉的职能	有助于对如下罪行的预防、侦查或起诉： （a）违反本法的犯罪，且其包括对义务或要求的不履行；或 （b）违反第 15G 条、第 197A 条、第 209 条、第 216 条、第 222 条、第 266 条的犯罪；或 （c）违反本法附录 1 第 8 条或第 15 条的犯罪；或 （d）违反与本法相关的《刑法典》第 137 条第 1 款或第 137 条第 2 款的犯罪；或 （e）与根据本法签发的法院命令不遵守的犯罪
2E	* 互助协作机构	如下一项或两项目的： （a）便利互相协助机构履行其与《1988 年引渡法》《2002 年国际刑事法院法》《1995 年国家战争犯罪审判庭法》或 *《互助法》相关的职能； （b）附属或等同于互相协助职能的目的
2F	与在第 2E 项提及的互助协助机构职能相应的外国机构	如下一项或两项目的： （a）有助于对违反上述法律的犯罪行为的预防、侦查或起诉，如果其在澳大利亚发生，构成违反联邦、州、* 自治领地的法律，可公诉的 3 年以上或终身监禁刑犯罪； （b）有助于确认、定位、追踪、* 讯问或没收犯罪的 * 收益或 * 工具，如果确认、定位、追踪、讯问、没收根据本法或州、自治领地的 * 相应法律实施，如果收益或工具与违反联邦、州、领地的犯罪相关

条目	披露的机构	披露的目的
3	澳大利亚税收办公室	保护公共财政收入
4	＊国际刑事法院	使得或有助于国际刑事法院履行其职能
5	＊国家战争犯罪审判庭	使得或有助于国际战争犯罪审判庭履行其职能
6	专业纪律机构	使得或有助于机构履行其职能

【注释】本条不意图改变适用于向外国披露信息适用的程序（如根据《1987年刑事事项互助法》的程序）。如果本条适用于信息，本条授权对信息的披露与上述程序一致。

（2A）为避免异议，本条不阻止个人披露或使用以下信息：

（a）出于获取信息的目的；或

（b）为直接或间接与信息获取的目的相关或类似的目的；或

（c）如果个人获得信息是基于本条或附录1第18条，作为披露或一系列披露行为的结果：

i 出于基于披露或一系列披露的结果获取信息的目的；或

ii 为直接或间接与为基于披露或一系列披露的结果获取信息的目的相关或类似的目的。

对披露信息使用的限制

（3）在针对在＊讯问中回答问题或出示文件的个人的民事或＊刑事程序中，根据本条披露的如下事项不得采纳作为针对该人的证据：

（a）该答案或文件；

（b）在答案或文件中包含的信息。

（4）第（3）款不适用于：

（a）给出错误或令人误解的信息的＊刑事程序；或

（b）根据本法申请的程序；或

（c）附属于根据本法申请的程序；或

（d）实施＊罚没令的程序；或

（e）文件赋予或施加的权利或义务有关的民事程序；或

（f）违反第3章第1节的犯罪程序。

【注释】第（3）款和第（4）款反映了第198条。

（5）在针对个人基于*出示令出示文件或使得文件可得的*刑事程序中，根据本条披露的如下事项不得采纳作为针对该人的证据：

（a）该文件；

（b）文件中包含的信息。

（6）第（5）款不适用于根据《刑法典》第137条第1款或第2款（虚假或令人误解的信息或文件）在与出示或提供文件有关的程序中。

【注释】第（5）款和第（6）款反映了第206条第（2）款。

（6A）第（5）款不适用于违反第3章第2节的犯罪程序。

（7）为避免异议，本条不影响任何根据本条披露结果获得的任何信息、文件或事项作为证据的可采性。

与第228条第（2）款的关系

（8）为避免异议：

（a）本条不禁止根据第228条第（2）款（关于授权*执行官员使根据搜查令扣押的物品为其他*执行机构的官员可得的*搜查令）；和

（b）第228条第（2）款不限制本条。

第 4 章

管　理

第1节　官方受托人的权力和义务

第1目　初步事项

第267条　本节适用于与官方受托人权力和义务有关的财产

（1）如果法院根据第38条命令官方受托人监管和控制财产，在本节关于财产被赋予*官方受托人的权力可以被行使，且施加于官方受托人的义务需要被履行。

（2）该财产是被控制财产。

（3）但是，与受制于*限制令的任何财产相关的，根据第4目赋予*官方受托人的权力可以被行使，且施加于官方受托人的义务需要被履行，不论该财产是否是*被控制财产。

第267AA条　根据第2目官方受托人的权力适用的附加财产

（1）根据第2目授予*官方受托人的权力可以针对如下事项行使：

（a）属于*没收令目标的财产；或

（b）根据第92条没收的财产；或

（c）根据第282条或第282A条指示的财产。

（2）不限于第267条对被控制财产的定义，根据第2目的目的，上述财产是被控制财产。

第267AB条　根据第3目官方受托人的权力适用的附加财产

（1）根据第3目授予*官方受托人的权力，以及根据第3目施加于官方受托人的义务，可以针对如下事项行使：

（a）属于*没收令目标的财产；或

（b）根据第92条没收的财产；或

（c）根据第282条或第282A条指示的财产。

（2）如果财产是*没收令目标的财产，根据第3目授予官方受托人的权力，以及根据第3目施加于官方受托人的义务，可以针对如下事项行使：

（a）在如下期间：

i 从没收令签发时开始；和

ii 在第69条第（1）款规定之后的时间结束；或

（b）第86条提及的期间。

（3）如果财产根据第92条被没收，根据第3目授予*官方受托人的权力，以及根据第3目施加于官方受托人的义务，可以在如下期间行使：

（a）从没收令签发时开始；和

（b）在第99条第（1）款规定之后的时间结束。

（4）如果财产根据第282条或第282A条的指示被没收，根据第3目授予*官方受托人的权力，以及根据第3目施加于官方受托人的义务，可以在根据第285条规定的上诉期间行使。

（5）不限于第267条对被控制财产的定义，根据第3目、第289条和第290条的目的，被本条第（1）款、第（2）款、第（3）款或第（4）款涉及的财产是被控制财产。

第267A条　根据第3目官方受托人的权力和义务适用的附加财产

（1）根据第3目授予*官方受托人的权力，以及根据第3目施加于官方受托人的义务可以被实施，根据第278条第（2）款（d）项，可能被处置用于支付根据第4章第2节的*法律援助委员会费用的财产。

（2）不限于第267条对被控制财产的定义，根据第3目的目的，上述财产是被控制财产。

第2目　获得关于被控制财产的信息

第268条　获取账册

（1）*官方受托人或其他由官方受托人书面授权根据本条行使权力的个人，为以下目的：

（a）确保所有*被控制财产在官方受托人的保管和控制下；或

（b）确保官方受托人根据本节有关被控制财产权力的有效行使或义务的履行；

可以要求：

（c）与涉及被控制财产*限制令有关的*犯罪嫌疑人；或

（d）任何其他拥有被控制财产或主张与被控制财产有*利益关系的个人；

根据本条，出示特定*账册。

（2）该要求必须是书面通知。

（3）该要求必须是出示*账册：

（a）给特定的个人；和

（b）在特定的地点、特定的期间或特定日期的特定时间，该地点、期间、时间和日期须是合理的。

（4）该*账册必须是：

（a）处于被提出要求个人控制下；和

（b）在*官方受托人或其他提出要求的人看来，与其所追求目的相关。

（5）如果*账册按上述要求出示，*官方受托人、其他提出要求的个人或特定个人：

（a）可以复制或摘抄该账册；和

（b）可以要求：

i 根据本条被要求出示账册的个人；或

ii 任何其他属于账册汇编当事人的个人；

尽其所能解释任何有关账册的汇编或账册涉及的事项。

（6）如果*账册未按上述要求被出示，*官方受托人、其他提出要求的个人或特定的个人可以要求根据本条被要求的个人尽其所能地向州出示账册：

（a）在账册可被找到之地；和

（b）最后有所有权、监管或控制该账册之人且该人可被找到之地。

（7）根据本条出示的*账册，并不损害该人在账册中的留置权。

第269条　犯罪嫌疑人协助官方受托人

与涉及*被控制财产*限制令有关的*犯罪嫌疑人，除非由*官方受托人免除义务或因疾病或其他充分理由受阻，必须：

（a）给官方受托人下列*账册［包括该人联合企业（在《1966年破产法》的含义内）的账册］：

i 在该人的控制下；和

ii 与该人的任何*事项相关；

如果官方受托人要求；和

（b）无论何时，官方受托人提出合理要求时到场；和

（c）如果官方受托人要求，给官方受托人与该人的行为和受讯问事项相关的上述信息；和

（d）如果官方受托人合理要求，给予官方受托人根据本节与被控制财产有关的权力行使或义务履行所需的帮助。

第270条　获取信息和证据的权力

（1）通过将书面通知给予个人，*官方受托人可以要求该人：

（a）做如下事项：

i 给予官方受托人在本节为权力行使或义务履行目的所需的信息；和

ii 根据通知中规定的时间和方式完成；

（b）做如下事项：

i 在官方受托人或根据本款由官方受托人书面授权行使权力的个人前出现；和

ii 出示与根据本节官方受托人权力行使或义务履行目的的任何事项有关的证据；

（c）做如下事项：

i 通过视频链接的方式，向官方受托人或根据本款由官方受托人书面授权行使权力的个人出示证据，如果证据与根据本节官方受托人权力行使或义务履行目的的任何事项相关；和

ii 在通知中规定的时间内开始做。

（d）做如下事项：

i 通过电话方式，向官方受托人或根据本款由官方受托人书面授权行使权力的个人出示证据，如果证据与根据本节官方受托人权力行使或义务履行目的的任何事项相关；和

ii 在通知中规定的时间内开始做。

（e）做如下事项：

i 出示根据本节官方受托人权力行使或义务履行目的的任何事项相关的，被通知的个人拥有的所有*账册；和

ii 在通知中规定的时间内开始做。

（2）根据第（1）款（b）项、（c）项或（d）项要求的情形，*官方受托人或根据该项被授权的个人：

（a）可以要求信息或证据通过口头或书面宣誓的方式出示；和

（b）为上述目的可以促进宣誓。

（3）通过视频链接给出口头或书面宣誓的个人，可以通过如下方式促进：

（a）通过视频链接，视情况而定，尽可能与个人在*官方受托人或根据第（1）款（c）项授权的个人面前的方式一致；或

（b）如下：

i 视情况而定，代表官方受托人或根据第（1）款（c）项授权的个人；

ii 视情况而定，由代表官方受托人或根据第（1）款（c）项授权的个人授权；

iii 在个人出庭举证的场合。

（4）通过电话方式给出口头或书面宣誓的个人，可以通过如下方式促进：

（a）通过视频链接，视情况而定，尽可能与个人在*官方受托人或根据第（1）款（c）项授权的个人面前的方式一致；或

（b）如下：

i 视情况而定，代表官方受托人或根据第（1）款（c）项授权的个人；

ii 视情况而定，由代表官方受托人或根据第（1）款（c）项授权的个人授权；

iii 在个人出庭举证的场合。

第271条　反对自证其罪特权

（1）在本节，个人不被免除给出信息或出示文件的义务，因其会导致个人自证其罪或使该人受刑罚。

（2）但是，在自然人的情况下：

（a）给出的信息；或

（b）出示的文件；

不得在针对该自然人的*刑事程序中作为证据采纳，除非是在如下程序：

（c）因违反《1995年刑法典》第137条第1款或第2款（虚假或令人误解的信息和文件）与出示信息或文件相关的犯罪程序；或

（d）违反本目的犯罪程序。

第272条　根据第268条或第269条与权力实施有关的犯罪

（1）个人有罪，如果该人拒绝或无法遵守第268条或第269条的要求。

刑罚：6个月有期徒刑或30个罚金单位，或两者兼有。

（2）个人有罪，如果该人阻碍或阻止他人根据第268条或第269条行使权力。

刑罚：6个月有期徒刑或30个罚金单位，或两者兼有。

第273条　无法提供信息

个人有罪，如果该人拒绝或无法遵守根据第270条第（1）款（a）项给予该人的通知。

刑罚：6个月有期徒刑或30个罚金单位，或两者兼有。

第274条　个人无法出现

个人有罪，如果：

（a）根据第270条第（1）款（b）项，个人因通知要求出现在*官方受托人或根据该款授权的个人面前；和

（b）该人：

i 无法根据通知要求出现；或

ii 未由官方受托人或根据该款授权的个人免除或豁免进一步的出席义务时（视情况而定），无法出席和进行每天汇报。

刑罚：6个月有期徒刑或30个罚金单位，或两者兼有。

第275条　拒绝宣誓或者提供证据等

（1）个人有罪，如果：

（a）根据第270条第（1）款（b）项的通知要求，个人在*官方受托人或根据该款授权的个人面前出现；和

（b）该人拒绝或无法：

i 宣誓或作出郑重声明；或

ii 回答官方受托人或根据该款被授权之人提出的问题（视情况而定）。

刑罚：6个月有期徒刑或30个罚金单位，或两者兼有。

（2）个人有罪，如果：

（a）根据第270条第（1）款（c）项的通知，个人被要求通过视频链接方式作证；和

（b）该人拒绝或无法：

i 宣誓或作出郑重声明；或

ii 回答*官方受托人或根据该款被授权之人提出的问题（视情况而定）。

刑罚：6个月有期徒刑或30个罚金单位，或两者兼有。

（3）个人有罪，如果：

（a）根据第270条第（1）款（d）项的通知，个人被要求通过电话方式作证；和

（b）该人拒绝或无法：

i 宣誓或作出郑重声明；或

ii 回答*官方受托人或根据该款被授权之人提出的问题（视情况而定）。

违反本款的刑罚：6个月有期徒刑或30个罚金单位，或两者兼有。

第275A条　无法出示账册

个人有罪，如果：

（a）根据第270条第（1）款（e）项的通知，个人被要求出示*账册；和

（b）该人拒绝或无法遵守通知。

刑罚：6个月有期徒刑或30个罚金单位，或两者兼有。

第3目　与被控制财产有关的处置

第276条　保全被控制财产

*官方受托人可以做任何为保全*被控制财产所需的合理事项，包括如下：

（a）成为影响该财产的任何民事诉讼程序的一方当事人；

（b）确保该财产被投保；

（c）变现或以其他方式处置任何是证券或投资的财产；

（d）如果任何的财产是商事企业：

i 雇佣或终止雇佣该企业中的个人；或

ii 做任何必要或方便的事项，使其在良好的商业基础上继续运作。

第277条　附于股票的权力

*官方受托人可以行使附于任何是股票的*被控制财产上的权力，如同官方受托人是该股票的登记持有者，以排除（真正的）登记持有者。

第278条　毁坏或处置财产

（1）*官方受托人可以毁坏*被控制财产，如果：

（a）其符合公共利益；或

（b）其为公共健康或安全所要求。

（2）*官方受托人可以通过出售或其他方式，处置*被控制财产：

（a）基于与财产有*利益关系的所有当事人的同意；或

（b）如果在官方受托人看来，财产很可能失去价值；或

（c）如果在官方受托人看来，控制财产直至官方受托人最终对其处置的费用，有可能超过或代表了巨大一部分该财产最终被处置时的价值；或

（d）如果在官方受托人看来，对财产或部分财产的处置，对支付根据第4节第（2）款的*法律援助委员会的费用是有必要的。

第279条　意图毁坏或处置的通知

（1）*官方受托人必须将意图毁坏或处置的书面通知给如下个人：

（a）如果*被控制财产被*没收令涉及：

i 在没收令签发前不久，财产的所有者；和

ii *官方受托人有理由相信在没收令签发前不久对财产有收益的任何其他人；或

（b）如果被控制财产根据第92条被没收：

i 在没收令签发前不久，被控制财产的所有者；和

ii 官方受托人有理由相信在没收令签发前不久对财产有收益的任何其他人；或

（c）任何其他情况下：

i 被控制财产的所有者；和

ii 官方受托人有理由相信对财产有收益的任何其他人。

（2）已经被通知的个人，可以在收到通知的14天内，以书面形式向*官方受托人提出异议。

（3）然而，根据第278条第（2）款（d）项列出的理由，个人可以反对对*被控制财产处置，仅如果：

（a）被控制财产的价值超过了有争议的应支付给法律援助委员会的金钱价值总额；和

（b）该人和官方受托人无法就被控制财产处置的条目或部分达成共识。

（4）根据第（3）款的异议必须：

（a）仅与*被控制财产应当被处置的条目或部分有关；和

（b）明确该人不反对*官方受托人处置的财产条目或部分。

先前处置协议

（5）第（1）款并不要求*被控制财产处置的书面通知给以书面形式同意对被控制财产处置的个人。

（6）如果：

（a）个人已经同意了对*被控制财产的处置；和

（b）*官方受托人处置该财产；

官方受托人必须：

（c）将书面处置财产通知给予该人；和

（d）在财产处置后尽快做。

第280条 如果个人反对意图毁坏或处置的程序

（1）如果*官方受托人希望继续已被个人反对的意图毁坏或处理的程序，官方受托人必须向签发涉及*被控制财产的*限制令的法院申请命令，获得其可以毁坏或处置该财产的许可。

（2）法院必须签发命令毁坏*被控制财产，如果：

（a）其符合公共利益；或

（b）其为公共健康或安全所要求。

（3）法院在裁定毁坏*被控制财产是否符合公共利益时，可以将任何它认为合适的因素考虑在内，包括：

（a）若其被出售，该财产会如何被使用；和

（b）修复该财产至其可出售状态的费用，是否会超过其可变现的价值；和

（c）出售该财产的价值，是否会超过其可变现的价值；和

（d）财产的出售是否是合法的。

（4）法院可以签发命令处分*被控制财产，如果在法院看来：

（a）该财产有可能失去价值；或

（b）控制财产直至*官方受托人最终对其处置的费用，有可能超过或代表了巨大一部分该财产最终被处置时的价值。

（4A）法院必须签发处置*被控制财产的命令或处置被控制财产条目或部分的命令，如果在法院看来，处置对支付根据第4章第2节的*法律援助委员会的费用是必要的。

（5）法院也可以：

（a）命令特定个人承担控制*被控制财产的费用，直至其最终被*官方受托人处置；或

（b）命令特定个人承担反对意图毁坏或处置该财产的费用。

第281条　出售财产的收益

（1）从出售第278条的*被控制财产变现的任何数额：

（a）如果财产涉及*限制令，则财产被视为由限制令涉及；或

（b）如果财产涉及*没收令，则财产被视为由没收令涉及；或

（c）如果财产根据第92条被没收，则财产被视为根据该条被没收；或

（d）如果财产受限于根据第142条的抵押，则财产被视为受限于该抵押；或

（e）如果财产受限于根据第169条的抵押，则财产被视为受限于该抵押；或

（f）如果财产受限于根据第179SA条的抵押，则财产被视为受限于该抵押。

（2）如果*被控制财产：

（a）涉及*限制令或*没收令；和

（b）基于财产是限制令或没收令所涉犯罪的*收益或犯罪*工具；

根据第278条对财产出售实现的收益，继续是上述犯罪的收益或犯罪工具。

第281A条　官方受托人不需要在被控制财产中获得任何其他的财产利益

为避免异议，*官方受托人不需要在*被控制财产中获得任何其他的财产利益，当：

（a）根据本目授权实施权力；或

（b）根据本目施加的义务。

第4目　撤销罚金令和名声收益命令

第282条　由法院给予官方受托人关于特定限制令的指示

（1）如果第（2）款、第（3）款或第（4）款适用，法院可以指示*官方受托人从受限于*限制令的财产中支付与下列数额相同的数额给联邦：

（a）基于*罚金令的*罚金数额；或

（b）基于*名声收益命令的*名声收益数额。

（2）签发*罚金令或*名声收益命令的法院，可以在该命令中包含上述指示，如果：

（a）该命令是针对与一个或多个犯罪有关的个人签发；和

（b）针对与上述一个或多个犯罪，或一个或多个*相关犯罪有关的个人的*限制令已被签发。

（3）签发*限制令的法院可以在命令中包含上述指示，如果：

（a）针对与一个或多个犯罪有关的个人的*罚金令或*名声收益命令已被签发；和

（b）限制令随后被签发：

i 针对与上述一个或多个犯罪有关的个人；或

ii 针对另一个人的财产，其与根据第141条第（1）款有效的罚金令或根据第168条第（1）款有效的名声收益命令相关。

（4）签发*罚金令、*名声收益命令或*限制令的法院，可以根据*负责机构的申请签发指示，如果：

（a）针对与一个或多个犯罪相关的个人的罚金令或名声收益命令已被签发；和

（b）限制令已经被签发：

i 针对与上述一个或多个罪行相关的个人；或

ii 针对另一个人的财产，其与根据第141条第（1）款有效的罚金令或根据第168条第（1）款有效的名声收益命令相关。

第282A条　由法院给予官方受托人关于来源不明财产命令的指示

（1）如果第（2）款、第（3）款或第（4）款适用，法院可以指示*官方受托人从受限于根据第20A条*限制令的财产中，支付与基于*来源不明财产命令的*来源不明财产数额相同的数额给联邦。

（2）签发*来源不明财产命令的法院，可以在该命令中包含上述指示，如果*限制令：

（a）已经针对个人签发；和

（b）与构成个人*全部财产的部分财产相关。

（3）签发*限制令的法院可以在命令中包含上述指示，如果：

（a）针对个人的*来源不明财产命令已被签发；和

（b）限制令随后被签发：

i 针对根据第20A条的个人；或

ii 针对另一个人的财产，其与根据第179S条有效的来源不明财产命令相关。

（4）签发*来源不明财产命令或*限制令的法院，可以根据*负责机构的申请签发指示，如果：

（a）针对个人的来源不明财产命令已被签发；和

（b）限制令已经被签发：

i 针对第20A条的个人；或

ii 针对另一个人的财产，其与根据第179S条有效的来源不明财产命令相关。

第283条　法院可以包含进一步的指示等

（1）为确保*官方受托人遵守基于第282条或第282A条法院给出的指示，在给出指示的命令或随后的命令中，法院可以：

（a）指示官方受托人出售或处置法院规定的受制于*限制令的财产；和

（b）任命法庭官员或任何其他人：

i 以财产所有者或与财产有*利益关系的个人的名义，执行任何契约或文据；和

ii 做任何使得契约或文据有效或可执行必要的行为或事项。

（2）根据本条命令被任命的个人对契约或文据的执行，与财产所有者或与财产有*利益关系的个人对契约或文据的执行，有同等效力和合法性。

第284条　官方受托人执行指示

（1）如果*官方受托人根据第282条或第282A条被给予与财产有关的指示，在第285条的上诉期限届满后，官方受托人必须尽快：

（a）非金钱的财产部分——出售或以其他方式处置财产；和

（b）使用：

i 金钱的财产部分——上述金钱；和

ii 从财产其他部分的出售或处置中获取的数额；

支付第288条第（1）款规定的，由*限制令引起或与限制令相关的，以及根据规定支付给官方受托人的支出、费用、花费或酬劳；和

（c）根据第296条的规定，将金钱余额和收到的数额存入*没收资产账户。

（2）但是，如果在第（1）款（c）项提及的余额，超过了*罚金数额或*名声收益数额（视情况而定），*官方受托人必须：

（a）根据第296条的规定，将与罚金数额或名声收益数额相同的数额存入*没收资产账户；和

（b）支付差额给财产受制于*限制令的个人。

第285条 在上诉期间，官方受托人不执行指示

（1）如果*官方受托人根据第282条或第282A条被给予与财产有关的指示，官方受托人严禁：

（a）如果该财产是金钱——根据第284条使用该金钱，直至本条的上诉期间结束；和

（b）如果该财产不是金钱——出售或者以其他方式处置该财产，直至上述期间结束。

（2）本条的上诉期间，结束于：

（a）如果规定指示的针对有关的*罚金令、*名声收益命令或*来源不明财产命令提起上诉的期间已经结束，而上述上诉仍未被提起——上述期间结束时；或

（b）如果针对罚金令、名声收益命令或来源不明财产命令的上诉已经提起——当上诉失效或被最终裁定时。

（3）但是，如果个人被定与*罚金令或*名声收益命令相关的任何犯罪，该上诉期间是：

（a）期间结束于：

i 如果规定的针对指示有关的定罪提起上诉的期间已经结束，而上述上诉仍未被提起——上述期间结束时；或

ii 如果针对定罪的上诉已经提起——当上诉失效或被最终裁定时；或

（b）根据第（2）款的上诉期间；

不论何者后结束。

（4）出于第（3）款的目的：

（a）如果该人被视为因第331条第（1）款（b）项定罪，则在该项中规定的针对该定罪提起的上诉是对该人被定罪的事实裁决提起的上诉；和

（b）如果该人被视为因第331条第（1）款（c）项定罪，则在该项中规定的针对该定罪提起的上诉是对该人在该项中其他犯罪的定罪提起的上诉。

被控制财产

（5）如果出于第4章第1节第3目的目的，根据第282条或第282A条签发的指示有关的财产是被控制财产，本款并不阻止或限制*官方受托人根据该目执行权力或履行职责。

第286条　通过存入没收资产账户撤销罚金令和名声收益命令

（1）如果在本节，*官方受托人根据第296条的要求，为履行该人基于*罚金令的义务将金钱存入*没收资产账户，则该人基于罚金令的义务在该存款的范围内被撤销。

（2）如果在本节，*官方受托人根据第296条的要求，为履行该人基于*名声收益命令的义务将金钱存入*没收资产账户，则该人基于名声收益命令的义务在该存款的范围内被撤销。

（3）如果在本节，*官方受托人根据第296条的要求，为履行该人基于*来源不明财产命令的义务将金钱存入*没收资产账户，则该人基于来源不明财产命令的义务在该存款的范围内被撤销。

第5目　杂项规定

第287条　不向共同投资基金支付金钱

因*限制令由*官方受托人监管或控制的金钱，严禁支付给《1966年破产法》第20B条规定（不考虑该条文中任何事项）的共同投资基金。

第288条　官方受托人的费用等

（1）条例可以制作关于如下事项的条文：

（a）*官方受托人根据本法、*《互助法》第6章、《1901年关税法》第208DA条或第13章第3目的规定行使职权或履行义务所产生的开支、费用或花费；和

（b）官方受托人在上述活动中的酬劳。

（2）与*官方受托人根据规定收到的酬劳相同的数额被支付给联邦。

第289条　由被控制财产产生的收入

（1）*官方受托人可以使用任何从*被控制财产中产生的收入，根据第288条目的制定的规定，支付给与该财产相关的官方受托人。

【注释】另见第267AB条，为了本条的目的，其扩展了被控制财产的含义。

（2）但是，如果与*被控制财产相关的*限制令失效，且该财产被归还至其所有者，*官方受托人必须安排将与下列差异等同的数额支付给所有者：

（a）根据本条产生的与该财产相关的所有金额；和

（b）*官方受托人为维护财产或从财产中产生收入所需的费用总和。

（3）本条不影响*官方受托人根据为第288条目的制定的规定，可以追缴应当支付给官方受托人的数额的其他方式。

第290条　官方受托人不承担个人责任

（1）对于如下事项，*官方受托人不承担个人责任：

（a）经主张与*被控制财产的全部或部分有*利益关系的个人确认，因官方受托人监管和控制财产产生的任何损失或毁坏；或

（b）确立财产中利益程序的费用；

除非法院确信，对于监管和控制该财产，官方受托人因疏忽有罪。

【注释】另见第267AB条，为了本条的目的，其扩展了被控制财产的含义。

（2）对于如下事项，*官方受托人不承担个人责任：

（a）根据联邦、州或领地的法律对*被控制财产施加的任何税率、陆地税或市政或法定的费用，除非是从官方受托人基于该财产获取的任何租金或利润中支付；和

（b）如果在监管和控制财产时，官方受托人继续从事商业活动——关于如下事项的长期服务许可或延长许可的费用：

i 在官方受托人管理前，已从事该商业个人的许可；或

ii 官方受托人的雇佣者，因其职责作为商业活动的管理人和控制者或该雇佣者的法律代表，在涉及该财产的*限制令签发后有权的许可；和

（c）任何其他有关该财产的费用。

第291条　官方受托人的补偿

（1）联邦必须补偿*官方受托人根据本条，在权力和义务的实施或意图实施过程中，任何作为或不作为引起的个人债务（包括任何与费用有关的债务）。

（2）联邦对基于上述补偿支付的款项有与*官方受托人相同的补偿权，如果官方受托人对此加以支付。

（3）相同的补偿权包括基于其他补偿给予*官方受托人的补偿。

（4）第（1）款不影响：

（a）在该款中规定的*官方受托人个人债务必须被补偿的任何其他权利；或

（b）基于上述个人债务给予官方受托人的任何其他补偿。

第2节 法律援助

第293条 因代理犯罪嫌疑人和其他人向法律援助委员会支付费用

（1）本条适用，如果：

（a）*法律援助委员会为如下事项产生的法律费用（本款实施前、过程中或实施后）：

i 在根据本法的程序中为个人代理，该人是指在代理时，财产被*限制令涉及的个人；或

ii 在针对个人的任何刑事诉讼程序中为其代理，该人是指在代理时是*犯罪嫌疑人且财产在当时被限制令涉及的个人；和

（b）根据本法，委员会在诉讼中代表犯罪嫌疑人的法律费用；和

（c）官方受托人确信账单真实且正确。

（2）根据第（2A）款的规定，*官方受托人必须从没收资产账户中，向*法律援助委员会支付法律费用（根据账单）。

（2A）如果*官方受托人确信：

（a）*没收资产账户的余额无法支付法律费用；和

（b）个人的财产被*限制令涉及；

官方受托人必须尽最大可能从被命令涉及的财产中向*法律援助委员会支付法律费用（根据账单）。

（3）如果*官方受托人根据本条向*法律援助委员会支付数额，且个人财产由*限制令涉及，个人必须向联邦支付等同于下列更少一项的数额（或两者相同）：

（a）向法律援助委员会支付的数额；

（b）个人财产由限制令涉及的数额。

（4）个人支付数额的义务被撤销，如果根据本法，下列财产被联邦没收：

（a）*限制令涉及的所有财产；或

（b）某些被涉及的财产，作为财产的价值等同或超过该数额。

第294条　向法律援助委员会披露信息

在*法律援助委员会裁定个人根据本法是否应获得法律援助时，申请第293条提及的*限制令的*负责机构或*官方受托人可以向委员会披露根据本法获取与作出上述裁定相关的信息。

第3节　没收资产账户

第1目　账户的确立、存入和支付

第295条　账户的确立

（1）账户确立为没收资产账户。

（2）该账户是为《2003年公共管理、绩效与责任法》的目的设立的特殊账户。

第296条　存入账户

（1）必须在*没收资产账户中，存入与下列各项相等的数额：

（a）没收资产的*收益；和

（aa）进项税抵扣：

i 与*官方受托人有关；和

ii 与根据第70条或第100条的处置相关；和

（b）在*《互助法》的含义内，根据在刑事事项中提供互助的条约或协议，由外国向联邦支付的金钱；和

（c）根据《互助法》第34条登记的*外国罚金令，向联邦支付的金钱；和

（d）根据*非自治领地登记的*州际间没收令的实施获得的金钱，除了

根据第70条第（2）款或第100条第（2）款指示所涉的金钱；和

（e）根据*公平分享计划，州或*自治领地向联邦支付的金钱；和

（ea）根据*国家来源不明财产合作计划，由州或自治领地向联邦支付的数额；和

（f）除第（b）项提及的金钱，因联邦提供上述国家*非法活动收益的追缴或非法活动的调查或起诉的协助，由外国支付给联邦的金钱；和

（g）根据第293条第（3）款支付给联邦的金钱，以及联邦执行根据第302A条创设的抵押而追缴的任何数额；和

（gb）根据*外国违反起诉协议，由个人向联邦（直接或间接）支付的金额（刑罚除外），且代表如下全部或部分：

i 由该人宣称的从非法活动中获得的全部或部分*利益；

ii 全部或部分，直接或间接，由个人从非法活动中获得或变现的全部或部分财产；

iii 全部或部分用于非法活动实施或与非法活动的实施有关的财产；

iv 全部或部分意图用于非法活动实施或与非法活动的实施有关的财产；和

（h）在*《互助法》第35G条第（1）款（b）项中提及的余额；和

（i）在《互助法》第35G条第（2）款（c）项中提及的收益余额；和

（j）在《1914年刑法》第9A款（c）项中提及的收益余额；和

（k）在《1901年关税法》第208DA条第（3）款（a）项中提及的金额；和

（l）在《1901年关税法》第208DA条第（3）款（b）项 *iii* 中提及的收益余额；和

（m）在《1901年关税法》第243B条第（4）款中提及的数额；和

（n）在《1901年关税法》第243G条第（6）款（a）项中提及的余额；和

（o）在《1901年关税法》第243G条第（6）款（b）项 *iii* 中提及的余额。

（3）以下是没收资产的收益：

（a）在第70条第（1）款（c）项中规定的金钱的余额和数额；

（b.）在第89条第（1）款（c）项或第90条（f）项中规定的数额；

（c）在第100条第（1）款（c）项中规定的金钱的余额和数额；

（d）在第105条第（1）款（c）项或第106条（f）项中规定的数额；

（e）在第140条第（1）款中规定的数额；

（f）在第167条第（1）款中规定的数额；

（fa）在第179R条第（1）款中规定的数额；

（g）在第284条第（1）款（c）项中规定的金钱的余额和数额；

（h）在第284条第（2）款（a）项中规定的数额；

（i）与本法有关的程序争议中向联邦的支付。

（4）*公平分享计划，是根据以下任何一项或所有发生时的安排：

（a）联邦与*参与州或*自治领地共享根据联邦法从*非法活动中追缴的任何*收益的份额［除分享的没收资产*收益（在*来源不明财产国家合作计划协议的含义内）］，如果在部长看来，上述州或领地已经对上述收益的追缴、相关非法活动的侦查或起诉作出了重大的贡献；

（b）每个参与州或领地与联邦共享从违反上述州或领地刑法的行为中产生的任何收益，如果在上述州或领地合适的部长看来，*执行机构的官员已经为上述收益的追缴作出了重大的贡献；

（c）联邦与外国共享根据联邦法从非法活动中追缴的任何收益的份额［除分享的没收资产收益（在来源不明财产国家合作计划协议的含义内）］，如果在部长看来，该国已对上述收益的追缴、相关非法活动的侦查或起诉作出了重大的贡献。

第297条　从账户支付

（1）以下是*没收资产账户的目的：

（a）通过经济援助的方式向州或*自治领地，支付任何部长根据公平分享计划认为合适的金额；

（aa）通过经济援助的方式向外国，支付任何部长根据*公平分享计划认为合适的金额；

（ab）根据*国家来源不明财产合作计划，通过经济援助的方式，向州或自治领地支付；

（ac）根据国家来源不明财产合作计划向外国支付；

（b）向根据第298条，由部长批准的项目支付；

（ba）根据第298A条的目的向州和领地援助，根据第298E条，向*澳大利亚政府理事会改革基金转移金额；

（c）支付部长认为系履行联邦关于《1987年刑事事项互助法》的义务必要的金额：

i 登记的*外国没收令；或

ii 根据《1995年国际战争犯罪法庭法》第45条登记的命令；或

iii 登记的*外国罚金刑；

（d）根据第296条第（1）款（b）项，从国外获得的金钱存入该账户后，向州或*自治领地支付执行《1987年刑事事项互助法》的部长认为必要的金额；

（e）向*官方受托人支付根据第288条第（1）款（a）项目的制定的规定，应支付给官方受托人的数额；

（ea）向官方受托人支付根据《1914年刑法》第9B条第（1）款目的制定的规定，应支付给官方受托人的数额；

（f）向官方受托人支付，在条例中规定的年度管理费用；

（faa）支付*联合商品和服务税收协会根据第70条或第100条与处理相关的费用；

（fa）向联邦支付，根据第55条第（2）款（a）项、第72条、第73条第（2）款（d）项、第77条、第94A条、第102条（d）项 *ii* 或第179L条的命令指示支付的数额；

（g）根据第88条第（1）款（b）项或第289条第（2）款的要求，支付任何金额；

（ga）支付与*讯问令执行有关的费用，只要该费用由*主要命令的*负责机构或申请与执行与讯问有关的主要命令的负责机构同意。

（h）根据第4章第2节，向*法律援助委员会支付任何数额。

第2目　来源不明财产的国家合作

第297A条　计　划

（1）*来源不明财产国家合作计划是基于如下部分或全部事项发生时的合作计划：

（a）根据第297B条，联邦与外国分配罚没资产中的任何*收益（在来源不明财产国家合作计划协议的含义内）；

（b）根据第297C条，联邦与州或*自治领地分配罚没资产中的任何收益（在来源不明财产国家合作计划协议的含义内）；

（c）根据州或领地的法律，*参与州、合作州或自治领地与联邦分配根据该州或领地可分配（在上述协议的含义内）的相应收益（在来源不明财产国家合作计划协议的含义内）；

（d）根据该州的法律，非参与州与联邦分配根据该州或领地可分配（在上述协议的含义内）的相应收益（在来源不明财产国家合作计划协议的含义内）。

（2）来源不明财产国家合作计划协议，是生效的政府间的合作计划。

第297B条　与外国的分配

（1）本条规定了根据*来源不明财产国家合作计划，与外国分配可分配的没收资产*收益的程序（在来源不明财产国家合作计划协议的含义内）。

（2）如果部长决定：

（a）外国对收益的追缴有贡献；和

（b）特定数额的收益向外国支付是合适的。

那么根据*来源不明财产国家合作计划，向外国支付特定数额。

（3）然而，特定数额严禁超过收益的数额减去根据第297条（fa）项、（ga）项和（h）项提及的与收益有关的任何支付的数额。

第297C条 与州和领地的分配

本条的内容

（1）本条规定了根据*来源不明财产国家合作计划，与州或*自治领地分配可分配的没收资产*收益的程序（在来源不明财产国家合作计划协议的含义内）。

分配的收益数额

（2）*收益将扣除以下各项：

（a）根据第297B条第（2）款向外国支付的收益数额；和

（b）在第297条（fa）项、（ga）项和（h）项提及的与收益有关的任何支付的数额。

最终的数额是净数额。

合作司法管辖委员会的下属委员会

（3）根据*来源不明财产国家合作计划协议确立的合作司法管辖委员会必须设立下属委员会，以根据本条确定与净数额有关的事项。

（4）下属委员会必须包括合作司法管辖委员会的如下成员：

（a）联邦；

（b）如果在第（9）项提及的决定作出期间，合作司法管辖委员会达成一致，即一个或多个*参与州、*合作州或*自治领地对*收益的追缴作出贡献（在*来源不明财产国家合作计划协议的含义内）——上述州和领地。

非参与州的份额

（5）如果在第（9）项提及的决定作出期间，下属委员会达成一致：

（a）*非参与州（*合作州除外）对收益的追缴作出贡献（在*来源不明财产国家合作计划协议的含义内）；和

（b）将特定的净数额支付给该州是合适的；

那么根据*来源不明财产国家合作计划协议，将特定份额的净数额支付给该州。

参与州、合作州和领地的份额

（6）如果下属委员会包括一个或多个*参与州、*合作州或*自治领地，那么：

（a）在根据第（5）款申请后留下的净收益的任何部分，在联邦和上述州或领地之间均分；和

（b）根据*来源不明财产国家合作计划协议，剩下的任何上述州或领地的份额，向上述州或领地支付。

（7）如果在第（9）项提及的决定作出期间，下属委员会达成一致：

（a）适用第（6）款提及的分配计划不合适；和

（b）特定的数额或根据第（5）款申请之后的净数额由特定部门支付给每个州或领地是合适的；

那么：

（c）第（6）款规定的分配计划不适用；和

（d）根据*来源不明财产国家合作计划协议，特定的数额或根据第（5）款申请之后遗留的净数额的特定部分支付给每个州或领地。

作出决定

（8）根据本条关于数额的决定可以在数额成为没收资产*收益或净数额之前作出。

【注释】如果签发的来源不明财产命令要求个人向联邦支付数额，合作司法管辖委员会可以确立下属委员会，且下属委员会可以根据本条作出关于数额分配的决定，在数额成为没收资产收益（当其向联邦支付时）或净数额之前。

决定作出期间

（9）出于第（4）款、第（5）款和第（7）款的目的，决定作出期间是：

（a）出于*来源不明财产国家合作计划协议的目的，在来源不明财产国家合作计划协议中规定的期间作为决定作出的期间；或

（b）如果（a）项不适用——由条例为上述计划规定的决定作出期间。

（10）*来源不明财产国家合作计划协议和条例可以规定决定作出的期间，在数额成为没收资产*收益之前或之后的时间。

【注释】例如，来源不明财产国家合作计划协议或条例可以规定，没收资产收益是根据来源不明财产命令已经向联邦支付的数额（见第179R条），在命令签发时，决定作出期间开始［根据第296条第（3）款（fa）项，在数额成为没收资产收益之前］。

支付期间

（11）如果根据本条，特定的数额向*参与州、*合作州或*自治领地支付，部长可以要求向州或领地支付的数额在如下期间内完成：

（a）出于*来源不明财产国家合作计划协议的目的，在来源不明财产国家合作计划协议中规定的期间作为决定作出的期间；或

（b）如果（a）项不适用——由条例为上述计划规定的决定作出期间。

第3目 犯罪预防等项目费用

第298条 法律实施、禁毒等项目费用

（1）部长可以书面形式，批准*没收资产账户的费用作为在特定财政年度费用的项目。

（2）该费用为如下一个或多个目的被批准：

（a）犯罪预防措施；

（b）法律实施措施；

（c）有关药物上瘾治疗的措施；

（d）有关药物非法使用的转移措施。

第4目 为犯罪预防等向州和领地拨款

第298A条 为犯罪预防等向州和领地拨款

（1）部长可以代表联邦，向州或领地通过经济援助的方式进行拨款，为如下一个或多个目的：

（a）犯罪预防措施；

（b）法律实施措施；

（c）与毒品成瘾治疗有关的措施；

（d）与药品非法使用有关的注意力转移措施。

（2）第（1）款的拨款可以通过费用或支付的全部或部分补偿的方式实现。

（3）第（2）款不限制第（1）款的适用。

第298B条　拨款的条款和条件

范围

（1）本条适用于根据第298A条进行的经济援助拨款。

条款和条件

（2）经济援助被拨款的条款和条件，必须在联邦和拨款接收者的书面协议中规定。

（3）拨款接收者必须遵守条款和条件。

（4）不限于第（2）款，条款和条件必须规定拨款接收者必须补偿联邦的情形。

【注释】向联邦补偿的数额是对联邦的债务。

（5）根据第（2）款的协议由部长代表联邦签署。

第298C条　部长拥有的联邦权力等

（1）在代表联邦时，部长拥有联邦作为根据第298A条拨款者所有的权利、义务、责任和权力。

（2）不限于第（1）款：

（a）根据第298A条的拨款由部长代表联邦支付；和

（b）根据第298A条向联邦全部或部分补偿的数额，由部长代表联邦接收；和

（c）部长可以代表联邦，构建与第298A条拨款有关事项的行动或程序。

第298D条 部长权力的授予

部长可以行使根据第298B条的协议授予其的权力。

第298E条 通过澳大利亚政府理事会改革基金向州/领地输送拨款

（1）如果部长决定根据第298A条，经济资助的拨款应当向州或领地发放，部长必须通过书面方式尽快指示特定的数额（必须与拨款的数额一致）：

（a）从*没收资产账户中支出；和

（b）存入*澳大利亚政府理事会改革基金。

（2）指示必须被清晰地作出，以便从*澳大利亚政府理事会改革基金中支出金额进行拨款。

（3）根据第（1）款的一个或多个指示可以在同一文件中列出。

（4）根据第（1）款的指示不是立法文件。

（5）部长必须将根据第（1）款指示的副本给予财务主管。

第298F条 从澳大利亚政府理事会改革基金中支出

如果出于州或领地提供经济援助拨款的目的，特定数额已经根据第298E条第（1）款（b）项被存入*澳大利亚政府理事会改革基金，财务主管必须：

（a）确保澳大利亚政府理事会改革基金为拨款可以支出；和

（b）在数额存入后立刻实施。

第4节　对被控制财产抵押以确保向联邦支付特定数额

第302A条　根据第293条第（3）款确保支付数额的抵押

如果：

（a）财产被*限制令涉及的个人，根据第293条第（3）款，有义务向联邦支付数额；和

（b）以下之一：

i 法院*撤销该限制令；或

ii 根据第45条，该命令失效；

通过本条的实施创设在财产中的抵押，确保对联邦数额的支付。

第302B条　何时抵押失效

根据第302A条对*个人财产创设的抵押失效，当以下事项最早发生时：

（a）根据第293条第（3）款，所欠财产被支付给联邦；

（b）根据本法，下列各项被联邦没收：

i 被抵押所涉的所有财产；或

ii 被涉及的某些财产，作为财产的价值等同或超过根据第293条第（3）项所欠的数额；

（c）该人经由*官方受托人的同意，出售或处置财产。

第302C条　抵押的优先性

（1）如果根据第302A条，有利于联邦的抵押被创设，联邦的抵押：

（a）受制于该财产上此前存在的*权利主张［除根据第293条第（3）款有义务支付数额的与个人有*利益关系的权利主张］，以及上述优先权；和

（b）对所有其他的权利主张有优先权；和

（c）根据第302B条，不受财产所有者的任何变更所影响。

（2）《2009年个人财产保险法》第73条第（2）款适用于该抵押（根据该法律与抵押的财产相关的程度）。

【注释1】本条的效力是，在《2009年个人财产保险法》适用时，裁定财产中抵押和保险利益的优先性时，应当与本法保持一致，而不是根据《2009年个人财产保险法》。

【注释2】《2009年个人财产保险法》第73条第（2）款适用于第（4）款实施后，根据本条创设的抵押（在《2009年个人财产保险法》的含义内，其在登记开始期间）。

第5节　在特定领地实施州际命令

第1目　州际限制令

第303条　州际限制令的登记

（1）如果*州际限制令明确地适用于：

（a）*非自治领地的特定财产；或

（b）在上述领地特定个人的所有财产；或

（c）在上述领地特定个人的所有财产（除特定财产外）；

命令的复印件，经由签发命令的法院盖章，可以由领地最高法院登记，通过：

（d）根据其申请签发命令的个人；或

（e）*合适的官员。

（2）对*州际限制令（登记之前或之后）任何修正的副本，由签发修正的法院盖章，可以同样的方式被登记。根据本法目的，该修正不生效直至被登记。

（3）*州际限制令的登记可在一定范围内被驳回，如果该命令登记后无法在领地内实施。

（4）登记与领地最高法院的规则一致生效。

第304条　登记的效力

（1）根据本目，由领地最高法院登记的*州际限制令可在该领地被实施，如同其为登记时签发的*限制令。

（2）本法（除第33条、第42条到第45条、第142条、第169条、第2章第1节第5目、第2章第3节和第4章第1节第4目）适用于根据本目由领地最高法院登记的有关*州际限制令，如同其适用于有关*限制令。

第305条　登记的期间

根据本法，*州际限制令停止被登记，如果：

（a）登记的法院收到通知，其在被签发的司法管辖区内已失效；或

（b）根据第306条，该登记被撤销。

第306条　登记的取消

（1）根据本目，领地最高法院*州际限制令的登记可由最高法院或最高法院指定的官员取消，如果：

（a）该登记被不正当地获得；或

（b）任何针对如下事项修正的细节：

i 州际限制令；或

ii 由法院签发的任何辅助命令或指示；

并未与最高法院规则的要求一致，传达给最高法院。

（2）根据本目，领地最高法院*州际限制令的登记可由最高法院取消，根据该命令无法在该领地实施的程度。

第307条 受制于登记的州际限制令的财产的抵押

（1）如果：

（a）*州际限制令是针对个人*州际可公诉罪的定罪或州际可公诉罪的指控或拟指控的个人财产签发的；和

（b）*州际罚金令是针对上述定罪或州际可公诉罪的*相关犯罪定罪的个人签发的；和

（c）该州际限制令根据本目由领地最高法院登记；和

（d）州际罚金令由领地法院根据送达并根据《1992年执行文书法》登记；

其后，基于（c）项规定的登记或（d）项规定的登记（不论何者后发生），为确保根据州际罚金令应支付的数额，该财产被创设抵押。

（2）如果根据第（1）款，为确保根据*州际罚金令应支付的数额，抵押创设于个人的财产上，关于该财产的抵押失效：

（a）在与州际罚金令签发相关的定罪被*撤销时；或

（b）由审理针对命令签发上诉的法院撤销该州际罚金令时；或

（c）在支付根据州际罚金令应支付的数额时；或

（d）在财产被出售或进行其他处置时：

i 法官根据签发州际罚金令的州或领地的*相应法律签发的命令；或

ii 财产所有者基于签发州际罚金令的法院同意；或

iii 当*州际限制令指示个人控制财产——由该人同意下的财产所有者；或

（e）有偿出售该财产给购买时未察觉该抵押的善意购买者时；

不论何者先发生。

（3）由第（1）款创设在财产中的抵押：

（a）受限于任何在抵押权存在前已在财产上存在的*权利主张（与被定罪的个人有*利益关系的权利主张除外），以及除本款，上述权利对抵押有优先权；和

（b）对所有其他的权利主张有优先权；和

（c）根据第（2）款，不受财产所有权的任何变更影响。

（3A）《2009年个人财产保险法》第73条第（2）款适用于该抵押（根据该法律与抵押的财产相关的程度）。

【注释1】本条的效力是，在《2009年个人财产保险法》适用时，裁定财产中抵押和保险利益的优先性时，应当与本法保持一致，而不是根据《2009年个人财产保险法》。

【注释2】《2009年个人财产保险法》第73条第（2）款适用于第（4）款实施后，根据本条创设的抵押（在《2009年个人财产保险法》的含义内，其在登记开始期间）。

（4）如果：

（a）根据第（1）款，在特定种类的财产上抵押被创设；和

（b）任何联邦或州或领地的法律条文，对上述种类的财产，规定产权登记或抵押。

那么：

（c）*官方受托人或*犯罪收益追缴机构可以根据该法律条文对上述创设的抵押进行登记；和

（d）如果抵押被登记——在该抵押的登记后，根据第（2）款（e）项的目的，购买或者在该财产中获取*利益的个人被视为在购买或获取时已意识到该抵押的存在。

（5）在本条：

根据该法第148条（c）项的目的，在《2009年个人财产保险法》的含义内，个人财产特定种类的抵押登记包括与该种类财产相关的数据的登记。

【注释】《2009年个人财产保险法》规定，只有在为该法第148条（c）项的目的制定条文时，才可以登记上述数据。

第308条　与州际限制令相关的官方受托人的权力

如果：

（a）根据本目，*州际限制令由领地最高法院登记；和

（b）该州际限制令指示州或*自治领地的官员控制财产；

*官方受托人在该官员的同意下，可以行使若该财产位于上述州或自治领地内，可以行使与该官员可以行使的有关该财产的同样权力。

第2目　州际没收令

第309条　州际没收令的登记

（1）如果*州际没收令明确地适用于*非自治领地的财产，该命令的副本经签发命令的法院盖章后，可由该领地的最高法院登记，通过：

（a）根据其申请签发命令的个人；或

（b）*合适的官员。

（2）对*州际没收令（登记之前或之后）作出任何修正的副本，经作出修正的法院盖章，可以同样的方式被登记。为本法目的，该修正直到登记才生效。

（3）*州际没收令的登记可被驳回，根据命令登记后无法在领地实施的程度。

（4）登记与领地最高法院的规则一致有效。

第310条　登记的效力

（1）根据本目在领地最高法院登记的*州际没收令，可以在该领地实施，如同其在登记时作为*没收令签发。

（2）本法（除第2章第2节第5目以及第6目及第322条）适用于根据本目由领地最高法院登记的*州际没收令，如同其适用于*没收令。

第311条　登记的期间

根据本法，*州际没收令停止被登记，如果：

（a）该命令在其被签发的司法管辖区内失效；或

（b）根据第312条，该登记被撤销。

第312条　登记的取消

（1）根据本目在领地最高法院登记的*州际没收令可由最高法院或最高法院指定的官员取消，如果：

（a）该登记被不合法地获取；或

（b）任何针对如下事项修正的细节：

i 该州际限制令；或

ii 由法院签发的任何辅助命令或指示；

传达给最高法院时未与最高法院的规定要求一致。

（2）根据本目在领地最高法院登记的*州际没收令可由最高法院撤销，根据该命令无法在该领地实施的程度。

第3目　杂项规定

第313条　对传真件的临时登记

（1）关于如下命令盖章的传真副本：

（a）*州际限制令；或

（b）*州际没收令；或

（c）对上述命令的任何修正；

就本法而言，如果传真的副本已根据最高法院的规则认证，则视为与盖章的副本一致。

（2）经由传真副本的方式生效的登记，自登记日起的5日内失效，除非传真件的盖章副本其时已在最高法院归档。

（3）第（2）款规定的期间结束前提交的盖章副本，自传真副本登记日起有效，如同其为盖章副本的登记。

第 5 章

杂项规定

第314条　州和领地法院有管辖权

（1）管辖权属于州和领地几个与根据本法产生事项有关的法院。

（2）根据第53条，法院通过第（1）款所有的管辖权，不受任何其他该法院可能受限的管辖权限制。

（3）领地法院根据第（1）款拥有的管辖权，仅限于《宪法》许可的范围。

（4）法院对根据本法产生事项的司法管辖权不被排除或限制，如果仅仅因为程序相关的财产位于*澳大利亚以外。

第315条　程序是民事的而非刑事的

（1）对*限制令或*罚没令的申请程序不是刑事程序。

（2）除非与根据本法的犯罪相关：

（a）仅能适用于刑法的构建规则，并不适用于对本法的解释；和

（b）在民事程序中适用的证据规则适用于本法的程序，以及仅适用于刑事程序的证据规则不适用本法的程序。

第315A条　法院可以同时听审多个程序

（1）法院可以同时审理和裁定根据本法的两个或多个申请。

（2）然而，如果：

（a）*犯罪收益追缴机构申请与特定财产相关的*没收令；和

（b）个人根据第29条或第29A条申请从*限制令财产中排除特定*利益；和

（c）对排除令的申请尚未撤销；

法院仅可在排除令的申请已经被裁定后，审理对没收令的申请。

第315B条　主要命令和申请责任的转让

转　让

（1）*犯罪收益追缴机构（转让机构）可以根据其他犯罪收益追缴机构（被转让机构）的同意，向其他机构转让如下责任：

（a）对*主要命令的申请（如果命令仍未被签发）；或

（b）主要命令。

【注释1】犯罪收益追缴机构是澳大利亚联邦警察局的警长或检察官（见第338条中对犯罪收益追缴机构的定义），任一机构都可以根据本法启动和执行程序。

【注释2】根据本法或本条，被转让责任的申请命令的犯罪收益追缴机构在本法中被称为负责机构（见第338条的定义）。

【注释3】根据本法的主要命令是限制令、没收令、罚金令、名声收缴命令和来源不明财产命令。

（2）被转让机构在申请*主要命令时，必须将责任转让的书面通知给：

（a）在转让主要命令申请责任的情形下：

i 申请正在被审理（或即将被设立）的程序的法院；和

ii 上述程序的当事人（如果有）；和

iii 申请正在被审理或即将被审理的程序的法院（如果被转让机构认为合适）；和

iv 申请通知已经被给予的个人；和

v 澳大利亚家事法院，如果*犯罪收益追缴机构已经向该法院申请因主要命令的申请而中止程序，或该法院已经通知犯罪收益追缴机构中止已经被授权的程序；或

（b）在转让主要命令申请责任的情形下：

i 签发命令的法院；和

ii 在该法院申请命令程序的当事人（如果有）；和

iii 申请正在被审理或即将被审理的程序的法院（如果被转让机构认为合适）；和

iv 命令通知或申请通知已经被给予的个人；和

v 澳大利亚家事法院，如果犯罪收益追缴机构已经向该法院申请因主要命令的申请而中止程序，或该法院已经通知犯罪收益追缴机构中止已经被授权的程序。

【注释】根据第（4）款提及的情形，毋须发出通知。

（3）给予个人（法院除外）转让通知是对第（2）款要求的充分遵守，如果受转让机构采取合理步骤将通知给该人。

（4）申请*限制令或*没收令的受转让机构不需要将转让的任何通知给出（除审理申请程序的法院）：

（a）在申请限制令的情形下：

i 如果根据第26条第（4）款法院已经被要求在未将通知给该人的情形下考虑申请；或

ii 在法院根据第33条第（3）款命令的期间（为保护调查或起诉的完整性延迟给出通知）；或

（b）在申请没收令的情形下——如果法院已经根据第63条（个人潜逃）免除根据第61条第（1）款和第62条第（3）款将通知给予该人的要求。

生效日

（5）转让发生效力，在如下法院收到根据第（2）款给出的转让通知之日：

（a）在转让*主要命令申请责任的情形下——申请正在被审理（或即将被审理）的程序所在法院；

（b）在转让主要命令责任的情形下——签发命令的法院；

转让效力——程序等

（6）*主要命令申请或主要命令转让责任生效的当天和之后：

（a）受转让机构代替转让机构，成为根据本法或根据与申请或命令相关的任何其他方式中的申请或程序的当事人（相关申请或程序）；和

（b）受转让机构（根据本法和任何其他法）可以启动、执行或回应任何相关申请或程序；和

（c）根据本法或任何其他法，受转让机构对*负责机构如下事项执行

的职能、履行的职能和义务负责：

i 申请或命令；

ii 任何相关的申请或程序；

iii 任何因相关的申请或程序产生的命令（包括主要命令或其他主要命令）。

转让效力——转让机构和受转移机构之间

（7）在转让生效的当天和之后，以下与申请或命令和任何相关的申请或程序相关的事项生效：

（a）转让机构已经消灭的职责、权力和义务［根据第（8）款］；

（b）当其是*负责机构时，受转让机构受限于转让机构的行为；

（c）不限于（b）项，受转让机构：

i 受限于转让机构是负责机构时，签订的与损害或费用的支付相关的承诺；和

ii 由法院付与转让机构在当天或之后的损失或费用，无论损失或费用由于受限于转让机构是负责机构时的任何作为（或不作为）而产生。

（8）然而，转让机构因为对转让生效当天或之后法院付与其的任何损失或费用负责，当其作为*负责机构时，（损失或费用）与申请或命令和任何相关的申请或程序相关。

第315C条 官方受托人可以代表联邦提起诉讼

*官方受托人可以代表联邦提起诉讼，如果在官方受托人看来，该行为有助于官方受托人根据本法履行职责或义务或行使权力。

第316条 许可令

（1）经下列人员同意，法院可在第2章的程序中签发命令：

（a）程序的申请者；和

（b）任何法院有理由相信将受限于该命令的个人。

（2）该命令可被签发：

（a）不考虑法院在程序中本该考虑的事项；和

（b）若该命令是根据第47条（与构成严重犯罪行为有关的*没收令）或根据第49条（与被怀疑是可公诉罪收益财产有关的没收令）签发的命令——在第47条第（1）款（b）项或第49条第（1）款（b）项规定的6个月期间结束前（视情况而定）。

第317条 举证责任和证明标准

（1）在本法任何程序中的申请者，承担为证明确立签发申请的命令基础所需事项的举证责任。

（2）根据第52条和第118条，基于本法申请的有待法院决定的任何事实问题，将依据对可能性的权衡决定。

第318条 特定事项的证明

（1）定罪的证明书，是《1995年证据法》第178条（定罪、宣告无罪和其他司法程序）规定的证明书的一种：

（a）在本法的任何民事程序中可采；和

（b）是与其相关的个人实施该犯罪的证据。

（2）在任何程序中：

（a）根据本法申请命令；或

（b）辅助于上述申请；或

（c）实施根据本法签发的命令；

任何*讯问的庭审记录，是在讯问中个人对被讯问问题答复的证据。

第318A条 未到庭证人在讯问中陈述在程序中的可采性

范　围

（1）本条适用，如果个人对事项的直接证据在法院的程序中可采：

（a）根据本法对命令的申请；或

（b）附属于上述申请；或

（c）根据本法签发命令的执行。

在讯问中作出陈述的可采性

（2）未到庭证人在*讯问中作出的陈述，且该陈述倾向于确立程序中的事项作为证据可采：

（a）如果在法院看来：

i 未到庭证人死亡或因为身体或精神缺陷出庭不合适；或

ii 未到庭证人在程序审理所在州或领地之外，且确保其出庭不可行；或

iii 已经采取所有努力找寻证人但无法找到；或

（b）如果法院不认为——除非程序另一方当事人要求当事人出示陈述证据，要求未到庭证人在程序中出庭，且提出的一方当事人未如此要求未出庭当事人。

如果陈述被采纳，适用的条文

（3）第（4）款到第（6）款的规则适用，如果陈述证据根据第（2）款被采纳。

（4）在考虑赋予陈述作为证据权重（如果有），必须考虑如下事项：

（a）陈述在相关事项发生多久后作出；和

（b）未出庭证人对隐藏或提供错误实质材料的任何理由；和

（c）可以合理地推断陈述正确性的任何其他情况。

（5）如果未出庭证人未在程序中被传唤作为证人：

（a）如果未出庭证人被传唤，为降低或支持其可信性目的的证据在程序中被采纳；和

（b）展示陈述与未出庭证人在任何其他时间作出的陈述不吻合的证据可采。

（6）然而，根据本条，如果未出庭证人被传唤在程序中出庭且在交叉讯问中否认证据事项，该证据事项将不可采，如果其由交叉讯问当事人提出。

第318B条　反对在讯问中作出陈述的可采性

出示当事人给出证据

（1）在第318A条第（1）款中提及的诉讼中的当事人（出示当事人），可以在程序审理之日起的14天内，给程序的另一方当事人出示通知，关于出示当事人：

（a）将申请在*讯问中作出的特定陈述在程序中作为证据；和

（b）为上述目的，申请将上述陈述在程序中作为证据采纳。

（2）通知必须列明或伴有书面的特定陈述的记录。

其他当事人可以反对特定陈述的采纳

（3）其他当事人，可以在根据第（1）款被给予通知的14天内，给出示当事人书面通知（反对通知）：

（a）陈述另一方当事人反对特定的陈述在程序中被采纳作为证据；和

（b）明确与上述陈述有关的反对根据。

（4）在第（3）款提及的期间可以由审理程序或有关当事人签订协议的法院延长。

给出反对通知的效力

（5）在收到反对通知时，出示当事人必须给法院如下文件的副本：

（a）根据第（1）款的通知和根据第（2）款的任何记录；和

（b）反对通知。

（6）如果第（5）款被遵守，法院可以：

（a）在程序审理开始前，裁定异议作为初步争议点；或

（b）推迟异议的裁定直到审理。

未给出反对通知的效力

（7）如果通知根据第（1）款和第（2）款被给出，另一方当事人无权在审理通知规定的陈述的程序中，反对其在程序中作为证据使用，除非：

（a）另一方当事人已经根据第（3）款，反对陈述被采纳；或

（b）法院给予另一方当事人许可反对陈述被采纳。

第319条　中止诉讼程序

（1）法院可以根据本法中止非刑事程序的程序（中止程序），如果法院认为如此做符合司法利益。

（2）法院严禁中止程序基于如下部分或所有的依据：

（a）针对中止程序中个人的刑事程序已经或意图或可能被构建或启动（无论是否根据本法）；

（b）针对中止程序中诉讼标的有关事项的另一个人的刑事程序已经或意图或可能被构建或启动（无论是否根据本法）；

（c）根据：

i 在中止程序中，个人认为举证或要求另一个人举证是必要的；和

ii 证据可能对针对该人或任何其他人，已经构建或启动的刑事程序（无论是否根据本法）中的争议事项有关（无论何种程度）；

（d）与另一个人有关的中止程序已经或即将或可能被中止。

（3）第（2）款（a）项适用，尽管与程序相关的情况可能与刑事程序的情况相同或实质相同。

（4）第（2）款（b）项适用，尽管程序的诉讼标的可能与刑事程序的情况相同或实质相同。

（5）第（2）款（d）项适用，如果程序的中止可以避免程序的多样化。

（6）在考虑中止程序是否符合司法利益，法院必须考虑到如下事项：

（a）中止程序及在第（2）款（a）项或（b）项提及的任何刑事程序，可以尽快地推进；

（b）与中止程序相关的联邦保留财产的费用和不便以及无法快速地实现其收益；

（c）如果程序中止，*犯罪收益追缴机构可能遭遇与中止程序执行偏见（无论整体或特定）的风险；

（d）个人（犯罪收益追缴机构除外）可能遭遇的，如果中止程序不中止可能由法院通过除中止程序以外的其他方式设法解决的任何偏见；

（e）法院可以签发的任何其他命令（除中止程序的命令外），用于解

决如果程序不中止个人（犯罪收益追缴机构除外）可能遭遇的偏见。

【注释】法院可以签发的，阐述如果程序不中止，个人（犯罪收益追缴机构除外）可能遭遇的任何偏见的命令的例子包括根据第319A条（封闭法院）的命令或禁止信息披露的命令。

第319A条　封闭法院

如果法院认为该命令对阻止对刑事司法管理的干预有必要，法院可以命令根据本法的程序（刑事程序除外）全部或部分不开庭审理。

第320条　罚没计划对量刑的效力

法院对个人*可公诉罪进行量刑时：

（a）可以考虑该人在根据本法对其采取措施时的任何合作；和

（b）严禁考虑任何与该犯罪相关的*没收令，根据该命令没收*犯罪收益的范围；和

（c）必须考虑没收其他财产的没收令；和

（d）严禁考虑与该犯罪相关的任何*罚金令或任何*名声收益命令。

第321条　根据罚没令裁决延迟量刑

如果：

（a）有关个人*可公诉罪*罚没令的申请已提出；和

（b）向法院提出的申请是在该人被定罪前；和

（c）在申请提出时，法院尚未对犯罪的个人量刑；

如果确信在所有情况下这样做合理，法院可以延迟量刑直至其裁定对罚没令的申请。

第322条 上 诉

（1）个人：

（a）*罚没令的签发所针对的个人；或

（b）与*没收令的签发所涉财产有*利益关系的个人；或

（c）与根据第141条或第168条签发的命令中宣告的能满足*罚金令、*名声收益命令或*来源不明财产命令的财产有利益关系的个人；

可以针对罚没令、没收令或根据第141条、第168条或第179S条（目标命令）的命令，以本条规定的方式提起上诉。

（2）如果：

（a）该*罚没令；或

（b）该*没收令；或

（c）与第141条或第168条有关的*罚金令或*名声收益命令；

（初始命令）是针对定罪签发，该人可以同样的方式对目标命令提起上诉，如同该目标命令是因该犯罪施加于其的量刑或量刑的组成部分。

（3）在任何其他情况下，个人可以同样的方式，对目标命令提起上诉，如同：

（a）该人已判初始命令有关的犯罪；和

（b）目标命令是因该犯罪被施加于其的量刑或量刑的组成部分。

（4）尽管第（2）款或第（3）款已有规定，但如果该初始命令与*外国可公诉罪相关，该人可以同样的方式对目标命令提起上诉，如果：

（a）该人已在该目标命令被签发的州或领地定罪；和

（b）目标命令是因该犯罪被施加于其的量刑或量刑的组成部分。

（4A）尽管第（2）款和第（3）款已有规定，但在*来源不明财产命令或根据第179S条与来源不明财产命令相关的命令情形下，个人可以相同的方式对目标命令提起上诉，如同：

（a）个人已经被定如下罪行：

i 违反联邦法律的犯罪；

ii *外国可公诉罪；

iia *参与州的*相关罪行；

iii 有联邦层面的*州犯罪；

iv *领地犯罪；和

（b）目标命令是因该犯罪被施加于其的量刑或量刑的组成部分。

（5）目标命令的*负责机构：

（a）在本条，拥有与第（1）款规定的个人相同的对目标命令提起上诉的权利；和

（b）可以同样的方式，对法院拒绝签发目标命令上诉，如同上述命令被签发并且该机构针对上述命令上诉。

（6）针对目标命令提起上诉时，该命令可以被确认、*撤销或变更。

（7）本条不影响任何其他上诉权利。

第323条　费　用

（1）如果：

（a）个人出于如下目的，根据本法提起诉讼或在法庭程序中出现：

i 阻止针对该人财产的*没收令或*限制令的签发；或

ii 将该人的财产从没收令或限制令中排除；和

（b）该人在上述程序中获胜；和

（c）法院确信该人未以任何方式参与有关寻求或签发的没收令或限制令的犯罪的实施；

法院可以命令联邦支付由该人引起的与程序相关的所有费用或法院裁定的部分上述费用。

（2）第（1）款中规定的费用，不限于通常情况下由民事诉讼胜诉方追偿的费用。

第324条　在个人能力方面授予司法官员权力

（1）权力：

（a）由本法授权给州或领地的法官或治安法官；和

（b）既非司法，又非派生的司法的功能或权力；

授权给该人作为该人的能力，且非作为法院或法院的成员。

【注释】治安法官在《1901年法律解释法》的第16C条界定。

（2）州或领地的法官或治安法官，无须接受被授予的权力。

（3）行使授予权力的州或领地的法官或治安法官受到相同的保护和豁免，如同其在行使作为法官或治安法官所在法院或其成员的权力。

第325条　个人死亡的影响

（1）根据本法授予个人或要求给予个人的任何通知，如果该人已死亡，给予该人法定代理人，被视为充分的给予。

（2）在本法对个人财产或物品中*利益的规定，如果该人已经死亡，是指对该人在其死亡前，拥有的财产或物品中利益的规定。

（3）根据本法，命令可以被申请和签发：

（a）关于个人在财产或物品中的*利益，即便该人已死亡；和

（b）基于已死亡个人的活动。

第326条　其他法律的执行不受影响

本法不限制：

（a）规定财产没收或施加罚金刑的任何其他联邦或*非自治领地法律的执行；或

（b）除本法外，联邦为其权利的实施和利益的保障可获得的补救措施。

第327条　本法运作的审查

（1）在本法开始实施的3周年，部长必须尽快安排对本法运行的独立审查。

（2）承担上述审查的个人，必须给部长书面的审查报告。

（3）自部长接收该报告后的议会开始的15个工作日内，部长必须使每

份报告的副本，陈放在众议院和参议院。

（4）但是，本条不适用，如果在本法实施不足3周年时，众议院、参议院或两院的委员会已经审查了本法的运作或开始上述审查。

第327A条 审 查

（1）部长可以使对如下内容的独立审查被启动：

（a）*国家来源不明财产条款；和

（b）*国家来源不明财产协议规定的根据本条被审查的任何其他事项。

（2）审查必须在《2018年来源不明财产法》生效的4周年后尽快启动。

（3）在审查启动前，部长必须咨询*参与州、*合作州和*自治领地的合适部长，关于审查的条款和承担审查的合适人员的聘任。

（4）承担审查的个人必须：

（a）咨询*参与州、*合作州和*自治领地的合适部长关于承担审查的目的；和

（b）将书面的审查通知给部长和在第（a）项提及的部长。

（5）在报告被部长接收后，部长必须使得报告的副本在该议会开会日的15天内在议会被正式列入议程。

第328条 条 例

总督可以制定条例规定如下事项：

（a）可由本法要求或允许规定的事项；或

（b）为实施本法或使本法生效必要或便利所需规定的事项。

第 6 章

本法的解释

第1节 一些重要概念的含义

第1目 犯罪收益和工具

第329条 收益和工具的含义

（1）财产是犯罪的*收益，如果：

（a）不管直接或间接，其完全源于或来自犯罪的实施；或

（b）不管直接或间接，其部分地源于或来自犯罪的实施；

无论该财产是位于*澳大利亚国内或国外。

（2）财产是犯罪的*工具，如果：

（a）该财产被用于犯罪的实施或与犯罪的实施有关系；或

（b）该财产被意图用于犯罪的实施或与犯罪的实施有关系；

无论该财产是位于*澳大利亚国内或国外。

（3）财产可以是犯罪的收益或犯罪的工具，即便无人已因该犯罪被定罪。

（4）*非法活动的收益或工具是指由构成非法活动的作为或不作为构成的犯罪的收益或工具。

第330条 何时财产变成、保留和停止作为收益或工具

（1）财产成为犯罪的*收益，如果它是：

（a）全部或部分源于或来自对该犯罪收益的处分或其他处置；或

（b）全部或部分从使用犯罪的收益中获得；或

（c）为获得、保管、维护或*提升财产发生的*权利主张、担保或义务，全部或部分因犯罪收益的使用被撤销；或

（d）对财产的保管、维护或提升的费用全部或部分是基于对犯罪收益的使用；或

（e）基于犯罪收益的使用使财产升值；

包括因本条的先前适用。

（2）财产成为犯罪的工具，如果它是：

（a）全部或部分源于或来自对该犯罪工具的处分或其他处置；或

（b）全部或部分从使用犯罪工具中获得；或

（c）为获得、保管、维护或*提升财产发生的*权利主张、担保或义务，全部或部分因犯罪工具的使用被撤销；或

（d）对财产的保管、维护或提升的费用全部或部分是基于对犯罪工具的使用；或

（e）基于犯罪工具的使用财产升值；

包括因本条的先前适用。

（3）财产仍作为犯罪的*收益或犯罪的*工具，即使：

（a）其被存入*账户；或

（b）其被处理或以其他方式处置。

（4）财产仅停止作为犯罪的*收益或犯罪的*工具：

（a）如果其被不知情的第三方，且在不会引起该财产是犯罪收益或犯罪工具（视情况而定）合理怀疑的情况下，以*足够的对价取得；或

（b）如果该财产属于个人从死者遗产分配所得，且当该财产仍是犯罪收益或犯罪工具（视情况而定）时，在此前已是个人从另一死者的遗产分配所得；或

（ba）该财产已被分配，与以下各项一致：

i 《1975年家事法》关于婚姻双方或一方财产诉讼程序中的命令；或

ia 《1975年家事法》关于事实婚姻双方或一方财产诉讼程序中的命令；或

ii 上述法律含义内的财务协议或第8AB章的财务协议；

且自上述分配后，6年已过去；或

（c）如果该财产被个人获得，作为根据本法的申请或刑事*指控辩护引起的合理法律费用的支付；或

（d）如果与该财产有关的*没收令被满足；或

（e）如果财产根据*相应法律被没收、罚没或以其他方式被处置（无论是否基于该法签发的命令）；或

（f）如果该财产根据本法，以其他方式被出售或以其他方式处置；或

（g）在条例规定的任何其他情况下。

（5）但是，如果：

（a）个人曾经拥有的财产是犯罪的*收益或犯罪的*工具；和

（b）该人不再成为财产的所有者，以及（在当时或之后）该财产根据第（4）款［除第（4）款（d）项］不再作为犯罪的收益或犯罪的工具；和

（c）该人再次获得该财产；

那么该财产再次成为犯罪的收益或犯罪的工具（视情况而定）。

（5A）第（4）款（ba）项不适用，即便基于该项提到了分配，但该财产仍属以下个人的*有效控制：

（a）已被定罪；或

（b）已被指控或拟被指控；或

（c）已实施或被怀疑已实施；

有争议的犯罪。

（6）如果该财产成为、保持或停止成为由非法的作为或不作为构成的非法活动的犯罪收益或犯罪工具，那么财产成为、保持或停止成为*非法活动的*收益或非法活动的*工具。

（7）第（1）款（a）到（e）项和第（2）款（a）到（c）项不互相限制。

（8）本条不限制第329条。

第2目 定罪和相关的含义

第331条 定罪的含义

（1）为本法目的，个人被视为有罪，如果：

（a）该人被定罪，不论以简易程序或公诉程序；或

（b）该人被指控且有罪，但定罪被撤销；或

（c）在该人同意下，法院将该人未定之罪，对该人另一罪行量刑时，考虑在内；或

（d）该人因该犯罪*潜逃。

（2）上述个人被视为已定罪，在以下的州或领地：

（a）如果第（1）款（a）项适用——该人被定罪的州或领地；

（b）如果第（1）款（b）项适用——该人定罪被撤销的州或领地；

（c）如果第（1）款（c）项适用——法院对该人其他罪行量刑时考虑该犯罪的州或领地；

（d）如果第（1）款（d）项适用——宣称该人实施犯罪的消息所在的州或领地。

（3）如果第（2）款（d）项对个人适用：

（a）该人被视为在上述州或领地的最高法院已定罪；和

（b）该人被视为已实施该犯罪。

（4）本条不适用于*外国严重犯罪。

第332条　撤销定罪的含义

（1）为本法目的，个人的定罪被视为*撤销：

（a）如果该人根据第331条第（1）款（a）项被视为已经定罪——该定罪被撤销或被宣告无效；或

（b）如果该人根据第331条第（1）款（b）项被视为已经定罪——有罪的事实裁决被撤销或被宣告无效；或

（c）如果该人根据第331条第（1）款（c）项被视为已经定罪——以下事项之一发生：

i 在该项规定的该人其他犯罪的定罪被撤销或被宣告无效；

ii 法院将该犯罪考虑在内的对其他犯罪的量刑决定被撤销或被宣告无效；或

（d）如果该人根据第331条第（1）款（d）项被视为已经定罪——在该人因犯罪被带至法院前，该人的罪行被撤销或该人的定罪被撤销或宣告无效。

（2）本条不适用于*外国严重犯罪。

第333条 定罪日的含义

为本法目的，与个人*可公诉罪相关的定罪日是指：

（a）如果该人根据第331条第（1）款（a）项被视为已经定罪——该人被定罪之日；或

（b）如果该人根据第331条第（1）款（b）项被视为已经定罪——该人被*撤销定罪之日；或

（c）如果该人根据第331条第（1）款（c）项被视为已经定罪——法院对在该项规定的其他犯罪量刑时考虑该犯罪之日；或

（d）如果该人根据第331条第（1）款（d）项被视为已经定罪——该人被视为因犯罪*潜逃之日。

第334条 潜逃的含义

（1）为本法目的，个人被视为因罪*潜逃，当且仅当：

（a）宣称该人实施犯罪的消息被发布；和

（b）与上述消息有关的对该人逮捕的命令已签发；和

（c）第（2）款适用于该人和该命令。

（2）本款适用于个人或命令，如果以下之一发生：

（a）在命令签发之日起的6个月结束时：

i 该人无法被找到；或

ii 该人因任何其他原因不服从司法，以及如果该人在*澳大利亚外，引渡程序不适用；

（b）在命令签发之日起的6个月结束时：

i 该人因在澳大利亚外不服从司法；和

ii 引渡程序适用；

且随后上述程序终结，针对该人引渡命令未被签发。

（3）根据第（2）款的目的，个人在司法管辖区内引发的引渡程序不视为适用，除非该人在上述司法管辖区内被监禁或被保释。

第3目　其他概念

第335条　收益管辖权

（1）法院是否对命令（*预备来源不明财产命令或*来源不明财产命令除外）有收益管辖权，取决于与命令相关的犯罪的情况。

一般规则

（2）如果构成命令有关的犯罪全部或部分的行为：

（a）在特定州或领地发生；或

（b）被合理地怀疑已在上述州或领地发生；

对命令有收益管辖权的法院是在上述州或领地，根据公诉程序有处理刑事事项管辖权的法院。

（3）如果构成命令相关的犯罪全部的行为：

（a）在*澳大利亚外发生；或

（b）被合理地怀疑已在*澳大利亚外发生；

对命令有收益管辖权的法院是根据公诉程序有处理刑事事项管辖权的上述任何州或领地法院。

未确认的罪犯

（4）如果：

（a）如果命令签发属于如下情况：

i 根据第19条，*限制令涉及身份未明个人实施的犯罪，且并非根据特定犯罪实施的事实裁决；或

ii 根据第49条，*没收令并非根据特定个人实施犯罪的事实裁决，且并非根据特定犯罪实施的事实裁决；和

（b）该命令所涉财产位于特定的州或领地；

根据第（2）款和第（3）款，对命令有收益管辖权的法院是在上述州

或领地，根据公诉程序有处理刑事事项管辖权的法院。

（5）如果：

（a）如果命令签发，属于如下情况：

i 根据第19条，涉及身份未明个人实施的犯罪，且非根据特定犯罪实施的事实裁决的*限制令；或

ii 根据第49条，非根据特定个人实施犯罪的事实裁决，且非根据特定犯罪实施的事实裁决的*没收令；和

（b）该命令所涉财产位于*澳大利亚外；

根据第（2）款和第（3）款，对命令有收益管辖权的法院是在上述任何州或领地，根据公诉程序有处理刑事事项管辖权的法院。

治安法官在有些案件中可以有收益管辖权

（6）如果：

（a）命令被签发，是属于如下与个人已经被定罪的罪行有关的命令：

i 根据第17条的*限制令；

ii 根据第48条的*没收令；

iii 根据第116条第（1）款（b）项 *i* 签发的*罚金令；和

（b）该人在治安法官面前被定罪（定罪治安法官）；

相同法院的治安法官与定罪治安法官一样，对该命令有收益管辖权。但是，这并不阻止其他法院根据第（2）款或第（3）款的命令有收益管辖权（不论何者适用）。

【注释】尽管本法仅与可公诉罪相关，但上述犯罪可经常通过简易程序审理。比如，参见《1914年刑法》第4J条。

澳大利亚联邦法院的收益管辖权

（7）如果澳大利亚联邦法院对审判个人（无论是普通程序还是简易程序）*可公诉罪有管辖权，法院对命令有收益管辖权，如果命令一旦签发，是基于如下事项的命令：

（a）个人已被指控犯罪的建议；或

（b）个人已被指控犯罪；或

（c）个人被定罪。

（8）第（7）款：

（a）尽管第（2）款和第（3）款已有规定，但命令仍然有效；和

（b）不阻止有*收益管辖权的其他法院根据本条的其他款申请命令。

预备来源不明财产命令和来源不明财产命令

（9）对*预备来源不明财产命令或*来源不明财产命令有收益管辖权的法院，是任何州或领地对处理刑事事项有管辖权的法院。

第336条　获取的含义

对个人已经获取*收益、*利益或*名声收益的规定，是指：

（a）该人；或

（b）该人要求或指示下的另一个人；

已经直接或间接地获取收益、利益、名声收益或财富。

第336A条　合法获得的财产或财富的含义

为本法目的，财产或*财富是合法获取，仅如果：

（a）财产或财富是合法获取的；和

（b）财产或财富被认为是合法获得的；和

（c）财产或财富不是犯罪的*收益或*工具。

第337条　有效控制的含义

（1）财产可以属于个人的*有效控制下，不管该人是否有：

（a）法定或衡平的不动产利益或财产中的*利益；或

（b）与该财产有关的权利、权力或优先权。

（2）因个人最终*利益的信托而持有的财产，被视为处于该人*有效控制下。

（4）如果财产最初被个人所有，且在*限制令或*罚没令的申请提出之

前或之后的6年内，未以*足够的对价向另一个人处置，那么该财产仍被视为处于第一个人的有效控制下。

（4A）在考虑财产是否是个人有效控制下时，根据本法签发的有关命令的效力被忽视。

（5）在裁定财产是否处于个人有效控制下时，可以考虑：

（a）与该财产有*利益关系（不论直接或间接）的公司股份、债权或主管地位；和

（b）与该财产有关的信托；和

（c）与该财产、（a）项规定的公司、（b）项规定的信托有利益关系的个人与其他人之间的亲属、家庭和商业关系。

（6）为本条目的，家庭关系包括如下（但不限于）：

（a）*事实上的配偶关系；

（b）因为第338条的定义，个人作为另一个的*子女产生的亲子关系；

（c）根据（a）项或（b）项追踪到的关系。

（7）为避免疑义，财产可以位于不止一个人的*有效控制下。

第337A条 外国可公诉罪的含义

（1）如果：

（a）对构成违反外国法律犯罪行为的*冻结令、*出示令、*搜查令、*限制令、*罚没令的申请已经提出（当前申请）；和

（b）如果该行为在第（2）款提及的测试时间在*澳大利亚发生，该行为构成对联邦、州或领地法律违反的犯罪，至少判12个月有期徒刑；

那么，出于当前申请的目的，在任何相关的时候，该行为被视为构成了*外国可公诉罪。

例如，X实施了违反外国法律的犯罪，但当时该行为不是违反澳大利亚法律的犯罪。X随后从罪行中获得名声收益且将收益转移至澳大利亚。在收益被转移后，新的适用于有关行为类型的罪行被创设。关于名声收益命令的申请随后被提出。根据该命令程序的目的，原初行为被视为在所有相关的时期都构成了外国可公诉罪，随后与上述收益有关的命令可以被签发。

（2）对当前申请的测试时间是指：

（a）如果当前申请的是*冻结令、*出示令、*搜查令、*限制令，则是指申请提出的时间；或

（b）如果当前申请的是与限制令有关的*罚没令（*名声收益命令除外）的申请，则是指限制令申请提出的时间；或

（c）如果：

i 当前申请是对名声收益命令的申请；和

ii 关于相同罪行的更早的限制令已经被签发；

对更早的限制令提出申请的时间；或

（d）如果当前申请是对名声收益命令的申请，但第（c）项不适用——当前申请提出的时间。

第337B条　严重犯罪的定义——评价条文

根据本法第338条对严重犯罪定义中（ea）（eb）或（ec）项的目的，确定一笔或几笔交易的价值时，适用《2006年反洗钱和反恐怖主义金融法》的如下条文：

（a）第5条对价值的定义；

（b）第18条；

（c）第19条。

第2节　词　典

第338条　词　典

在本法中，除非相反的意图出现：

潜逃的含义可根据第334条的规定来理解。

账户是指任何*金融机构接受存款或允许取款的任何设施或协议，并且包括以下各项：

（a）以下的设施或协议：

i *固定期限的存款；或

ii 贵重财产保险箱。

（b）信用卡账户；和

（c）贷款账户（信用卡账户除外）；和

（d）以单元形式持有的账户：

i 金钱管理信托；或

ii 根据条例规定的信托种类；和

（e）注销的账户。

为避免异议，以下事项不重要：

（f）账户零结余；或

（g）与账户有关的任何交易被许可。

采纳法的含义可根据第14C条第（11）款的规定来理解。

优势包括金融优势。

【注释】见金融优势的定义。

个人事项，包括但不限于：

（a）个人财产或个人有收益的财产的性质和定位；和

（b）个人的任何行动可能与个人是否参与根据本法签发的命令有关的非法活动相关。

澳大利亚联邦警察局成员是指（在《1979年澳大利亚联邦警察法》的含义内）澳大利亚联邦警察的成员或特殊成员。

如果**代理人**是公司，代理人包括该公司的*主管和代理人。

修正案参照的含义参见第14C条第（4）款。

合适的官员是指*检察官或在此定义内由规定宣告的群体中的个人。

指定的讯问者的含义可根据第183条第（4）款的规定来理解。

联合支付联合商品和服务税收协会是指根据该法第153-50条与*官方受托人签订协议的组织［在《1999年新税收体系法（商品和服务税收）》的含义内］。

澳大利亚交易报告和分析中心是指根据《2006年反洗钱和反恐怖主义金融法》存在的澳大利亚交易报告和分析中心。

澳大利亚，当在地理概念上被使用时，包括外部的领地。

授权的官员是指：

（a）任何如下人员，如果由澳大利亚联邦警察局局长授权：

i *澳大利亚联邦警察局成员；

ii 在《1979年澳大利亚联邦警察法》的含义内，澳大利亚联邦警察局的雇员；

iii 在《1979年澳大利亚联邦警察法》的含义内，州或低于领地或联邦机构的雇员，如果其帮助联邦警察局履行其根据该法第69D条的职责；或

（aa）如下任一：

i 廉洁委员会（在《2006年执法机构廉洁法案》的含义内）；

ii 助理廉洁委员会（在该法的含义内）；

iii 为本项目的，由廉洁委员会书面授权的廉洁委员会成员；或

（b）如下任一：

i 澳大利亚犯罪委员会的首席执行官；

ii 澳大利亚犯罪委员会的首席执行官授权的讯问者（在《2002年澳大利亚犯罪实施法》的含义内）；

iii 澳大利亚犯罪委员会的首席执行官授权的澳大利亚犯罪委员会的成员（在《2002年澳大利亚犯罪实施法》的含义内）；或

（c）*移民和边境保护机构的成员，以及由*海关总执行官授权的海关官员；或

（d）由澳大利亚证券和投资委员会主席授权的澳大利亚证券和投资委员会的成员或工作人员（在《2001年澳大利亚证券和投资委员会法》的含义内）；或

（e）由上述机构的主管授权的在条例中规定的成员、官员或其他任何机构的雇员。

被授权的州/领地官员的含义可根据附录1第1条第（2）款的规定来理解。

破产法院是指根据《1966年破产法》对破产有管辖权的法院。

个人的**破产财产**包括以下含义：

（a）根据《1966年破产法》第58条第（1）款由另一个人所有，但不久前：

i 是该人的财产；或

ii 在该人的*有效控制下；或

（b）根据《1966年破产法》第249条第（1）款由另一个人所有，但不久前：

i 是该人的资产；或

ii 在该人资产管理者的有效控制下。

利益包括服务或好处。

【注释】见优势的界定。

账册包括任何的账户、契约、票据、文字记录或文件以及任何信息的记录，不论如何汇编、记录或储存，不论是以书面、胶卷、电子程序或其他方式。

指控是指个人被指控犯罪，如果针对该人犯罪的信息被提出，不论：

（a）要求该人出庭回答信息的传票是否已被签发；或

（b）对该人逮捕的命令是否已被签发。

子女，不限于根据本法目的作为个人子女的认定，个人可以作为他人的子女，如果其是根据《1975年家庭法》含义内个人的子女。

澳大利亚政府理事会改革基金，是指根据《2008年澳大利亚政府理事会改革基金法》第5条设立的澳大利亚政府理事会改革基金。

补偿令是指根据第77条第（1）款签发的命令。

海关总审计长是指根据《2015年澳大利亚边防部队法》第11条第（3）款或第14条第（2）款的规定，作为海关总审计长的个人。

没收资产账户是指根据第295条确立的账户。

罚没令是指*没收令、*罚金令、*名声收益命令或*来源不明财产命令。

被控制财产的含义可根据第267条规定来理解。

【注释1】根据第4章第1节第3目的目的，第267A条改变了本术语的含义。

【注释2】根据第4章第1节第2目的目的，第267AA条改变了本术语的含义。

【注释3】根据第4章第1节第3目和第289条和第290条的目的，第267AB条改变了本术语的含义。

运输工具包括飞机、汽车或轮船。

被定罪的含义可根据第331条的规定来理解。

定罪日的含义可根据第333条的规定来理解。

合作州的含义可根据第14F条第（1）款、第（2）款和第（3）款的规定来理解。

相应法律是指由条例宣告与本法相应的州或*自治领地的法律。

刑事程序，涉及*外国的严重犯罪，与在*《互助法》中的含义一致。

海关官员可根据《1901年关税法》的规定来理解，是指海关的官员。

数据包括：

（a）任何形式的信息；或

（b）任何程序（或程序的部分）。

电脑中的数据包括：

（a）位于任何可移动*数据存储设备中，当时为电脑所记载的*数据；或

（b）位于数据存储设备，该电脑为其组成部分的电脑网络中的数据。

数据存储设备是指包含或设计包含为电脑使用的*数据的物品。

处置——处置个人的财产包括：

（a）如果有欠该人的债务——为减少该债务数额向任何人支付；和

（b）将该财产从*澳大利亚移除；和

（c）接收该财产或赠予该财产；和

（d）如果该财产为*限制令所涉——参与减少该人在财产中利益的价值有直接或间接影响的交易。

事实上的配偶的含义可根据《1901年法律解释法》的规定来理解。

受赡养人——以下每个均为个人的受赡养人：

（a）该人的配偶或*事实上的配偶；

（b）该人的子女或该人家中依赖其资助的成员。

获得的含义可根据第336条的规定来理解。

主管，与*金融机构或公司有关，是指：

（a）如果该机构或公司是根据联邦、州或领地法，为公共目的而设立

的法人——该法人的组成成员；和

（b）任何担任、或以该机构或公司的主管职位行事的人，不管以何种名义且不管是否被有效地聘请担任或正当地授权以该职位行事；和

（c）该机构或公司的主管习惯基于其指示或建议行事的个人，而非上述主管仅在下列情况下才如此：

i 在适当履行与该人的专业能力有关的职责的过程中；或

ii 与该人的商业关系中。

检察官是指检察官。

有效控制的含义可根据第337条的规定来理解。

与财产相关的**权利主张**，包含任何与财产相关的*利益、留置、抵押、权利、主张或需要。

执法机构是指：

（a）在（a）到（d）项*被授权官员的定义中提及的机构；或

（b）为本法目的，在条例中规定的是法律执行、税收或管理机构的机构。

对*进项税抵扣**有权利**，包括名义上对进项税抵扣有权利。

公平分享计划的含义可根据第296条第（4）款的规定来理解。

证据性材料包括与如下各项相关的证据：

（a）根据本法，有关措施已经或可以被采取的财产；或

（b）从*可公诉罪实施中获取的*利益；或

（c）*名声收益。

讯问是指根据第3章第1节的讯问。

讯问通知是指根据第183条给予的通知。

讯问命令是指根据第180条、第180A条、第180B条、第180C条、第180D条、第180E条、第181条、第181A条或第181B条签发的有效命令。

排除命令是指根据第73条第（1）款签发的命令。

与搜查令有关的**执行官员**是指：

（a）由治安法官在搜查令上署名的，对命令执行负责的*被授权官员；或

（b）如果上述被授权官员在执行命令时，意图不在场——另一由第一个被授权官员将其名字写在搜查令上的被授权官员；或

（c）另一被授权官员，其名字已由搜查令上的最后一官员写于搜查令。

与*金融机构或公司有关的**执行官员**是指不管以任何的名义或不管其是否为该机构或公司的*主管，与该机构或公司的管理有关或加入该机构或公司的管理的任何人。

明示修正的含义可根据第14C条第（11）款的规定来理解。

延期令是指根据第93条签发的命令。

金融优势包括债务、损失或责任的避免、延期或减少。

金融机构是指：

（a）《1959年银行法》规定的办理银行存款业务的法人；或

（b）澳大利亚储备银行；或

（c）根据州或领地法律登记的团体或组建的合作住房协会，以及类似的团体；或

（d）在《宪法》第51条第13款的含义内，从事州银行业务的个人；或

（e）在《宪法》第51条第20款的含义内，属金融公司的法人团体；或

（f）若在*澳大利亚注册，在《宪法》第51条第20款的含义内，将会成为金融公司的法人团体；或

（g）从事赌场生意的贸易公司（在《宪法》第51条第20款的含义内）；或

（h）*博彩经营机构（在《宪法》第51条第20款的含义内）。

固定期限的存款是指存款存放固定期限后，获得利息。

国外延期公诉协议是指如下协议：

（a）存在于个人和外国有权的机构之间；和

（b）规定了对违反外国法律罪行的个人起诉的不确定延期，只要协议中的条件被满足。

外国没收令的含义与*《互助法》中的含义一致。

外国可公诉罪的含义可根据第337A条的规定来理解。

外国罚金令的含义与*《互助法》中的含义一致。

外国限制令的含义与*《互助法》中的含义一致。

外国严重犯罪的含义与*《互助法》中的含义一致。

没收令是指根据第2章第2节第1目签发的有效命令。

冻结令是指根据第15B条签发的命令，可以根据第15Q条作出修改。

身体搜查是指：

（a）通过在该人的外套上，快速地移动手对该人搜查；和

（b）检查该人方便且自愿脱下的任何穿着或携带的物品。

商品和服务税收的含义可根据《1999年新税收体系法（商品和服务税收）》的规定来理解。

移民和边境保护部门是指根据《1901年关税法》第12章由部长管理的部门。

对财产或*财富的**改善**是指对全部或部分财产或*财富的增加、变更、修缮、恢复、组织、重组或任何其他变化（无论是否会引起财产或财富价值的提升）。

可公诉罪是指违反联邦或*非自治领地的法律，可作为可公诉罪处理的罪行（尽管在某些情况下，其也可作为简易程序的犯罪处置）。

涉及联邦的可公诉罪是指对州或*自治领地的法律进行违反的犯罪：

（a）可通过普通程序处理（尽管在某些情况下，其也可作为简易程序的犯罪处置）；和

（b）该*收益（或原先意图的收益）因违反联邦法律被处理：

i 从*澳大利亚进口或出口货物；或

ii 在《宪法》第51条第5款的含义内，通过邮政、电报或电话服务进行交流；或

iii 银行中的交易（不超过有关州界限的州银行除外）。

信息收集是指：

（a）与州修正参照有关——根据第14E条的含义来理解；和

（b）其他——其日常含义。

进项税抵扣的含义可根据《1999年新税收体系法（货物和服务税收）》的规定来理解。

工具的含义可根据第329条和第330条的规定来理解。

与财产或物品相关的**利益**是指：

（a）在该财产或物品中，法律或衡平的不动产或利益；或

（b）与该财产或物品相关的权利、权力或优先权；

不论现在或将来，且不论所有或附带。

【注释】已死亡个人财产利益的规定，见第325条第（2）款。

国际刑事法庭的含义可根据《刑法典》的规定来理解。

国际战争犯罪审判庭是指《1995年国际犯罪审判庭法》所指的审判庭。

州际没收令是指根据*相应法律签发的命令，且在该定义中，其为条例宣告的种类。

州际可公诉罪是指违反州或*自治领地法律的犯罪，根据上述州或领地的*相应法律，*州际没收令或*州际罚金令可以被签发。

州际罚金令是指根据*相应法律签发的命令，且在该定义中，其为条例宣告的种类。

州际限制令是指根据*相应法律签发的命令，且在该定义内，其为条例宣告的种类。

合法获得的含义受第336A条的影响。

律师是指正当合格的法律执业者。

法律援助委员会是指通过或根据州或*自治领地法律确立、目的在于提供法律援助的机构。

法律职业特权包含《1995年证据法》第3章第10节第1目的特权。

支付增值税的义务包括名义上支付增值税的义务。

名声收益的含义可根据第153条的规定来理解。

名声收益数额的含义可根据第158条第（1）款的规定来理解。

名声收益命令是指根据第152条签发的有效命令。

主要组织和过渡法的含义可根据第14B条第（5）款（a）项的规定来理解。

主要来源不明财产条款的含义可根据第14B条第（3）款的规定来理解。

监控令是指根据第219条签发的有效命令。

《互助法》是指《1987年刑事事项互助法》。

互助机构是指管理《互助法》的部长管理的机构。

麻醉药物是指：

（a）在《1901年关税法》的含义内的麻醉药物；或

（b）为本定义目的在条文中规定的物质。

国家来源不明财产合作计划的含义可根据第297A条第（1）款的规定来理解。

国家来源不明财产条款的含义可根据第14B条第（2）款的规定来理解。

国家来源不明财产合作计划协议的含义可根据第297A条第（1）款的规定来理解。

非自治领地是指不是*自治领地的地区。

非参与州是指不作为*参与州的州。

与*金融机构或公司有关的**官员**是指*主管、秘书、*行政官员或雇佣者。

官方信托人是指在破产中的官方信托人。

普通搜查是指对个人搜查或对该人所有的物品进行搜查，可以包括：

（a）要求该人脱掉其大衣、外套或夹克和任何手套、鞋子和帽子；和

（b）对上述物品进行检查。

父母，不限于根据本法目的作为个人父母的认定，个人可以作为他人的父母，如果个人根据《1975年家庭法》的含义内作为其子女。

参与司法管辖区信息收集条款的含义可根据第14B条第（4）款的规定来理解。

参与州的含义可根据第14C条第（1）款、第（7）款、第（8）款、第（9）款和第（10）款的规定来理解。

罚金令是指根据第116条签发的有效命令。

罚金数额的含义可根据第121条第（1）款的规定来理解。

与*搜查令相关的**协助人员**是指：

（a）*被授权官员和在执行命令时进行协助的个人；或

（b）非被授权官员，且已被相关*执行官员授权在执行命令时进行协助的个人。

个人财产包括个人可享有利益的财产。

申请是指根据《1966年破产法》提出的申请。

警官是指：

（a）*澳大利亚联邦警察的成员；或

（b）州或领地警力的成员。

本法后续修正版本1的含义可根据第14C条第（5）款的规定来理解。

本法后续修正版本2的含义可根据第14C条第（6）款的规定来理解。

本法先前修正版本的含义可根据第14C条第（11）款的规定来理解。

与个人相关的**预备来源不明财产命令**，是指根据第179B条签发的要求个人出庭的命令。

场所包括：

（a）任何土地；和

（b）任何建筑物、房屋、飞行器、汽车、轮船或地点（不论是否建造）；和

（c）任何上述建筑物、房屋、飞行器、汽车、轮船或地点的组成部分。

主要命令包括：

（a）*限制令；

（b）*没收令；

（c）*罚金令；

（d）*名声收益命令；

（e）*来源不明财产命令。

收益的含义可根据第329条和第330条的规定来理解。

收益管辖权的含义可根据第335条的规定来理解。

没收财产收益的含义可根据第296条第（3）款的规定来理解。

犯罪收益追缴机构是指：

（a）澳大利亚联邦警察局的首席警官；或

（b）*检察官。

【注释1】《1979年澳大利亚联邦警察法》第69C条规定澳大利亚联邦警察局的首席警官根据本法被授权的职责、权力和义务。

【注释2】《1983年检察官法》第31条规定了检察官的授权。

【注释3】如果对主要命令或者对主要命令的申请已经提出，对命令的申请或对命令负责的犯罪收益追缴机构被称为负责机构（见本条的定义）。

出示令是指根据第202条第（1）款或附录1第1条第（1）款签发的有效命令。

职业保密特权是指根据《1995年新南威尔士州证据法》第3章第10节第1A目或州或领地的类似法律享有的特权。

财产是指描述的任何不动产或个人财产，不论位于*澳大利亚或其他地方，且不论有形或无形，并且包括任何上述不动产或个人财产的*利益。

财产追踪文件的含义可根据第202条第（5）款的规定来理解。

撤销的含义可根据第332条的规定来理解。

参照法律的含义可根据第14C条第（11）款的规定来理解。

登记财产是指根据联邦或州或领地的任何法律条文，在登记簿上登记财产所有权。

与特定财产相关的**登记机构**是指：

（a）负责促进对特定财产种类规定产权登记或抵押的联邦、州或领地法律的机构；或

（b）个人财产保险登记机构，如果根据该法第148条（c）项的目的，《2009年个人财产保险法》规定了个人财产特定种类的抵押登记包括与该种类财产相关的数据的登记。

【注释】《2009年个人财产保险法》规定，只有在为该法第148条（c）项的目的制定条文时，才可以登记上述数据。

相关犯罪是指一个犯罪与另一个犯罪相关联，如果两个犯罪的实质因素是：

（a）实质相同的作为或不作为；或

（b）作为或不作为在同一系列中。

相关法律1的含义可根据第14C条第（11）款的规定来理解。

相关法律2的含义可根据第14C条第（11）款的规定来理解。

*参与州的**相关犯罪**是指根据该州的*参照法或*采纳法规定的犯罪种类。

与*主要命令的申请、主要命令或与上述申请或命令的申请、程序、职责、命令、权力或义务有关，或是从中产生的**负责机构**，是指：

（a）在申请主要命令的情形下：

i 提出申请的*犯罪收益追缴机构；或

ii 如果根据第315B条，申请义务已经被转移——根据该款义务已经被转移（或最近被转移）的犯罪收益追缴机构；或

（b）在主要命令的情形下：

i 提出命令申请的犯罪收益追缴机构；或

ii 如果根据第315B条，申请或命令的义务已经被转移——根据该款义务已经被转移（或最近被转移）的犯罪收益追缴机构；或

【注释1】犯罪收益追缴机构是澳大利亚联邦警察局的首席警官或检察官（见本条犯罪收益追缴机构的定义）。任一机构可以根据本法启动和执行程序。

【注释2】第315B条规定，对主要命令的申请义务或申请可以在两个犯罪收益追缴机构之间转移。

负责保管人的含义可根据第254条第（2）款的规定来理解。

限制令是指根据第17条、第18条、第19条、第20条或第20A条有效的命令。

搜查令是指根据第225条签发的有效命令。

自治领地是指：

（a）澳大利亚首都领地；或

（b）北部领地。

高级部门官员是指高级执行机构雇员或总检察长办公室的高级执行机构雇员。

严重犯罪是指：

（a）可判处3年或3年以上有期徒刑的*可公诉罪，包括：

i 与*麻醉物质相关的非法活动；或

ia 与违反刑法第9章第1节有关或构成的非法活动（严重毒品犯罪）；或

ii 与违反《1987年犯罪收益法》第81条或《刑法典》第10章第2节（洗钱）有关的行为或由该行为构成的非法活动；或

iii 由个人实施或意图实施，将价值至少1万澳元的*利益输送给该人或另一人的非法活动；或

iv 由个人实施或意图实施，对联邦或另一人造成至少1万澳元损失的非法活动；或

（aa）由个人实施的非法活动，其构成可判处3年或3年以上有期徒刑的*可公诉罪（3年犯罪），且一个或多个可公诉罪合在一起，构成系列犯罪：

i 基于相同事实或类似特点被发现；和

ii 为该人或他人带来（或意图带来）至少1万澳元的收益，或给联邦或其他个人造成至少1万澳元的损失；或

（b）违反《1958年移民法》如下条文的犯罪：

i 第233A条（人口贩卖犯罪）；

ii 第233B条（人口贩卖包括死亡或严重伤害的危险）；

iii 第233C条（贩卖至少5人）；

iv 第233D条（支持人口贩卖的罪行）；

v 第233E条第（1）款或第（2）款（藏匿非公民等）；

vi 第234A条（虚假文件等，至少与5个非公民相关）；

（c）违反《1988年金融交易报告法》的以下任一条款的犯罪，包含至少5万澳元价值的交易：

i 第15条（关于将现金从澳大利亚转入或转出的报告）；或

ii 第29条（虚假或令人误解的信息）；或

（d）违反《1988年金融交易报告法》第24条（以虚假名义开设账户等）的犯罪，如果相关账户的交易，在任何6个月期间内，至少有5万澳元的价值；或

（e）违反《1988年金融交易报告法》第31条（执行交易以避免报告要求）的犯罪，如果犯罪的个人违反该条的交易，在任何6个月内，至少有5万澳元的价值；或

（ea）违反《2006年反洗钱和恐怖活动资助法》的如下条款的犯罪，涉及至少5万澳元的价值：

i 第53条（关于对实体货币从澳大利亚运入或运出活动的报告）；

ii 第59条（关于对可转让证券从澳大利亚运入或运出活动的报告）；

iii 第136条（虚假和令人误解的信息）；

iv 第137条（虚假和令人误解的文件）；或

（eb）违反《2006年反洗钱和恐怖活动资助法》的如下条款的犯罪：

i 第139条（使用虚假的消费者名字或匿名提供指定服务）；

ii 第140条（使用虚假的消费者名字或匿名接收指定服务）；

iii 第141条（不披露消费者通常所知的名字）；

如果：

iv 相关消费者有关于指定服务条款相关的账户；和

v 在该法第12章开始实施后的6个月内，账户中的交易额至少达到5万澳元；或

（ec）违反《2006年反洗钱和恐怖活动资助法》的如下条款的犯罪：

i 第142条（执行交易避免报告与避风港交易有关的要求）；

ii 第143条（执行交易避免报告与物理货币跨境运输有关的要求）；

如果在过去的任何6个月内，个人违反该条实施犯罪的交易数额至少达到5万澳元；或

（ed）违反《2010年竞争和消费者法》如下条文的犯罪：

i 第44ZZRF条（签订包含卡特尔条款的合同）；

ii 第44ZZRG条（使卡特尔条款生效）；或

（f）*恐怖主义犯罪；或

（g）违反与本定义中规定的犯罪有关的《刑法典》第11条第1款、第2款、第2A款、第4款或第5款的犯罪，或者《1914年刑法》第5条、第7条、第7A条或第86条（刑事责任的扩展）的犯罪；或

（ga）违反第195条、第196条或第197A条的犯罪，其与根据第180条签发的*讯问令涉及的个人*讯问有关，如果个人实施的犯罪：

i 被第180条第（1）款（a）项或（b）项涉及；或

ii 是或曾是根据第180条提及的*限制令程序中的当事人；或

（gb）违反第195条、第196条或第197A条的犯罪，其与根据第180A条签发的讯问令涉及的个人讯问有关，如果个人实施的犯罪：

i 被第180A条第（1）款（a）项涉及；或

ii 是或曾是根据第180A条提及的限制令程序中的当事人；或

（gc）违反第195条、第196条或第197A条的犯罪，其与根据第180B条签发的讯问令涉及的个人讯问有关，如果个人实施的犯罪：或

i 被第180B条第（1）款（a）项涉及；

ii 是或曾是根据第180B条提及的限制令程序中的当事人；或

（gd）违反第195条、第196条或第197A条的犯罪，其与根据第180C条签发的讯问令涉及的个人讯问有关，如果个人实施的犯罪：

i 被第180C条第（1）款（a）项涉及；或

ii 是或曾是根据第180C条提及的限制令程序中的当事人；或

（ge）违反第195条、第196条或第197A条的犯罪，其与根据第180D条签发的讯问令涉及的个人讯问有关，如果个人实施的犯罪：

i 被第180D条第（1）款（a）项涉及；或

ii 是或曾是根据第180D条提及的*罚没令程序中的当事人；或

（gf）违反第195条、第196条或第197A条的犯罪，其与根据第180E条签发的讯问令涉及的个人讯问有关，如果个人实施的犯罪：

i 被第180E条第（1）款（a）项涉及；或

ii 是或曾是根据第180E条提及的限制令程序中的当事人；或

（gg）违反第195条、第196条或第197A条的犯罪，其与根据第181条签发的讯问令涉及的个人讯问有关，如果个人实施的犯罪：

i 被第180条第（1）款（a）项或（b）项涉及；或

ii 是或曾是根据第181条提及的限制令程序中的当事人；或

（gh）违反第195条、第196条或第197A条的犯罪，其与根据第181A条签发的*讯问令涉及的个人*讯问有关，如果个人实施的犯罪：

i 被第181A条第（1）款（a）项、（b）项或（c）项涉及；或

ii 是或曾是根据第181A条提及的限制令程序中的当事人；或

（gi）违反第195条、第196条或第197A条的犯罪，其与根据第181B条签发的讯问令涉及的个人讯问有关，如果个人实施的犯罪：

i 被第181B条第（1）款（a）项或（b）项涉及；或

ii 是或曾是根据第181B条提及的限制令程序中的当事人；或

（h）在条例中规定的可公诉罪。

特殊罚没令的含义可根据第14L条第（2）款的规定来理解。

州可公诉罪是指违反州或*自治领地法律的犯罪，可以通过普通程序处理（尽管在某些情形下，其也可作为简易程序犯罪处理）。

有联邦层面的州犯罪的含义可根据《1914年刑法》的规定来理解。

【注释】《1914年刑法》第3AA条规定了州犯罪有联邦层面的情形。

储值卡是指能以非物理货币的形式或根据条文规定的其他形式储存金钱价值的可移动设备。

脱衣搜查是指对个人搜查或个人所有的物品搜查，可以包括：

（a）要求该人脱掉其所有的服装；和

（b）对该人的身体（但不是该人的体腔）和上述服装进行检查。

充分对价：财产的获取或处分是充分对价的，如果仅考虑商业的因素，该对价是充分的，且其反映了该财产的价值。

犯罪嫌疑人是指：

（a）如果与*限制令（根据第20A条签发的限制令除外）或*罚没令（*来源不明财产命令除外）有关——该人：

i 已被定罪；或

ii 已被*指控或拟被指控；或

iii 如果该命令是限制令——被怀疑已实施；或

iv 如果该命令是没收令——实施；

该命令有关的犯罪。

（b）如果与根据第20A条签发的限制令或与来源不明财产命令相关——个人*所有的财产数额被怀疑超过其*合法获取的财产数额。

赃物是指：

（a）*可公诉罪、*外国可公诉罪或联邦层面的可公诉罪的*收益；或

（b）可公诉罪的*工具。

领地犯罪是指违反*自治领地法律的犯罪。

恐怖主义犯罪的含义可根据《1914年刑法》的规定来理解。

文本参照1的含义可根据第14C条第（2）款的规定来理解。

文本参照2的含义可根据第14C条第（3）款的规定来理解。

与来源不明财产程序相关的事项是指有合理的依据怀疑其与根据第20A条或第2章第6节启动或执行程序的目的相关的事项（包括以电子形式存在的事项）。

博彩机构委员会是指通过州或领地法律确立，包含旨在提供博彩服务目的的委员会或机构。

个人的**所有财产**可根据第179G条第（2）款的规定来理解。

来源不明财产：

（a）与州*参照修正案相关——根据第14D条的规定；和

（b）其他情形下——其通常含义。

个人的**来源不明财产数额**可根据第179E条第（2）款的规定来理解。

州或*自治领地**来源不明财产法**是指由条例规定的州或领地的立法。

来源不明财产组织和过渡条款可根据第14B条第（5）款的规定来理解。

来源不明财产命令是指根据第179E条第（1）款签发生效的命令。

非法行为是指构成如下犯罪的作为或不作为：

（1）违反联邦法的犯罪；或

（2）违反州或领地法律，可通过普通程序处理的犯罪（尽管在某些情况下，其也可作为简易程序案件处理）；或

（3）违反外国法的犯罪。

个人**财产**的含义可根据第179G条第（1）款的规定来理解。

工作日是指在有关地方，非星期六、星期日和公共假日或银行假日的日期。

附录1 由参与州和自治领地收集的信息

【注释】见第14M条。

第1节 出示令

第1条 签发出示令

（1）治安法官可以签发命令（出示令）要求个人：

（a）向*参与州或*自治领地的被授权的州/领地的官员出示在第（6）款中提及的一个或多个文件；或

（b）提供第（6）款中提及的一个或多个文件，供参与州或自治领地的被授权的州/领地官员查审。

（2）*参与州或*自治领地的被授权的州/领地的官员是指：

（a）根据州或领地的*特殊罚没法律，申请或制作宣誓书支持限制令的个人；或

（b）如果新南威尔士州是参与州——新南威尔士州犯罪委员会的委员或助理委员；或

（c）对自治领地而言——该领地有关条例中规定的上述人员。

（3）然而：

（a）治安法官严禁签发*出示令，除非治安法官根据宣誓信息确信，个人合理地被怀疑拥有或控制上述文件；和

（b）出示令不可要求如下文件向*参与州或*自治领地的*被授权的州/领地的官员出示或使其由上述人员可得：

i 并非由组织拥有或控制；或

ii 并非用于或意图用于从事商业活动；和

（c）出示令不可要求*金融机构日常经营中使用的任何会计记录（包括分类账、日常账册、现金账册、会计账册）向参与州或自治领地的被授权的州/领地的官员出示。

（4）*出示令仅能根据*参与州或*自治领地的*被授权的州/领地的官员的申请签发。

（5）*被授权的州/领地的官员不需要将申请的通知给予任何人。

（6）以下任何一种文件都可能成为*出示令的目标：

（a）为实现如下目的，文件与鉴别、定位或量化个人的财产相关：

i 决定是否根据*参与州或*自治领地关于*来源不明财产的立法对个人采取任何诉讼；或

ii 根据参与州或自治领地关于来源不明财产的立法针对个人的诉讼程序；

（b）文件与鉴别或定位个人财产转移必要的文件相关；

（c）文件有助于阅读或阐释在（a）项或（b）项提及的文件。

第2条　出示令的内容

（1）*出示令必须：

（a）规定所需文件的性质；和

（b）规定该人必须出示文件或使文件可得的地点；和

（c）规定出示行为必须完成的时间或期间；和

（d）规定上述文件必须被出示的方式和行为；和

（e）规定有义务将命令给予个人的*被授权的州/领地官员的名字，除非其在命令中写入另一个被授权的州/领地官员的名字；和

（f）如果该命令规定与命令有关的上述信息严禁披露——列明第9条的效力（披露出示令的存在或性质）；和

（g）列明第10条的效力（无法遵守命令）。

（2）在第（1）款（c）项规定的时间或期间，至少必须是：

（a）自*出示令被签发之日起的14天后；或

（b）如果签发出示令的治安法官认为合适，考虑到在第（3）款中规定的所有事项，规定更早的时间——至少在出示令签发之日起的3天后。

（3）治安法官在决定第（2）款（b）项中更早的时间是否合适时，必须考虑的事项包括：

（a）情况的紧急性；和

（b）*出示令要求出示文件或使文件可得对个人可能造成的困难程度。

第3条　基于出示令的权力

*被授权的州/领地官员可以检查、摘抄或复制根据*出示令出示的文件或可获得的文件。

第4条　保留出示的文件

（1）*被授权的州/领地官员也可以保留根据*出示令出示的文件尽可能长时间，如果为实现*参与州或*自治领地*来源不明财产法律的目的是必须的。

（2）被给予*出示令的个人可以要求*州/领地被授权官员：

（a）书面保证保留的文件副本是真实的副本且将副本给予该人；或

（b）允许该人做如下的一项或多项行为：

i 检查该文件；

ii 摘抄该文件；

iii 复制该文件。

第5条　不自证己罪特权等不适用

（1）个人不得基于如下理由，免除根据*出示令出示文件或提供文件的义务：

（a）出示文件或使其可获得会导致个人自证其罪或施加刑罚于个人；或

（b）出示文件或使其可获得会违反该人不能披露文件存在或内容的义

务（无论由制定法或其他施加）；或

（c）出示文件或使其可得将会披露属于*法律职业特权的信息。

（2）但是，在自然人情况下，在针对该人的*刑事程序中，该文件不能被作为证据采纳，除非是根据《刑法典》第137条第1款或第2款（虚假或令人误解的信息或文件）在与出示或提供文件有关的程序中。

第6条 变更出示令

（1）根据*出示令被要求向*州/领地被授权官员出示文件的个人，可向如下人员申请变更命令，使命令要求个人能够使文件被检查：

（a）签发命令的治安法官；或

（b）如果该治安法官不可行——任何其他治安法官；

（2）治安法官可以变更*出示令，如果确信文件对该人商业活动是必需的。

第7条 治安法官的司法管辖权

州或*自治领地的治安法官，可以签发与一个或多个文件有关的位于如下地点的*出示令：

（a）该州或领地；或

（b）另一个州或自治领地，如果其确信有使命令签发合适的特殊环境；或

（c）*非自治领地。

第8条 在申请中作虚假陈述

个人有罪，如果：

（a）该人作陈述（不论以口头、文件或以任何其他方式）；和

（b）该陈述：

i 虚假或令人误解；或

ii 遗漏了任何若缺失，会使该陈述令人误解的事项或事物；和

（c）所作陈述在出示令的申请中或与*出示令的申请相关。

刑罚：12个月有期徒刑或60个罚金单位，或两者兼有。

第9条　披露出示令的存在或性质

（1）个人有罪，如果：

（a）该人被给予*出示令；和

（b）该命令规定有关该命令的信息严禁被披露；和

（c）该人向另一个人披露命令的存在或性质。

刑罚：2年有期徒刑或120个罚金单位，或两者兼有。

（2）个人有罪，如果：

（a）该人被给予*出示令；和

（b）该命令规定有关该命令的信息严禁被披露；和

（c）该人向另一个人披露命令的存在或性质；和

（d）其他人可以从上述信息中推断该出命令的存在或性质。

刑罚：2年有期徒刑或120个罚金单位，或两者兼有。

（3）第（1）款与第（2）款不适用，如果：

（a）该人向雇佣者、*代理人或其他人披露信息，以获得*出示令要求的文件来遵守该命令，且上述其他人被指示不告知与文件相关的个人该事项；或

（b）与命令有关的披露是为了获取法律建议或法律代理；或

（c）该披露是出于法律程序的目的或是在法律程序中作出的。

【注释】被告人对第（3）款的事项负举证责任，见《刑法典》第13条第3款第（3）项。

第10条 无法遵守出示令

（1）个人有罪，如果：

（a）该人被给予*出示令；和

（b）该人无法遵守该命令；和

（c）该人尚未被告知充分地遵守第（2）款的规定。

刑罚：6个月有期徒刑或30个罚金单位，或两者兼有。

【注释】《刑法典》第137条第1款和第137条第2款亦为提供虚假或令人误解的信息或文件设置罪名。

（2）个人被告知充分地遵守本款规定，如果：

（a）该人给*参与州或*自治领地*被授权的州/领地官员宣誓声明，陈述该人未拥有或控制在*出示令中规定的文件；和

（b）官员书面通知该人，宣誓申请已足以满足出示令。

（3）如下事项可作为违背第（1）款的罪行的答辩理由，如果：

（a）个人无法遵守*出示令仅因为个人并未在命令规定的时间内出示在命令中规定的文件；和

（b）个人采取了所有合理步骤使文件在该时间内被出示；和

（c）在上述时间后，该人尽快地出示了该文件。

【注释】被告人对第（3）款的事项负举证责任，见《刑法典》第13条第3款第（3）项。

第11条 对受制出示令文件的毁坏等

个人有罪，如果：

（a）该人破坏、损害或以其他方式干涉文件；和

（b）有效的*出示令要求文件被出示或可获得。

刑罚：6个月有期徒刑或30个罚金单位，或两者兼有。

第2节　对金融机构的通知

第12条　给金融机构通知

（1）在第（3）款中规定的*参与州或*自治领地的官员，可以给*金融机构书面通知，要求机构向参与州或自治领地的州/领地的*被授权官员提供与以下一项或多项内容有关的任何信息或文件：

（a）裁定*账户是否在金融机构由特定的个人所持有；

（b）裁定特定个人是否是账户的签署者；

（c）如果该人在金融机构持有一个账户，该账户目前的收支平衡；

（d）在规定的6个月期间内，上述账户的交易细节；

（e）任何关联账户的细节（包括持有这些账户个人的姓名）；

（f）裁定*储值卡是否已由金融机构向特定个人签发；

（g）在规定的6个月期间内，使用上述卡的交易细节；

（h）由交易机构代表特定个人制作的交易。

（2）官员严禁签发通知，除非官员合理地相信给予通知是必要的：

（a）为裁定是否根据州或领地*来源不明财产法采取任何措施；或

（b）与州或领地来源不明财产法相关的程序。

（3）可以将通知给予*金融机构的*参与州或*自治领地的官员是：

（a）州或领地警察局的警长或首长（无论如何描述）；或

（b）公诉机关的检察长或根据州或领地的法律聘任履行类似职责的个人；或

（c）如果新南威尔士州是参与州——新南威尔士州犯罪委员会的委员或助理委员；或

（d）对自治领地而言——该领地有关条例中规定的上述人员。

第13条　给金融机构通知的内容

（1）通知必须：

（a）陈述给予通知的官员认为通知是需要的：

i 为裁定是否根据州或领地*来源不明财产法采取任何措施；或

ii 与州或领地来源不明财产法相关的程序；和

（b）规定*金融机构的名称；和

（c）规定被要求提供的信息或文件的种类；和

（d）规定被要求提供的上述信息或文件的形式和方式，已经考虑到金融机构记录保存的能力（根据官员所知的程度）；和

（e）陈述该信息或文件必须不迟于以下时间被提供：

i 在通知签发的14天后；或

ii 更早的时间——如果签发出示令的官员认为合适，考虑到在第（2）项中规定的所有事项，可规定更早的时间（该时间至少在出示令签发之日起的3天后）；和

（f）如果通知规定关于通知的信息严禁被披露——列明第16条的效力（披露通知的存在或性质）；和

（g）列明第17条的效力（无法遵守通知）。

（2）官员在决定第（1）款（e）项 *ii* 中更早的时间是否合适时，必须考虑的事项包括：

（a）情况的紧急性；和

（b）通知要求出示信息或文件可能对*金融机构造成的困难程度。

第14条　保护遵守通知者免于诉讼等

（1）不得受理针对如下机构或个人的起诉、诉讼或程序：

（a）*金融机构；或

（b）在其受雇或代理期间作为该机构的*官员、雇佣者或*代理人；

关于机构或个人根据第12条的通知，或基于错误的信念（即根据命令行为是必要的）采取行动。

（2）根据第12条的通知提供信息的*金融机构或金融机构的*官员、雇佣人或*代理人，根据《刑法典》第10章第2节（与洗黑钱有关的犯罪）的目的，被视为在任何时候已不再掌握上述信息。

第15条　在通知中进行虚假陈述

个人有罪，如果：

（a）该人作陈述（不管以口头、文件或其他方式）；和

（b）该陈述：

i 虚假或使人误解；或

ii 遗漏了任何若没有，会使得该陈述令人误解的事项或事物；和

（c）陈述根据第12条的通知制作，或与第12条的通知相关。

刑罚：12个月有期徒刑或60个罚金单位，或两者兼有。

第16条　披露通知的存在或性质

个人有罪，如果：

（a）根据第12条，该人被给予通知；和

（b）通知规定有关该通知的信息严禁被披露；和

（c）该人披露该通知的存在或性质。

刑罚：2年有期徒刑或120个罚金单位，或两者兼有。

第17条　无法遵守通知

（1）个人有罪，如果：

（a）根据第12条，该人被给予通知；和

（b）该人无法遵守通知。

刑罚：6个月有期徒刑或30个罚金单位，或两者兼有。

【注释】《刑法典》第137条第1款和第137条第2款亦为提供虚假或令人误解的信息或文件设置罪名。

（2）如下事项可作为违背第（1）款的罪行的答辩理由，如果：

（a）个人无法遵守出示令仅因为个人并未在命令规定的时间内出示在命令中规定的文件；和

（b）个人采取了所有合理步骤使文件在该时间内被出示；和

（c）在上述时间后，该人尽快地出示了该文件。

【注释】被告人对第（2）款的事项负举证责任，见《刑法典》第13条第3款第（3）项。

第3节　信息的披露

第18条　披　露

（1）本条适用于以下情况，如果个人获得信息：

（a）根据第1节或第2节，作为权力行使（本人或其他人）或职能履行（本人）的直接结果；或

（b）根据该条款，作为披露或一系列披露行为的结果。

（2）个人可以出于该列中的目的向附表1-1中所列的机构披露信息（披露的机构与目的分列如附表1-1所示），如果：

（a）个人基于合理的理由相信披露将实现该目的；和

（b）法院并未签发命令禁止该信息为该目的向该机构披露。

附表1-1　披露的机构与目的

条目	披露的机构	披露的目的
1	州或＊自治领地的机构，其根据该州或自治领地的＊相应法律行使职能	如下一项或多项目的： （a）参与相应法律的程序； （b）参与根据该州或领地的法律； （c）决定是否启动在（a）项或（b）项提及的程序
2	根据本法，行使一种或多种职能的联邦机构	便于机构履行本法的职责
3	联邦、州或＊自治领地的机构，其具有对违反联邦、州、自治领地的法律的犯罪进行调查或起诉的职能	有助于对可公诉的3年以上或终身监禁刑犯罪的预防、侦查或起诉
4	澳大利亚税收办公室	保护公共财政收入

（3）在针对个人基于＊出示令出示文件或使得文件可得的＊刑事程序中，根据本条披露的如下事项不得采纳作为针对该人的证据：

（a）该文件；

（b）文件中包含的信息。

（4）第（3）款不适用于根据《刑法典》第137条第1款或第2款（虚假或令人误解的信息或文件）在与出示或提供文件有关的程序中。

【注释】第（3）款和第（4）款反映了第5条第（2）款。

（5）为避免异议：

（a）本条不禁止根据第266A条披露的任何信息根据本条披露；和

（b）本条并不影响根据本条披露的直接结果获得的任何信息、文件或事项作为证据的可采性。

第19条　议会对该附录运行的监督

（1）本附录的运行由议会执法联合委员会负责。

（2）委员会可以要求基于本附录的运作结果作为任何披露信息接收者

的*参与州或*自治领地机构，间或出庭举证。

第20条　本附录运作的报告

（1）*参与州或*自治领地警察局的警长或首长（无论如何描述），必须在每一财政年度给部长提交书面报告，包含如下信息：

（a）由州或领地*被授权的州/领地官员，根据第1条，在一年中申请的*出示令的数量及结果；

（b）在第12条第（3）款规定的州或领地规定的官员，根据第12条，在一年中向*金融机构签发的通知数量；

（c）根据条例规定的任何其他种类信息。

（2）在报告被部长接收后，部长必须使得报告的副本在该议会开会日的15天内在议会被正式列入议程。

附录2 与来源不明财产国家合作计划相关的过渡、适用和保留条款

【注释】见第14N条。

第1节 总 则

第1目 州参照或采纳的终止

第1条 先前发生事项等终止的效力

（1）本条款适用，如果*参与州停止作为参与州，因为其根据第14C条第（8）款或第（9）款的规定，终止参照或采纳。

（2）该终止并不：

（a）恢复在终止生效时不实行或生效的任何事项；或

（b）影响在终止前*国家来源不明财产条款的先前运作；或

（c）影响在终止前根据国家来源不明财产条款构建的任何程序；或

（d）影响在终止前根据国家来源不明财产条款签发的任何命令；或

（e）影响在终止前根据国家来源不明财产条款采取的任何举措；或

（f）影响在终止前根据国家来源不明财产条款取得、产生或引起的任何权利、特权、责任或义务；或

（g）影响在终止前根据国家来源不明财产条款产生的任何刑罚、没收或惩罚；或

（h）影响对在（c）（d）（e）（f）或（g）项提及的任何事项的侦查、诉讼、程序或补救。

（a）项至（h）项不互相限制。

（3）不限制第（2）款，但根据第（4）款：

（a）在终止后，在终止前根据*国家来源不明财产条款构建的任何程序继续，如同该终止未发生；和

（b）在终止后，在终止前根据国家来源不明财产条款签发的任何命令继续生效，如同该终止未发生；和

（c）在终止后，第（2）款（c）（d）（f）（g）项中提及的事项的任何程序或补救可以建立、继续、获得或实施，如同该终止未发生；和

（d）在终止后，第（2）款（c）（d）（f）（g）项中提及的事项的任何讯问可以继续，如同该终止未发生；和

（e）在终止后，本条款中提及的与任何程序、命令、补救或讯问有关的任何诉讼可以继续，如同该终止未发生。

本款中的（a）项至（e）项不互相限制。

（4）本法在终止前不久生效，在终止后，对第（2）款（c）项到（h）项，第（3）款（a）项到（e）项提及的任何事项仍然适用，如同该终止未发生。

第2条　终止对没收资产特定收益分配的效力

（1）如果：

（a）州停止作为*参与州，因为其根据第14C条第（8）款或第（9）款的规定，终止参照或采纳；和

（b）州尚未终止：

i 如果州参照*文本参照2——该参照；或

ii 如果州采纳*本法后续修正版本2——该采纳；和

（c）在终止后，没收资产的*收益被存入*没收资产账户；和

（d）在（c）项中被存入的数额是根据*来源不明财产命令已经被支付给联邦的数额［见第296条第（3）款第（fa）项］；和

（e）来源不明财产命令与州的*相关犯罪；

则第4章第3节第2目适用于上述收益的分配，如同该州是参与州。

【注释】第4章第3节第2目是根据国家合作计划，关于没收资产收益的分配。

（2）第（1）款不适用，如果该州是*合作州。

【注释】如果州是合作州，就没收资产的所有收益而言，其将被作为参与州对待（且不仅是根据来源不明财产命令支付的收益数额）。

第3条　没收的效力——条例

（1）条例可以根据州停止作为*参与州产生的具体情况，制定条款。

（2）第（1）款和第1条和第2条不互相限制。

第2目　停止作为州的犯罪

第4条　先前发生事项等终止的效力

（1）本条款适用，如果违反*参与州法律的罪行停止作为该州的相关犯罪。

（2）该终止并不：

（a）恢复在终止生效时不实行或生效的任何事项；或

（b）影响在终止前*国家来源不明财产条款的先前运作；或

（c）影响在终止前根据国家来源不明财产条款构建的任何程序；或

（d）影响在终止前根据国家来源不明财产条款签发的任何命令；或

（e）影响在终止前根据国家来源不明财产条款采取的任何举措；或

（f）影响在终止前根据国家来源不明财产条款取得、产生或引起的任何权利、特权、责任或义务；或

（g）影响在终止前根据国家来源不明财产条款产生的任何刑罚、没收或惩罚；或

（h）影响对在（f）或（g）项提及的任何权利、特权、责任、义务、

惩罚、没收或惩罚的侦查、诉讼、程序或补救。

（a）项至（h）项不互相限制。

（3）不限制第（2）款，但根据第（4）款：

（a）在终止后，在终止前根据*国家来源不明财产条款构建的任何程序继续，如同该终止未发生；和

（b）在终止后，在终止前根据国家来源不明财产条款签发的任何命令继续生效，如同该终止未发生；和

（c）在终止后，第（2）款（c）（d）（f）或（g）项中提及的事项的任何程序或补救可以建立、继续、获得或实施，如同该终止未发生；和

（d）在终止后，第（2）款（c）（d）（f）或（g）项中提及的事项的任何讯问可以继续，如同该终止未发生；和

（e）在终止后，本条款中提及的与任何程序、命令、补救或讯问有关的任何诉讼可以继续，如同该终止未发生。

本款中的（a）项至（e）项不互相限制。

（4）本法在终止前不久生效，在终止后，对第（2）款（a）项到（h）项，第（3）款（a）项至（e）项提及的任何事项仍然适用，如同该终止未发生。

第5条　没收的效力——条例

（1）条例可以根据违反*参与州法律的罪行停止作为该州的*相关犯罪产生的具体情况，制定条款。

（2）第（1）款和第4条不互相限制。

第2节 《2018年来源不明财产法修正案》

第6条 定 义

在本节：

修正案是指《2018年来源不明财产法修正案》。

生效是指修正案的生效。

第7条 根据附录2对修正案的修正

根据附录2对修正案的修正（关于扩大*主要的来源不明财产条款适用于违反*参与州法律的特定罪行）适用于对违反参与州法律的罪行有关的命令生效后提出的申请，无论：

（a）罪行在生效之前或之后实施，或被怀疑实施；或

（b）与财产或财富有关的申请在生效之前或之后获得；或

（c）与财产或财富有关的申请在生效之前或之后，直接或间接地获得或实现；或

（d）与财产或财富有关的申请在生效之前或之后，处于该人*有效控制下。

第8条 根据附录4对修正案的修正

（1）附录1第1节，由附录4插入修正案，适用于在生效后与文件有关的*出示令的申请，无论：

（a）文件在生效之前或之后创建；或

（b）与财产有关的文件在生效之前或之后获得；或

（c）与财产有关的文件在生效之前或之后、直接或间接地获得或实现；或

（d）与财产有关的文件在生效之前或之后处于该人*有效控制下；或

（e）在生效之前或之后，文件与财产转移相关；或

（f）文件与如下目的有关：

i 裁定是否根据*参与州或*自治领地*来源不明财产的立法对在生效前后发生的事项采取措施；或

ii 根据参与州或自治领地来源不明财产的立法在生效前后设立的程序。

（2）附录1第2节，由附录4插入修正案，适用于在生效后与信息或文件有关的给*金融机构的通知，无论：

（a）信息在生效之前或之后被获取或文件在生效之前或之后被创建；或

（b）与财产有关的信息或文件在生效之前或之后获得；或

（c）与财产有关的信息或文件在生效之前或之后，直接或间接地获得或实现；或

（d）与财产有关的信息或文件在生效之前或之后，处于该人*有效控制下；或

（e）与*账户有关的信息或文件在生效之前或之后由该人持有；或

（f）与*储值卡有关的信息或文件在生效之前或之后签发；

（g）在生效之前或之后，由金融机构代表特定个人制作的交易有关的信息或文件；或

（h）信息或文件与如下目的有关：

i 裁定是否根据*参与州或*自治领地来源不明财产的立法对在生效前后发生的事项采取措施；或

ii 根据参与州或自治领地来源不明财产的立法在生效之前或之后设立的程序。

尾 注

尾注1——关于尾注

尾注提供有关此汇编和已汇编法律信息。

每一汇编中都包含以下尾注：

尾注1——关于尾注

尾注2——缩写符号说明

尾注3——立法史

尾注4——修订史

缩写符号说明——尾注2

缩写符号说明列出了可能在尾注中出现的缩写。

立法史和修订史——尾注3和4

对本法的修订被记录在立法史和修订史中。

尾注3中的立法史提供了有关已修订（或将修订）该汇编法律的相关信息。该信息包括修订法律开始施行的详细信息，以及该汇编中未包含的任何与适用、保留和过渡性规定的详细信息。

尾注4中的修订史提供了有关规定修订条款的信息（通常是条或相同等级），还包括根据法律规定已废除的任何已汇编的法律信息。

编辑更改

《2003年立法法》授权首席议院律师对已编纂的法律进行编辑和陈述性修改以准备汇编法律。更改不改变法律的效力。编辑更改自汇编登记之日起生效。

如果汇编中包含编辑上的更改，则尾注中应包含这些更改的简短概述。任何变更的详细信息可向议院律师办公室咨询获得。

错误描述修订

错误描述修订是指该修订无法准确描述将要进行的修订。如果在描述不准确的情形下，该修正案仍可以按预期的方式生效，则将该修正案纳入已编纂的法律中，并在修正史的修正细节中加上缩写"（md）"。如果错误描述的修订无法按预期方式生效，则在修订史中的修正细节中加上缩写"（md not incorp）"。

尾注2——缩写符号说明

ad	添加或插入
am	修订
amdt	修正案
c	条款
C[x]	汇编号
Ch	章节
def	定义
dict	词典
disallowed	不被议会允许
Div	节
ed	编辑更改
exp	到期/过期或停止/停止生效
F	联邦立法登记册
gaz	公报
LA	《2003年立法法》
LIA	《2003年立法文书法》
（md）	可生效的错误描述修正案
（md not incorp）	不可生效的错误描述修正案

mod	修改
No.	序号
o	命令
Ord	法令、条例
orig	原版
par	段落/小段/小节
pres	当前
prev	先前
（prev…）	先前地
Pt	部分
r	规则、条款
reloc	迁移
renum	重新编号
rep	废除
rs	废除并替换
s	小节
Sch	附录
Sdiv	分支、分部
SLI	选择立法文书
SR	法定规则
Sub-Ch	子章节
SubPt	子部分
underlining	全部或部分未开始或将开始

尾注3——立法史

法律名称	编号与年度	批准日期	施行日期	适用、保留和过渡性规定
《2002年犯罪收益追缴法》	85, 2002	2002年10月11日	第3-338条: 2003年1月1日(第2条第1款第2项及公报2002, 第GN44号); 其他: 2002年10月11日［第2条第1款第（1）项］	
《2002年澳大利亚犯罪委员会成立法》	125, 2002	2002年12月10日	附录2（第116, 117条）: 2003年1月1日［第2条第1款第（4）项］	
《2003年刑事立法强化法》	41, 2003	2003年6月3日	附录2（第16A—16E条）: 2003年1月1日［第2条第1款第（10A）项］	
《2004年破产法修正案》	80, 2004	2004年6月23日	附录1（第200, 212, 213, 215条）: 2004年12月1日［第2条第1款第（2）项和公报2004, 第GN34号］	附录1（第212, 213, 215条）
《2004年反恐怖主义法》	104, 2004	2004年6月30日	第4条和附录1（第21—27条）: 2004年7月1日（第2条）	第4条第1款
《2005年金融框架立法修正法》	8, 2005	2005年2月22日	第4条和附录1（第309—312, 496条）: 2005年2月22日［第2条第1款（2）(10)项］	第4条和附录1（第496条）
《2005年法律和司法立法修正案（严重毒品犯罪和其他措施）》	129, 2005	2005年11月8日	附录1（第67, 75, 76条）: 2005年12月6日［第2条第1款第（2）项］ 附录3: 2005年11月8日［第2条第1款第（4）项］	附录1（第75, 76条）和附录3（第11条）
《2005年法律和司法立法修正案（视频链接证据和其他措施）》	136, 2005	2005年11月15日	附录1（第26—28条）: 2005年11月16日（第2条）	附录1（第28条）
《2005年反恐怖主义法(第2号)》由《2006年反洗钱和反恐怖主义金融法（过渡性条款和随后的修正案）》修改	144, 2005 170, 2006	2005年12月14日 2006年12月12日	附录9（第22, 23条）: 从未生效［第2条第1款第（19）项］ 附录1（第11条）: 2005年12月14日［第2条第1款第（3）项］	
《2006年法律实施廉洁委员会法案（随后修正案）》	86, 2006	2006年6月30日	附录1（第54, 55条）: 2006年12月30日［第2条第1款第（2）项］	

法律名称	编号与年度	批准日期	施行日期	适用、保留和过渡性规定
《2006年反洗钱和反恐怖主义金融法（过渡性条款和随后的修正案）》	170, 2006	2006年12月12日	附录1（第153—157条）：2006年12月13日［第2条第1款第（24）项］	
《2007年破产法修正案（养老金摊款）》	57, 2007	2007年4月15日	附录2（第11—19条）：2007年4月16日［第2条第1款第（10）项］	附录2（第19条）
《2007年证据法修正案（记者特权）》	116, 2007	2007年6月28日	附录1（第8,9条）：2007年7月26日［第2条第1款第（2）项］	
《2008年家庭法律修正案（共同承担父母责任）》	115, 2008	2008年11月21日	附录2（第42, 43条）：2009年3月1日［第2条第1款第（5）项］ 附录4（第2条）：2003年1月1日［第2条第1款第（8）项］	
《2008年同性关系法（联邦法同等对待——一般法律改革）》	144, 2008	2008年12月9日	附录2（第65—72条）：2008年12月10日［第2条第1款第（11）项］	附录2（第72条）
《2009年贸易惯例修正案（卡特尔行为和其他措施）》	59, 2009	2009年6月26日	附录1（第1条）：2009年7月24日［第2条第1款第（2）项］	
《2009年澳大利亚联邦法院修正案（刑事管辖权）》	106, 2009	2009年11月6日	附录1（第111条）：2009年12月4日［第2条第1款第（2）项］	
《2010年犯罪立法修正案（严重犯罪和有组织犯罪）》 由《2011年犯罪立法修正案(第2号）》修改	3, 2010 174, 2011	2010年2月19日 2011年12月5日	附录1（第1—42条）：2010年2月19日［第2条第1款第（2）项］ 附录2（第1—8, 11—67, 72—107条）：2010年2月20日［第2条第1款第（3）（5）项］ 附录2（第68—71条）：2010年5月19日［第2条第1款第（4）项］ 附录2（第154条）：2012年1月1日［第2条第1款第（3）项］	附录2（第8, 15, 18, 29, 31, 35, 42, 48, 50, 52, 54, 60, 63, 71, 107条）
《2010年犯罪立法修正案（严重犯罪和有组织犯罪）（第2号）》 由《2011年制定法法律修订法》修改	4, 2010 5, 2011	2010年2月19日 2011年3月22日	附录1（第1—209, 212, 213, 215, 217—221条）和附录10（第24条）：2010年2月20日［第2条第1款第（2）（4）（6）（13）项］ 附录1（第214, 216条）：2010年5月19日［第2条第1款第（3）（5）项］ 附录2（第2条）：2010年2月20日［第2条第1款第（4）项］	附录1（第19, 35, 65, 67, 77, 81, 94, 98, 102, 104, 107, 113, 128, 140, 146, 158, 161, 164, 166, 168, 175, 178, 181, 184, 187, 192, 197, 205, 209, 219, 221条）

法律名称	编号与年度	批准日期	施行日期	适用、保留和过渡性规定
《2010年反人口走私和其他措施法》	50, 2010	2010年5月31日	附录1（第13条）：2010年6月1日（第2条）	
《2010年个人财产证券（公司和其他修订）法》	96, 2010	2010年7月6日	附录3（第18—21, 24—28条）：2012年1月30日[第2条第1款第（15）（17）项] 附录3（第22, 23条）：从未生效[第2条第1款第（16）项]	
《2010年贸易惯例修正法（第2号）（澳大利亚消费者法律）》	103, 2010	2010年7月13日	附录6（第1, 86条）：2011年1月1日[第1条第1款第（3）（5）项]	
《2010年国家安全立法修正案》	127, 2010	2010年11月24日	附录10（第10条）：2010年11月25日[第2条第1款第(16)项]	
《2011年制定法法律修订法》	5, 2011	2011年3月22日	附录1（第96—99条）：2011年3月22日[第2条第1款第（2）项]	
《2011年犯罪立法修正案（第2号）》	174, 2011	2011年12月5日	附录2（第3—129条）：2012年1月1日[第2条第1款第（3）项] 附录2（第243—249条）：2011年12月6日[第2条第1款第（6）项]	附录2（第139, 246, 249条）
《2012年犯罪立法修正案（权力和罪行）》	24, 2012	2012年4月4日	附录6（第4—11条）：2012年4月5日[第2条第1款第(11)（12）（13）项]	附录6（第11条）
《2012年制定法法律修正法》	136, 2012	2012年9月22日	附录2（第104, 105条）：2012年9月22日[第2条第1款第（2）项]	
《2013年犯罪立法修正案（奴隶制、类奴隶制和人口贩卖）》	6, 2013	2013年3月7日	附录2（第14条）和附录3（第1条）：2013年3月8日（第2条）	附录3（第1条）
《2014年公共管理、履职和问责法（随后及过渡条款）》	62, 2014	2014年6月30日	附录11（第74条）和附录14：2014年7月1日[第2条第1款第（6）（14）项]	附录14
由《2015年公共管理和资源立法修正案（第1号）》、《2015年法律和文书（框架改革）法（随后条款）》、《2015年法律和文书（框架改革）法（随后条款）》修改	36, 2015 126, 2015 126, 2015	2015年4月13日 2015年9月10日 2015年9月10日	附录2（第7—9条）及附录7：2015年4月14日（第2条） 附录1（第486条）：2016年3月5日[第2条第1款第（2）项] 附录1（第495条）：2016年3月5日[第2条第1款第（2）项]	附录7

法律名称	编号与年度	批准日期	施行日期	适用、保留和过渡性规定
《2014年反恐怖主义立法修正案（外国入侵者）》	116, 2014	2014年11月3日	附录1（第136条）：2014年12月1日［第2条第1款第（2）项］	
《2015年犯罪立法修正案（未解释的财富和其他措施）》	6, 2015	2015年2月25日	2015年2月26日（第2条）	附录1（第34条）
《2015年关税和其他法律修正案（澳大利亚边防部队）》	41, 2015	2015年5月20日	附录5（第143—146条）、附录6（第175—181条）和附录9：2015年7月1日［第2条第1款第（2）（7）项］	附录6（第181条）和附录9
由《2017年澳大利亚边防部队法》修正(信息保护)	115, 2017	2017年10月30日	附录1（第26条）：2015年7月1日［第2条第1款第（2）项］	
《2015年诺福克岛立法修正案》	59, 2015	2015年5月26日	附录1（第176, 177条）：2015年6月18日［第2条第1款第（2）项］ 附录1（第184—203条）：2015年5月27日［第2条第1款第（3）项］	附录1（第184—203条）
《2015年民法和司法法（综合修正）》	132, 2015	2015年10月13日	附录1（第67条）：2015年10月14日［第2条第1款第（2）项］	
《2015年犯罪立法修正案（权力、罪行和其他措施）》	153, 2015	2015年11月26日	附录13和附录14（第1—4, 11—13条）：2015年11月27日［第2条第1款第（2）项］	附录14（第2, 4, 12条）
《2016年制定法法律修订法（第1号）》	4, 2016	2016年2月11日	附录4（第1, 234—246条）：2016年3月10日［第2条第1款第（6）项］	
《2016年犯罪立法修正案（犯罪收益追缴及其他措施）》	15, 2016	2016年2月29日	附录1：2015年3月1日［第2条第1款第（2）项］	附录1（第5条）
《2016年犯罪立法修正案（州主体及其他措施）》	86, 2016	2016年11月30日	附录3：2016年12月1日［第2条第1款第（5）项］	附录3（第2条）
《2018年犯罪收益追缴修正案（收益追缴及其他措施）》	21, 2018	2018年3月28日	2018年3月29日［第2条第1款第（1）项］	附录1（第14条）
《2018年民政事务及廉政公署法例修正案》	31, 2018	2018年5月9日	附录2（第164—166, 284条）：2018年5月11日［第2条第1款第（3）（7）项］	附录2（第284条）
《2018年来源不明财产法例修正案》	126, 2018	2018年10月3日	附录1—5和7：2018年12月10日［第2条第1款第（2）项］	附录3（第10条）

法律名称	编号与年度	批准日期	施行日期	适用、保留和过渡性规定
《2020年家事法修正案（西澳大利亚事实养老金拆分与破产）》	112, 2020	2020年12月8日	附录3（第69条）：等待生效［第2条第1款第（1）项］	
《2020年反洗钱和反恐融资及其他立法修正案》	133, 2020	2020年12月17日	附录1（第119—121条）：等待生效［第2条第1款第(3)项］	
《2021年犯罪立法修正案（经济破坏）》	3, 2021	2021年2月16日	附录3—6和附录7（第4—66条）：2021年2月17日［第2条第1款第（4）（5）项］附录7（第67, 68条）：等待生效［第2条第1款第(6)项］	附录3（第14, 15条），附录4（第4条），附录5（第6条），附录6（第20条）和附录7（第60—66条）

尾注4——修正史

被修正的规定	修正情况
第1章	
第1章第2节	
第5条	am No.3,2010;No.6,2015;No.21,2018
第1章第3节	
第6条	ad No.136,2005
第7条	am No.3,2010
第8条	am No.3,2010
第9条	am No.3,2021
第1章第4节	
第1目	
第1目标题	ad No.126,2018
第14条	ad No.126,2018
第2目	
第2目	ad No.126,2018
第A分目	
第14B条	ad No.126,2018
第14C条	ad No.126,2018
第14D条	ad No.126,2018
第14E条	ad No.126,2018
第14F条	ad No.126,2018
第B分目	
第14G条	ad No.126,2018
第14H条	ad No.126,2018

第28A条 ························· ad No.24,2012

第3目

第29条 ························· am No.170,2006;No.3,2010;No.4,2010;

No.174,2011;No.133,2020

第29A条 ························· ad No.3,2010

am No.4,2010;No.174,2011

第30条 ························· am No.4,2010;No.174,2011

第31条 ························· am No.4,2010;No.174,2011

第32条 ························· am No.4,2010;No.174,2011

第4目

第33条 ························· am No.174,2011

第34条 ························· am No.174,2011

第35条 ························· am No.3,2010;No.174,2011

第36条 ························· am No.174,2011

第37条 ························· am No.3,2010;No.4,2016

第5目

第39条 ························· am No.3,2010;No.4,2010;No.174,2011

第39A条 ························· ad No.4,2010

第39B条 ························· ad No.4,2010

第40条 ························· am No.3,2010;No.4,2010;No.4,2016

第6目

第42条 ························· am No.3,2010;No.174,2011

第43条 ························· am No.174,2011

第44条 ························· am No.174,2011

第45条 ························· am No.3,2010;No.4,2010;No.6,2015

第45A条 ························· ad No.3,2010

am No.62015

第2章第2节

第46条 ························· am No.174,2011

第5目

第B分目

第73条 ················· am No.3,2010;No.4,2010

第74条 ················· am No.4,2010

第75条 ················· am No.4,2010;No.174,2011

第76条 ················· am No.4,2010;No.174,2011

第C分目

第C分目标题 ············· rs No.4,2010

第77条 ················· am No.4,2010

第78条 ················· rs No.4,2010

第79条 ················· am No.4,2010;No.174,2011

第79A条 ················ ad No.4,2010

am No.174,2011

第6目

第81条 ················· am No.174,2011

第82条 ················· am No.174,2011

第84条 ················· am No.3,2010;No.4,2010;No.174,2011

第85条 ················· am No.3,2010;No.4,2010

第7目

第87条 ················· am No.174,2011

第88条 ················· am No.3,2021

第89条 ················· am No.2,2021

第90条 ················· rs No.3,2021

第2章第3节

第91条 ················· am No.4,2010

第1目

第92条 ················· am No.4,2010

第92A条 ················ ad No.4,2010

am No.174,2011

第2章第4节

第1目

第116条 ……………………… am No.3,2010;No.174,2011

第2目

第A分目

第121条 ……………………… am No.4,2010

第B分目

第122条 ……………………… am No.4,2010

第124条 ……………………… am No.4,2010

第129条 ……………………… am No.80,2004

第C分目

第130条 ……………………… am No.4,2010

第131条 ……………………… am No.174,2011

第D分目

第133条 ……………………… am No.4,2010;No.174,2011

第3目

第134条 ……………………… am No.4,2010;No.174,2011

第135条 ……………………… am No.174,2011

第136条 ……………………… am No.4,2010;No.174,2011

第137条 ……………………… am No.174,2011

第138条 ……………………… am No.4,2010

第4目

第141条 ……………………… am No.174,2011

第142条 ……………………… am No.4,2010;No.96,2010

第143条 ……………………… am No.96,2010;No.174,2011

第5目

第146条 ……………………… am No.4,2010;No.174,2011

第147条 ……………………… am No.4,2010;No.174,2011

第148条 ……………………… am No.4,2010

第1目

第179B条 …………………… ad No.3,2010

　　　　　　　　　　　　　　 am No.174,2011;No.6,2015

第179C条 …………………… ad No.3,2010

第179CA条 ………………… ad No.3,2010

　　　　　　　　　　　　　　 am No.174,2011

第179D条 …………………… ad No.3,2010

　　　　　　　　　　　　　　 am No.174,2011

第179E条 …………………… ad No.3,2010

　　　　　　　　　　　　　　 am No.6,2015;No.21,2018;No.126,2018

第179EA条 ………………… ad No.3,2010

　　　　　　　　　　　　　　 am No.174,2011

第179EB条 ………………… ad No.3,2010

第179F条 …………………… ad No.3,2010

第2目

第179G条 …………………… ad No.3,2010

第179H条 …………………… ad No.3,2010

第179J条………………………… ad No.3,2010

第179K条 …………………… ad No.3,2010

　　　　　　　　　　　　　　 am No.174,2011

第179L条 …………………… ad No.3,2010

第3目

第179M条 …………………… ad No.3,2010

　　　　　　　　　　　　　　 am No.174,2011

第179N条 …………………… ad No.3,2010

　　　　　　　　　　　　　　 am No.174,2011;No.6,2015

第179P条 …………………… ad No.3,2010

　　　　　　　　　　　　　　 am No.174,2011

第179Q条 ⋯⋯⋯⋯⋯⋯⋯⋯ ad No.3,2010

　　　　　　　　　　　　　am No.174,2011

第4目

第179R条 ⋯⋯⋯⋯⋯⋯⋯⋯ ad No.3,2010

第179S条 ⋯⋯⋯⋯⋯⋯⋯⋯ ad No.3,2010

　　　　　　　　　　　　　am No.174,2011;No.6,2015

第179SA条 ⋯⋯⋯⋯⋯⋯⋯ ad No.3,2010

第179SB条 ⋯⋯⋯⋯⋯⋯⋯ rs No.6,2015

　　　　　　　　　　　　　rs No.6,2015

第179T条 ⋯⋯⋯⋯⋯⋯⋯⋯ ad No.3,2010

第5目

第179U条 ⋯⋯⋯⋯⋯⋯⋯⋯ ad No.3,2010

　　　　　　　　　　　　　am No.127,2010;No.6,2015

第3章

第3章第1节

第1目

第180条 ⋯⋯⋯⋯⋯⋯⋯⋯⋯ am No.144,2008;No.4,2010

第180A条 ⋯⋯⋯⋯⋯⋯⋯⋯ ad No.4,2010

第180B条 ⋯⋯⋯⋯⋯⋯⋯⋯ ad No.4,2010

第180C条 ⋯⋯⋯⋯⋯⋯⋯⋯ ad No.4,2010

第180D条 ⋯⋯⋯⋯⋯⋯⋯⋯ ad No.4,2010

第180E条 ⋯⋯⋯⋯⋯⋯⋯⋯ ad No.4,2010

第181条 ⋯⋯⋯⋯⋯⋯⋯⋯⋯ am No.144,2008;No.4,2010

第181A条 ⋯⋯⋯⋯⋯⋯⋯⋯ ad No.3,2021

第181B条 ⋯⋯⋯⋯⋯⋯⋯⋯ ad No.3,2021

第182条 ⋯⋯⋯⋯⋯⋯⋯⋯⋯ am No.4,2010;No.174,2011

第2目

第183条 ⋯⋯⋯⋯⋯⋯⋯⋯⋯ am No.174,2011;No.153,2015

第3目

第187条 ……………………　am No.4,2010;No.174,2011;No.3,2021

第188条 ……………………　am No.174,2011

第189条 ……………………　am No.174,2011

第191条 ……………………　am No.174,2011

第192条 ……………………　am No.174,2011

第193条 ……………………　am No.174,2011

第194条 ……………………　am No.174,2011

第4目

第195条 ……………………　am No.3,2010;No.4,2010;No.4,2016;

　　　　　　　　　　　　　　No.3,2021

第196条 ……………………　am No.3,2010;No.4,2010;No.3,2021

第197条 ……………………　am No.116,2007

第197A条 …………………　ad No.4,2010

　　　　　　　　　　　　　　am No.3,2021

第198条 ……………………　am No.3,2021

第199条 ……………………　am No.3,2010;No.4,2016

第200条 ……………………　am No.3,2010;No.4,2016

第201条 ……………………　am No.3,2010;No.4,2016

第3章第2节

第202条 ……………………　am No.3,2010;No.4,2010;No.174,2011;

　　　　　　　　　　　　　　No.136,2012;No.3,2021

第203条 ……………………　am No.4,2010

第209条 ……………………　am No.3,2010

第210条 ……………………　am No.3,2010;No.4,2016

第211条 ……………………　am No.3,2010;No.4,2010;No.153,2015;

　　　　　　　　　　　　　　No.4,2016;No.3,2021

第212条 ……………………　am No.3,2010;No.4,2016

第3目

第A分目

第254条 ·················· am No.41,2015

第B分目

第256条 ·················· am No.6,2015

第4目

第266条 ·················· am No.3,2010;No.4,2016

第3章第6节

第3章第6节 ·················· ad No.3,2010

第266A条 ·················· ad No.3,2010

am No.4,2010;No.6,2015;No.15,2016;

No.126,2018;No.3,2021

第4章

第4章第1节

第1目

第267AA条·················· ad No.3,2021

第267AB条·················· ad No.3,2021

第267A条 ·················· ad No.41,2003

第2目

第269条 ·················· am No.4,2010

第270条 ·················· am No.3,2021

第271条 ·················· am No.3,2021

第272条 ·················· am No.3,2010;No.4,2016

第273条 ·················· am No.3,2010;No.4,2016

第274条 ·················· am No.3,2010;No.4,2016

第275条 ·················· am No.3,2010;No.4,2016;No.3,2021

第275A条 ·················· ad No.3,2021

第3目

第278条 ·················· am No.41,2003;No.3,2021

第2目

第2目 …………………… ad No.128,2018

第297A条 ………………… ad No.128,2018

第297B条 ………………… ad No.128,2018

第297C条 ………………… ad No.128,2018

第3目

第3目标题 ………………… ad No.126,2018

第298条 …………………… am No.4,2010

第299条 …………………… am No.8,2005;No.57,2007

rep No.4,2010

第4目

第4目 …………………… ad No.3,2021

第298A条 ………………… ad No.3,2021

第298B条 ………………… ad No.3,2021

第298C条 ………………… ad No.3,2021

第298D条 ………………… ad No.3,2021

第298E条 ………………… ad No.3,2021

第298F条 ………………… ad No.3,2021

第4章第4节

第4章第4节标题 ………… rs No.4,2010

第1目 …………………… rep No.3,2010

第300条 …………………… rep No.3,2010

第301条 …………………… rep No.3,2010

第302条 …………………… am No.4,2010

rep No.3,2010

第2目标题 ………………… rep No.4,2010

第302C条 ………………… am No.4,2010;No.96,2010

第4章第5节
第1目
第304条 ·························· am No.6,2015
第307条 ·························· am No.4,2010;No.96,2010;No.174,2011

第5章
第314条 ·························· am No.3,2021
第315A条 ·························· ad No.4,2010
                              am No.15,2016
第315B条 ·························· ad No.174,2011
第315C条 ·························· ad No.153,2015
第316条 ·························· am No.4,2010
第318A条 ·························· ad No.4,2010
第318B条 ·························· ad No.4,2010
第319条 ·························· rs No.15,2016
第319A条 ·························· ad No.15,2016
第322条 ·························· am No.3,2010;No.174,2011;No.126,2018
第327A条 ·························· ad No.126,2018

第6章
第6章第1节
第1目
第330条 ·························· am No.115,2008;No.153,2015;No.21,2018;
                              No.112,2020
第2目
第333条 ·························· am No.4,2010;No.5,2011
第3目
第335条 ·························· am No.106,2009;No.3,2010;No.4,2010;
                              No.5,2011
第336条 ·························· am No.3,2010

第336A条 ················· ad No.3,2010

················· am No.86,2016;No.21,2018

第337条 ················· am No.144,2008;No.4,2010

第337A条 ················· ad No.104,2010

················· am No.3,2010;No.4,2010

第337B条 ················· ad No.170,2006

第6章第2节

第338条 ················· am No.125,2002;No.41,2003;No.104,2004;

No.129,2005;No.86,2006;No.170,2006;

No.116,2007;No.144,2008;No.59,2009;

No.3,2010;No.4,2010（as am by No.5,2011）;

No.50,2010;No.96,2010;No.103,2010;No.5,2011;

No.174,2011;No.24,2012;No.136,2012;

No.6,2013;No.116,2014;No.6,2015;No.41,2015;

No.59,2015;No.132,2015;No.153,2015;

No.21,2018;No.31,2018;No.126,2018;

<u>No.133,2020</u>;No.3,2021（附录7第68项）

ed C50

附录1

附录1 ················· ad No.126,2018

第1节

第1条 ················· ad No.126,2018

第2条 ················· ad No.126,2018

第3条 ················· ad No.126,2018

第4条 ················· ad No.126,2018

第5条 ················· ad No.126,2018

第6条 ················· ad No.126,2018

第7条 ················· ad No.126,2018

第8条 ················· ad No.126,2018

尾注5——编辑更改

在准备此汇编法律的登记注册时，根据《2003年立法法》作了如下类型的编辑更改。

第338条（进项税抵扣的定义）

编辑更改的种类

更改标点。

编辑更改详情

《2021年犯罪立法修正案（经济破坏）》附录7第59条命令在第338条中插入如下定义：

进项税抵扣与《1999年新税法体系法（商品与服务税收）》中的界定一致。

在该汇编的编辑更改中，对《1999年新税法体系法（商品与服务税收）》的多余括号进行了删除，以纠正该标点符号。